高中数学实验教学的重构与创新

图形计算器辅助数学课堂教学

董建功　金　奎　黄太强　王春健／编著

安徽师范大学出版社
ANHUI NORMAL UNIVERSITY PRESS
·芜湖·

图书在版编目（CIP）数据

高中数学实验教学的重构与创新:图形计算器辅助数学课堂教学 / 董建功等编著 .—芜湖:安徽师范大学出版社,2022.1

ISBN 978-7-5676-4852-4

I.①高… II.①董… III.①中学数学课—教学研究—高中 IV.①G633.602

中国版本图书馆CIP数据核字(2021)第216911号

高中数学实验教学的重构与创新——图形计算器辅助数学课堂教学

董建功 全 奎 黄太强 王春健◎编著

责任编辑:孔令清 责任校对:祝凤霞
装帧设计:张 玲 责任印制:桑国磊
出版发行:安徽师范大学出版社
　　　　　芜湖市北京东路1号安徽师范大学赭山校区
网　　　址:http://www.ahnupress.com/
发 行 部:0553-3883578 5910327 5910310(传真)
印　　刷:江苏凤凰数码印务有限公司
版　　次:2022年1月第1版
印　　次:2022年1月第1次印刷
规　　格:787 mm × 1092 mm　1/16
印　　张:13.25
字　　数:280千字
书　　号:ISBN 978-7-5676-4852-4
定　　价:65.00元

如发现印装质量问题,影响阅读,请与发行部联系调换。

编　委　会

顾　问：

唐　棣

编　者：

黄太强　　金　奎　　王春健　　张　丽　　张力胜

朱必棂　　谢孝顺　　徐　芹　　施萍萍　　董建功

赫　娟　　刘华夏　　杜　蕾　　谷元芳

目　录

第一章
数学实验室
现状

第一节　数学实验概述

一、数学实验的概念

随着计算机技术的迅速发展,以及计算机与数学学科的高度优化整合,数学在向理论与实践相结合的方向发展,并在此基础上诞生了"数学实验"这个概念."数学实验"一词最早出现在波利亚的著作《数学的猜想》与《怎样解题》中.数学实验课程萌芽于19世纪80年代的美国,引入我国后,以清华大学为首的高校相继开设数学实验课程,在20世纪40年代中学阶段也开展了数学实验教学.计算机的飞跃发展给高中数学实验教学注入了新的资源,20世纪90年代后,美国大部分中学添置了计算机设备用于辅助教学,而且提出了在中学建立数学实验室的计划,日本、英国、法国等国家也都在不同程度上踏入研究数学实验教学的理论与实践的道路,纷纷进行中学数学实验教学模式的探讨.1988年,美国雷斯技术学院正式引入数学实验课.1989年,美国Mount Holyoke College数学系开设实验课程"数学实验室",并出版《数学实验室》教材.1991年,《实验数学》季刊问世.2001年,林夏水先生在《计算机实验》报告中,首次建议在中学开展数学实验教学,推动了数学实验教学在我国中学阶段的发展,促使许多专家学者与一线教师参与到数学实验教学的摸索中.

学者们从不同角度阐述数学实验的定义:

《中国百科大辞典》一书将数学实验定义为:数学学科与计算机技术相结合的新型"实验"方法.

《数学辞海》将数学实验定义为:数学实验是数学哲学的基础概念,是随着计算机技术、科学的发展产生的一种新的数学研究方法,可以说它是计算机技术发展的产物.

曹一鸣先生对数学实验的定义为:为获得某种数学理论,检验某个数学猜想,解决某类数学问题,在特定的实验环境下,实验者在数学思维活动的参与下,运用一定的物质手段进行的探究活动.

数学实验是一种探究的、实践的或认识的活动,目的是获得知识、发现结论、解决问题.数学实验要具备一些特质条件、设备或技术手段,强调数学思维的参与.

上述的定义都给出了数学实验的某些特征,但有些地方还有待完善.综合以上观点,笔者认为数学实验是学生通过动手动脑,以"做"为支架的数学教学的活动方式,是在教师的引导下,学生运用有关工具,通过实际操作,在认知与非认知因素参与下进行的一种发现数学结论、理解数学知识、验证数学结论的思维活动.

二、数学实验的教育价值

Steffe等人利用计算机辅助学生构造有理数的运算,理解分数的乘法和除法.Olivey认为计算机是一种交互活动的工具,可以帮助学生做运算、分类、迭代、测量等实验,对此他开展过一系列的研究工作.章建跃以南京市第二十九中学胡松老师的"几何图形"数学实验课为典例,产生了对数学实验教学价值的思考,提出数学实验多层次、全方位地影响学生的数学学习.认知方面,数学实验使学生的学习方式发生了质的变化;非认知方面,数学实验能充分调动学生的学习热情,激发学生的兴趣与好奇心,让学生在一种积极状态下参与实验探究活动.积极的情感体验可以激发学生灵感的产生,拓展学生的创造性思维.数学实验能有效提高学生观察与归纳的能力,加深学生对理论知识的理解,让学生意识到证明的重要性并掌握数学思想方法.李晋渊、刘坤认为,数学实验教学是一种非常值得倡导的全新的教学方式,因为它打破常规,可以提高学生的动手能力,促进学生主动探究学习,培养学生的创新精神,是对传统数学教学模式的有益补充.数学实验的功能与价值远超上述所阐述的,人们对数学实验的认可和肯定是显而易见的.

基于以上研究,笔者对数学实验教学理解如下:数学实验教学是以教师为主导、学生为主体进行积极观察、实验、发现、猜想、验证的过程,学生是该过程的参与者,也是数学实验中最重要最活跃的部分;它借助于现代计算机技术、多媒体、软件包、网络环境等技术手段,是一项重结论甚于重过程的实验活动.数学实验的目的是激发学生的学习兴趣,提高学生的动手实验操作能力,培养学生的自主探究精神,提高学生的创新创造能力,加深学生对知识的理解与应用,从而提高数学学习成绩.

三、数学实验的相关研究

(一)数学实验的类型

同一个数学实验,如果参照的标准不同也会被划分为不同的类别.分类标准是数学实验类型的划分依据,概括起来有如下几种:

根据实验场所不同,数学实验可以分为课堂数学实验、实验室数学实验、课外数学实验.

根据使用工具不同,数学实验可以分为折线实验、透明纸实验、火柴棒实验、计算机实验、图形计算器实验等.

根据实验目的不同,数学实验可分为验证实验、模拟实验、观察实验和探索实验.

根据实验形式不同,数学实验可以分为动手实践式实验、发散探索式实验、验证式实验.

根据实验需要的不同,数学实验可以分为随机模拟实验和逻辑确定实验.

根据实验具体内容不同,数学实验可以分为代数实验、几何实验、概率实验等.

(二)数学实验的特点

喻平、董林伟认为数学实验的特征有:一是工具性.数学实验需要工具,包括一般学具与计算机等.一般"思维实验"是指不利用任何工具,人们在头脑中对实验对象加工处理的思维过程.数学实验的工具性特点并不是说不需要思维实验,相反,操作工具与操作过程需要思维的参与.二是操作性.学生是实验活动的主体,要自己动手完成实验,通过自己动手操作在"做"中学习数学.三是情境性.教师要将实验活动放在设置好的情境里,因为人的思维离不开情境,一般不存在非情境化的学习.四是探究性.整个教学过程应该是学生对知识的自主探究过程,学生在"做数学"的过程中发现知识,而发现的本质也就是探究.

王文鹏从教学过程、实验工具、组织形式、实验目的这四个方面对数学实验的特点进行阐述:教学过程以学生为主体,发挥计算机"认知工具"的独特功能,采用个人或者小组合作的教学组织形式,培养学生的自主探究与动手实践能力.

操海涛认为数学实验的特点有六个方面:先进性的教学理念,直观性的实验过程,主体性的实验人群,探究性的实验方法,多样性的组织形式,实用性的研究问题.

曲长虹根据实验结果进行阐述,数学实验的结论有三个特点,即深刻性、实证性和创造性.

尽管数学实验的特点被概括得各不相同,但都突出了数学实验教学的独特之处:一方面是不同于物理与化学实验,具有思维的参与性、论证性;另一方面是能激发学习兴趣、提高动手操作能力、培养自主探究精神、提高创新能力、加深对知识的理解与应用等.本文所指的数学实验的特点可以概括为:一是直观性,借助于数学实验室中的软件以及图形计算器直接呈现图象与动画等;二是探究性,发挥图形计算器的功能,个人或者小组合作动手操作进行探究;三是主体性,其教学过程突出以学生为主体,使学生亲身经历知识的形成与建构过程;四是创造性,学生在实验中创造性地提出猜想;五是实证性,学生对图形计算器辅助猜想的结果进行验证.也可从教学过程、实验工具、组织形式、实验目的等方面综合考虑,数学实验的特点可以概括为:借助于数学实验室中的软件以及图形计算器突出实验过程的直观性,其教学过程突出学生的主体性,强调学生思维的参与性,培养学生的创新能力和动手实践能力,旨在激发学生学习数学的兴趣、探究数学的欲望,提高学习数学的自信心.学生在强有力的技术环境下,可通过数学实验,大胆积极地参与数学讨论,进行观察操作、推理演绎、实验探究活动,理解数学概念及其相互关系,富有创造性地解决问题.在教学中进行数学实验,注重数学抽象能力的培养,有利于学生养成一般性思考问题的习惯,有利于学生更好地理解数学的概念、命题、结构和系统,有利于学生在其他学科的学习中化繁为简,理解该学科的知识结构和本质特征.在教学中穿插数学实验,注重逻辑推理与直观想象核心素养的培养,有利于学生理解一般结论的来龙去脉、形成举一反三的能力,有利于学生形成有论据、有条理、合乎逻辑的思维习惯和交流能力,有利于学生提高探究事物本源的能力.在教学中引导学生使用图形计算器进行合理的数学实验,可加强数学建模与数学抽象核心素养的培养,有利于学生养成用数学的眼光观察现实世界的习惯,有利于学生发展用数学的思维分析实际问题的能力,有利于学生形成用数学的语言表达实际问题的能力.利用数学实验辅助教学,培养学生数学运算的核心素养,有利于学生提升逻辑推理的能力,有利于学生培养程序化思考问题的习惯,有利于学生养成实事求是、一丝不苟的科学精神.利用数学实验室里的立体几何模型,重视几何直观想象核心素养的培养,有利于学生养成运用图形和空间想象思考问题的习惯,有利于学生提升数形结合的能力,有利于学生形成借助图形和空间想象进行分析、推理、论证的能力.数学实验教学可培养学生分析数据与获取知识的能力,有利于学生养成基于数据探究事物变化规律的习惯,提升基于数据表达现实问题的能力.

四、数学实验与信息技术

迅猛发展的计算机技术正逐步融入数学学科领域,在专家、研究者等人共同努力下,可以更好地服务于数学教学.计算机的发展以及与数学学科的整合在某种程度上改变了数学本来原有的特征,逐渐地让其发展成为一门实验科学.传统数学技术仅是用来度量和验证,并没有达到专门实验技术的高度,如简单教具和物体模型的使用、计算工具和测量仪器的应用、实地考察等.然而随着计算机技术与数学的优化整合,现代数学跟物理、化学、生物等这些实验性较强的学科一样,也迫切需要建立特定的教学场所,以供实验者置于其中探究数学知识.

数学实验是顺应现代技术的发展而诞生的.在2000年的国际数学教育大会上,与会代表认为,"信息技术"和"数学应用"正成为数学教育改革的重点,以计算机技术为代表的"信息技术",出现了人类历史上的第四个数学高峰.美国Mount Holyoke College数学系于1989年起开设了一门大学二年级水平的导引性课程——数学实验室,施普林格出版社出版了该大学编写的《数学实验室》一书。我国高等教育出版社于1998年将其译本出版发行,在我国教育界引起了强烈反响,不少中国学者对"数学实验"进行了深入研究,相关的书籍及论文如雨后春笋般纷纷展现在人们面前.1998年,我国高等教育出版社出版的《普通高等学校本科专业目录和专业介绍》把数学实验课规定为数学与应用数学(含师范专业)专业的主干课程之一,数学实验成了大学数学教育教学所关注的热点问题之一.国际数学教育委员会(ICMI)成立后不久,即在1912年的国际数学教育大会上特别讨论了"高中数学教学中的直觉与实验",可见数学实验在中学数学中的重要地位.与此同时,具有强大功能的数学软件的出现,如Maple、几何画板、TI图形计算器、卡氏几何软件等,也为在中学阶段开展数学实验提供了可能.实际上,虽然从1998年至2010年"数学实验"

引起了教育人士的关注和重视,写的文章也很多,但大多数是理论研究,实践研究很少.数学实验在中学数学教学中更是"雷声大雨点小",在教学中真正开展和实施数学实验的很少.还有一些教师对数学实验教学的意义缺乏认识,认为数学是思维活动的科学,应该从逻辑证明中培养学生的思维能力,没有必要进行实验探究.在这种情形下,研究中学数学实验教学的背景和环境建设,探索典型数学实验的教学模式和数学实验的教学策略,为中学教师进行数学实验提供实践参考,是一项非常有意义的工作.

第二节　中学数学实验室的概述

一、中学数学实验室的起源

2010年,教育部重新修订的《高中理科教学仪器配备标准》中,把图形计算器列为高中数学教学仪器的标准配置.TI图形计算器是在1995年由美国德州仪器公司带入中国,1999年正式进入中国校园的.TI图形计算器是数学实验中最基本、应用最多的辅助教学工具,具备符号代数系统、几何操作系统、数据分析系统、程序编辑功能等,可绘制各种图形,并进行多元数据关联、动态演示、轨迹跟踪.在借助TI图形计算器的数学实验中,数学课堂教学更加注重再现知识的发生和发展过程,使学生通过"做数学"来亲历问题的发现过程、解题方法的逐步形成过程和构建知识体系的形成过程,感悟蕴含在其中的数学思想和数学方法,进而研究数学现象的本质和发现数学规律.TI图形计算器已逐渐成为教师教学以及学生学习的辅助工具.

当前社会经济与技术的快速发展,为数学实验的开展提供了可行性.数学实验是一种新型的教学模式,它是在教师的指导下,学生用学到的数学知识和计算机技术,分析、解决实际问题的一种带有较强实践性的教学活动.借助强大的数学软件,学生能在较短的时间内利用计算机的绘图、数据处理、直观演示、逻辑推理、符号运算等功能分析结果、验证猜想,从而通过观察、联想去发现问题、解决问题.

我国新课程改革中,给出了数学学科核心素养的六个主要方面,即数学抽象、逻辑推理、数学建模、数学运算、直观想象和数据分析.如何更好地培养学生的核心素养成为中学数学教学的首要目标.传统数学教学常常把数学课程过分形式化,忽视探索重要数学知识形成过程的实践活动,制约了学生的发展.数学实验教学是再现数学发现过程的有效途径,它为学生提供了主体参与、积极探索、大胆实践、勇于创新的学习环境,提供了一条解决数学问题的全新思路.信息技术与数学课程的整合,更为数学实验教学开辟了无限广泛的前景.所以,建好用好数学实验室对提升学生的核心素养起到很好的辅助作用.

二、中学数学实验室的概念

理化生实验需要特定的实验环境,从而理化生实验室产生了.数学实验也不例外,同样需要在一定的实验环境下进行探索活动,数学实验室也应需产生.弗赖登塔尔曾指出:只有从根本上以不同的方式组织教学,才能实现真正的数学教育.而在传统的课堂中,再创造方法受到束缚,不可能得到自由的发展.因此数学教学也需要数学实验室,学生可以个别活动或小组活动.简而言之,数学实验室就是教师与学生借助实物及计算机软件进行实践与探索的场所.学生在数学实验室中,经历动手操作、自主探究的过程,体验传统教室感受不到的自由发展,向实现弗赖登塔尔提倡的"真正的数学教育"迈进.

国内外对数学实验室这一概念的研究有很多.赵维坤认为,数学实验室是以网络计算机为平台,以实物、教学软件为探索依据,促进学生主动发展的专用场所,在中学数学建模和数学教学活动探究中发挥极大优势.常见的三种数学实验室类型:一是操作类实验室,用于进行操作类实验,内配置数学模型和工具,相当于动手操作平台,便于开展动手动脑探究活动;二是计算机模拟实验室,可模拟真实情境,是配置计算机和图形计算器等教学软件的多媒体教室,可引导学生设计方案,自主探究;三是验证类实验室,用于解决验证类问题,内配置计算机、图形计算器和各种数学软件,相当于检验装置,可通过"做数学"感受知识的形成与发展过程.

蒋培杰等认为,目前对数学实验室的认识没有统一标准,一般认为数学实验室最基本的装置包括传统教具、交互式白板、桌椅、计算机和多媒体投影、学习终端、物理传感器、立体几何模型、存储柜等硬件设备以及几何画板、算法框图辅助教学系统、数学插图、统计分析软件(如SPSS、Maple)等软件设备.他认为数学实验室是集硬件设备(图形计算器、交互式白板等)和软件设备(几何画板等)于一体的可容纳40人以上的网络教室,其发展早期是以几何画板为主,后添加图形计算器等配置.

Sangita R. Bihade认为,数学实验室是学生探索数学概念,并通过使用不同材料的各种活动验证数学事实和定理的地方.这些活动可由教师和学生进行探究学习,从而激发学生的数学学习兴趣,培养良好的数学态度.数学实验室是一个师生可以找到智力游戏、教具和其他活动材料的地方.虽然数学并非物理学、化学和生物学那样忠于实验的科学,但数学实验室可以极大地促进学生对数学概念和技能的学习.

在现代数学技术实验室中,借助实物、多媒体与网络环境相关的数学技术、软件包及相应的计算机语言,为学生提供图形计算器等设备,可用来进行数学实验探究与实践的活动场所叫做数学实验室.数学实验室是学生进行数学学习的特殊场所,学生可运用软、硬件综合设备,如交互式白板、计算机和多媒体投影、立体几何模型、TI图形计算器等进行数学探究.换言之,数学实验室是学生借助于一定的实物工具或技术手段,并在数学思想方法的指导下进行数学化操作的专用教室,提供可用于"做数学"的特定教育环境.数学实验室教学活动以动手为开端,即学生将动手动脑相结合,开启数学探究活动;以操作为手段,即学生借助测量、作图、计算机等工具,在实际操作中经历完整的数学探究活动;以发展为目的,即提升学生的数学思维能力,发展数学认知结构,注重数学学科内容的呈现方式,形成创新、开放、互动和线上线下一体化的新型教学课堂.

数学实验室主要结构有:

(1)环境布置:数学实验室的环境布置应与数学文化相结合,要体现数学性、人文性和趣味性,充分利用实验室的墙面、地面和天花板等设计一些数学特点的图案.

(2)图形计算器及传感器套件:图形计算器是数学学习的一种专用工具,内部配置功能强大的数学软件,它提供了数百个函数和命令;温度计、力传感器等可用于收集数据,进行实验教学.

(3)构建型数学学具和动态数学软件:分类标准是决定数学实验类型的重要因素,同一个数学实验因所参照的标准不同最后划分的类别不同.数学实验室中数学学具和动态数学软件有不同的教学功能.

三、中学数学实验室简介

数学实验室应具备全体性、基础性、拓展性、多样性、网络化和安全性的基本功能,它是面向全体学生进行数学实验活动的专用教室,为学生创设、营造特有的数学学习环境或氛围,能激发学生学习数学的兴趣,让学生感受数学的神奇.数学实验室课程主要内容应符合高中新课标要求,实验内容应与教材保持一致,注重基础性,通过数学实验室让学生真正参与进来,从"被动"学习向"主动"学习转变,形成以独立思考、动手操作、追求深度思考为基础的学习方式.数学实验室注重拓展学生的课外知识,把生活中的问题提出数学模型,让数学回归生活,通过研究性学习或者项目学习,发掘学生自身兴趣与潜能,培养学生主动学习、独立思考的学习习惯.数学实验活动形式多种多样,有小组合作、独立操作,还有展示与交流等.数学实验室应紧跟时代发展的需求,合理运用网络环境,将线上线下教学合二为一.

(一)图形计算器

1986年,第一台图形计算器诞生.目前,学校里面的图形计算器主要有卡西欧(CASIO)、惠普(HP)和TI三种,其中本文的TI是美国德州仪器公司(Texas Instruments,简称TI)开发的一款教育产品.

图形计算器具有数值运算、数据处理和动态图象演示的功能,可以为数学课程几大主要领域提供技术方面的支持,极大地丰富了学生学习数学的方式,为教学提供了直观教学手段.一方面,教师利用图形计算器可以制作直观图形,进行计算与仿真模拟,引导学生进行数学实验探究,帮助学生自主获得数学结论、理解数学知识、运用数学知识解决问题.另一方面,学生利用图形计算器可以自主探究学习,通过独立思考、动手实验操作、合作交流,自主获得知识、发展个人能力.简而言之,图形计算器为教师指导学生学习数学提供了方便,为学生进行数学实验、探索和研究提供了平台.图形计算器体积小也便于携带,这样学生拥有了一个"移动的数学实验室",可以在课堂上利用图形计算器动手实验学习数学,也可以在课外携带图形计算器继续实践探究、解决数学问题.图形计算器拓宽了学生发挥自主性和创造力的空间,因此图形计算器又被称为"移动的数学实验室".图1是芜湖市第十二中学数学实验室场景.

图1 芜湖市第十二中学数字实验室场景(1)

为了更好地阐述数学实验的操作过程,对图形计算器的主要元素与功能做简单的介绍.

1.图形计算器简介

(1)七大应用程序.图形计算器七大应用程序图标如图2.

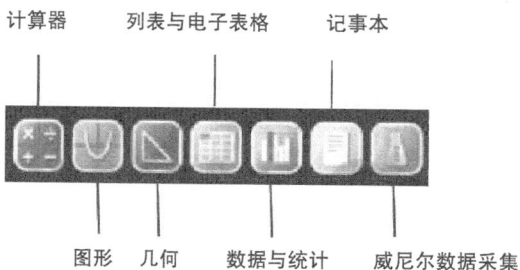

图2 图形计算器七大应用程序图标

①计算器(Calculator):输入与显示表达式、方程和公式,它们的显示与课本上保持一样,能从标准的符号模板中方便、快速地寻找到符合要求的数学符号、变量名,可通过滚动条查找之前的运算公式与结果.

②图形(Graphs):作函数图象与探究函数,可以点击图象内部几何形状,方便查看其形成的原因等.

③几何(Geometry)：绘制几何图形，研究几何图形运动和变换过程的数量关系.

④列表与电子表格(Lists & Spreadsheet)：通过捕捉、跟踪图表上的值可以收集试验数据，还可以观察数学模型，统计分析进而得到结果.其功能类似于计算机电子表格，也有标签栏、选择单元格、调整单元格的大小、在单元格中插入公式等.

⑤数据与统计(Data & Statistics)：制作不同类型的图形并总结统计数据；调整、研究数据，观察数据的变化是怎样影响统计分析结果的；能创建"快图"；执行对真实数据集合的描述与推论统计计算.

⑥记事本(Notes)：用文字描述数学(包括用文字描述数学问题与结论，解释解题的步骤)，利用问题(答案的模板便于教师提出问题和学生提交答案).

⑦威尼尔数据采集(VERNIER DATAQUES)：创建一个假设图形，收集与重放实验数据；结合 TI-Nspire Lab Cradle 实验托板或者 VERNIER-Easy Link 单探头数据采集器的使用.

(2)我的文档.文件管理器可以对一个文件进行复制、粘贴、删除，还可以新建文件、文件夹等，同时也可以双机对传或者无线系统环境发送文件、操作系统.

(3)便签本.简化的"计算器"工具和"图形"工具.

2.图形计算器应用的国内外研究

国内研究主要有：

(1)图形计算器转变数学教学模式，丰富数学教学环境，有助于教学模式从以教师讲授为主转为以学生动手自主探究及小组讨论交流为主.学生通过自己的活动得出结论，创新精神和能力得到发展.小型理科实验室仅仅需要将数学实验与图形计算器连接起来即可，学生通过数学实验将所学知识应用到实际问题上，从而将数学与现实生活充分联系起来.

(2)图形计算器为数学教学模式的改革开拓了思路.在数学教学中，图形计算器是一个难以想象的"数学实验室"，是教学模式改革的先锋性器材.通过使用图形计算器，学生可以真正作为教学活动的主体，亲自全程参与探究数学活动.此外，学生在图形计算器的帮助下可以亲自探索、体验和解决数学问题，完成课堂上未完成的设计.据此可知，在数学实验中利用图形计算器展开教学是一种全新的教学方式，能够完善传统的教学方式.

(3)图形计算器优化课堂教学过程.图形计算器展示的信息具有多样性和良好的表现力，这些信息既可以亲手操作和体验，又可以为人所见，有利于培养和提升学生的形象思维与抽象思维能力，让学生汲取新知识.因为学生可以利用图形计算器获得丰富多彩、图文并茂、及时反馈的数学知识，亲手操作实验来感受数学概念的形成与完善，从而使数学问题的本质与数学概念得以表达，使教学重点更加突出.此外，如果课堂教学活动有技术支持，那么学生的主体地位可以更有效地突出，使课堂效果得到提升.

国外研究主要有：

(1)图形计算器在课堂上被广泛使用.随着图形计算器进入课堂教学,课堂教学情况也随之发生了改变,这说明数学教育技术是动态的、与时俱进的.在美国,绝大多数高中数学课堂都选择了图形计算器作为教学工具,它不仅是老师的教学选择,也经常出现在课程、教材活动中.

(2)图形计算器能提高学生的操作技能和解决问题的能力.Ellington曾围绕图形计算器进行了一项研究,得出一个结论,即如果教学和评估中包含图形计算器,那么学生就需要改进理解数学概念和定理的方式方法,比如提高建立函数与图形之间联系的能力.作为教学与测试的重要构成部分,图形计算器可以有效提高学生解决问题的能力和操作技能.一般情况下,教学技能的发展并不会因使用图形计算器而受到影响.此外,与不使用图形计算器的学生相比较,使用图形计算器的学生学习数学的态度更加端正.

(3)利用图形计算器了解学生的学习方式.一些学者认为,使用图形计算器可以明显提高数学学习效率.A Smith,E Graham 以及 E Graham 等学者在调查时采用了定量方法,为了更好地了解学生的学习方式,他们通过记录学生使用图形计算器时的键盘使用情况收集样本,利用反复回放该软件所收集的录音文件,观察分析学生使用图形计算器解决问题时的实际操作情况.在这些学者的实验中,图形计算器为他们提供了便利,假如缺少击键记录文件,那么就很难获得这些信息.所以,通过观察学生运用图形计算器解决问题的情况能了解他们的学习方式.

综上所述,得到以下启示:一是对于数学实验室的内涵,许多学者都提出了自己的见解,教师要重视学生发展规律,借助TI图形计算器探究这一先进技术对数学素养的培养途径;二是针对学生数学素养的划分,对培养数学能力提出一些建议,比如加大力度培养学生的绘图能力,注重培养和提升学生的建模素养,实现数学问题的"会、通、达".

3.图形计算器的功能

图形计算器有以下特点:功能齐全,具有代数系统、动态几何软件、函数绘图工具,可以完成数学上的运算与统计,同时可以跟踪轨迹画出图象,进行动态教学;携带方便,因而适合学生灵活使用;交互性强,可以与计算机进行数据、图象等的传输,实现师生、生生间的实时交互,让学习更实效.

图形计算器在教学中的功能有:

(1)图形计算器能够及时反馈信息、分享成果.图形计算器的使用以一种新的方式"发挥作用",新的界面允许公开展示学生的学习进度,每个学生都会收到反馈并展示自己的成果,学会分享想法或发现错误.教师在这种技术的辅助下协调学生学习活动,引导学生从主观猜想到客观证明,学生自由地讨论、比较、猜测、想象和联系各种思想和概念.这样,所有的学生都可以参与数学活动并解决问题,构建数学对象的意义,把自己看作是数学活动的一部分.

（2）图形计算器在很大程度上影响课程设计和实施.对于大多数学生来说,过去的代数课程以牺牲理解为代价,过多地进行了象征性操作,但是代数不仅仅是符号操纵.第八届国际数学教育会议简要介绍了代数的几个方面,如一般性、函数、方程、高级代数与图形计算器功能之间的联系,并建议在开发代数课程的同时,在课堂教学中也要考虑到这种联系.会议中举到一个例子,虽然指数函数是非常重要的,因为它们对模型是有用的,但它们通常不会在代数入门课程中处理,因为学生很难对付它们.在使用图形计算器之前,指数函数比二次函数更难绘图、制表,在有了图形计算器后,学生可能还需要学习使用函数的图形,而不是仅仅画出来.何时何地使用图表需要学生自己来决定,而不是依靠教师和教科书来说明,这种差异对代数课程具有重要的现实意义.

（3）图形计算器在很大程度上推进数学问题的分析与解决.作为一种新型数学工具,图形计算器有多种系统,比如数据分析系统、几何操作系统、符号代数系统等,它能够进行轨迹追踪和动态展示,直观地绘制多种图象.与普通计算器相比,图形计算器的功能更加强大,比如它拥有计算机代数系统功能、可视化功能以及图形功能等.它是教师进行数学教学和学生进行数学学习的强大工具,能够简化分析和组织数据的流程,提供更加精确的数据与可视化的图形,教师的教学和学生的学习都深受图形计算器的影响.图形计算器还有以下优点,例如它可以提高学生的学习积极性使其去开展研究性学习,作为学生自主学习的工具等.在测量、统计、几何以及代数等领域,学生利用TI图形计算器可以集中精力,主动推进数学问题的分析与解决.

（4）图形计算器丰富数学教学环境.通过图形计算器指导教学实践,可将课堂交给学生.学生通过操作图形计算器得出结论,可以更直观地感知数学知识的由来.图形计算器与数学实验相连接构成了小型理科实验室,学生在实验室把数学知识运用到实际问题的解决中,使得教学世界和现实生活密切地联系起来.

（5）图形计算器推动数学教学模式改革.图形计算器是一个小型数学实验室,推动了数学教学模式的改革.学生在这种数学教学活动中主体地位更为突出,运用图形计算器可以切实经历探索知识的过程.显然,利用图形计算器开展数学实验教学是一种全新的教学方式,也是对传统数学教学方式的有益补充.

（6）图形计算器优化教学过程.图形计算器为学生创造了图文并茂、丰富多彩的学习环境,学生通过动手操作实验,经历概念形成和发展的过程,揭示数学概念和数学问题的本质,使教学的重点更加突出.同时,数学实验室提供的技术支持,能更有效地突出学生在教学中的主体地位,优化教学过程,提高课堂教学效果.

综上,图形计算器的功能概括如下:提供代数计算功能,以符号形式解算方程和因数、展开变量表达式、完成乘方和不定积分以及计算极限和无理数的精确值;提供绘图功能,为函数、方程式和不等式绘图,也可在图形上制作动点,或使用计算滑标来探究图形特性等;提供数据的收集、整理、统计功能,创建假设的数据采集图形,拟合实验数据,对数据进行数学运算,直观显示数据及相应图解之间的联系,使用柱状图、箱线图、条形图等几何方法总结和分析数据.运用TI-Nspire™ CX(TI图形计算器)教师版软件,教师还可以将键盘操作步骤投影到大屏幕上,直观形象地展示数学的多重表述.

(二)Rover漫游者小车

TI-Nspire™ CX是美国德州仪器公司生产的一款非常先进的图形计算器,堪称"移动数理实验室".该公司生产的各种图形计算器,在全球占有很大的份额.同时,该公司出品连接图形计算器使用的TI-Innovator™ Hub创新者盒子,通过编写程序控制各种组件与读取传感器,从而创建强大的STEM学习体验.TI-Innovator™ Rover漫游者可编程机器人小车,就是创新者盒子控制的一部小车,小车配备了两台电机、两个编码器、一个陀螺仪、一个RGB LED和一个颜色传感器.下面介绍TI-Innovator™ Rover漫游者可编程机器人小车部件、编程命令和简单操作.

1.Rover漫游者小车部件介绍

使用TI-Innovator™ Hub和图形计算器安装TI-Innovator™ Rover,需要以下部件,如表1.

表1 Rover漫游者小车部件介绍

部 件	实物图片	说 明
TI-Innovator Rover		可与Hub配合使用的两轮可编程机器人车辆
试验板带状线缆		将Rover连接到Hub的试验板连接器
I²C线缆		可将Rover连接到Hub的I²C端口
TI-Innovator™ Hub (带有TILaunchPad™板)		可通过TI Basic编程命令控制Rover

续　表

部　件	实物图片	说　明
USB Unit-to-Unit （Mini-A to Mini-B）线缆		随附于 Hub,可将 Hub 与 TICE 图形计算器或 TI-Nspire™ CX 手持设备相连
USB Standard A to Micro 线缆		随附于 Hub,可将 Rover 的 PWR 端口连接到 TI 认可的电源
TICE 图形计算器和 TI-Nspire™ CX 手持设备		可运行 TI Basic 程序,将命令发送到 Hub
TI Wall Charger		随附于 Hub,为 Rover 充电的电源

如何安装 Rover 漫游者小车,请阅读随 Rover 漫游者小车配备的《TI-Innovator™ Rover 安装指南》.我们应了解 Rover 漫游者小车的基本部件与功能.

(1)Rover 漫游者小车顶部(如图3).

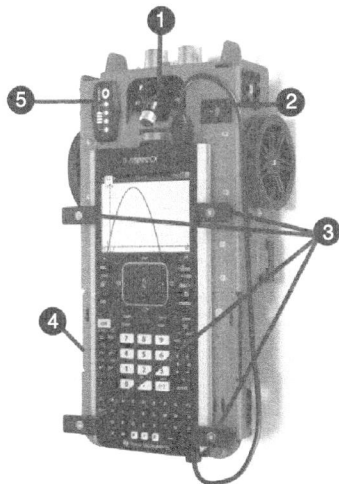

图3　Rover漫游者小车顶部

①记号笔固定器:放置描画路径的记号笔.

②打开/关闭(–/O)开关:将 Rover 打开(–)或关闭(O).

③计算器固定器桩钉:将图形计算器安全地固定在计算器平台上.

④计算器平台:放置 TI-Nspire™ CX 计算器或与 TICE 图形计算器相连.

⑤LED 面板(RGB LED/电池电量指示灯):通过红绿蓝(RGB LED)显示可编程的反馈,以及显示电池电量.

（2）Rover漫游者小车底部（如图4）.

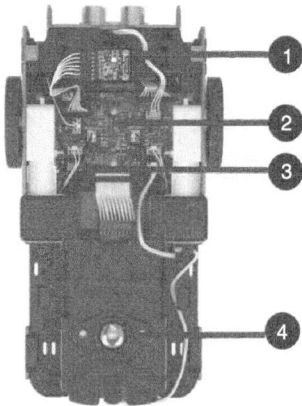

图4　Rover漫游者小车底部

① 颜色传感器：安装在底部的颜色传感器，可检测表面的颜色，也可以检测黑色（0）到白色（255）的灰度级别.

② 陀螺仪：测量或维持方向.

③ I²C扩展端口.

④ 球型脚轮：在坚硬的表面上实现平稳的移动.

（3）Rover漫游者小车正面（如图5）和右侧（如图6）.

Rover漫游者小车的正面有超声波测距仪，用于测量与障碍物的距离.Rover漫游者小车的右侧有PWR端口，使用USB标准A转微型辅助电源线，为Rover漫游者小车的电池充电.

图5　Rover漫游者小车正面

图6　Rover漫游者小车右侧

2.Rover漫游者小车编程命令简介

驱动 TI-Innovator™ Rover漫游者小车，需要在所连接的图形计算器上编程，采用的语言是TI-BASIC.编程使用Rover漫游者小车时，需先使用CONNECT RV连接命令（如图7），它对 TI-Innovator™ Hub创新者盒子进行配置，使其与 TI-Innovator™ Rover漫游者小车进行协作.使用该命令可以连接Rover漫游者小车上的各种设备，包括两台电机、两个编码器、一个陀螺仪、一个RGB LED和一个颜色传感器，还可以清除各种计数器和传感器值.

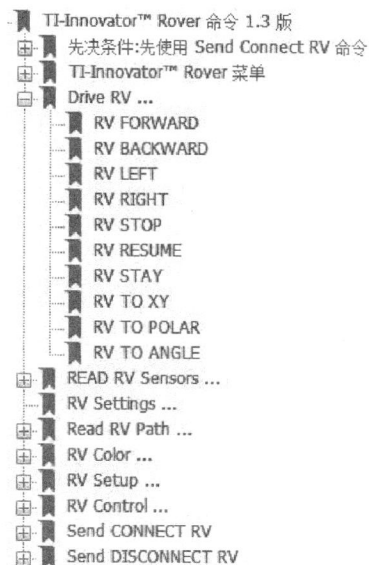

图7　Rover漫游者小车编程命令

Rover漫游者小车命令分为两类：

（1）排队执行：所有Rover漫游者小车移动命令（前进、后退、向左、向右、角度），在TI-Innovator Hub上排队，它们可能会在将来某一时间执行.

（2）立即执行：其他命令（如读取传感器或设置）.

（3）Rover漫游者小车上的RGB LED将立即执行.

这意味着程序中的某些语句将在程序中更靠前的语句之前执行，尤其在后者是排队执行系列的一部分时.例如，在以下程序中，在Rover漫游者小车停止移动前，RGB LED会变为红色.

Send "SET RV.COLOR 255 0 255" ——立即执行的命令

Send "RV FORWARD 5" ——队列中的命令

Send "RV LEFT 45" ——队列中的命令

Send "RV RIGHT 90" ——队列中的命令

Send "SET RV.COLOR 255 0 0" ——立即执行的命令

示例：若要在"FORWARD"运动后更改颜色，则要用带"WAIT"的"TIME"参数.

Send "RV FORWARD TIME 5"

WAIT 5

Send "SET RV.COLOR 255 0 255"

学习Rover漫游者小车命令时，注意格式中的一些符号，"[　]"为可选项，"|"为单选项，例如向前移动命令RV FORWARD的格式：RV FORWARD TIME t［SPEED s.ss［M/S|［UNIT/S｜REV/S］］.其中，速度参数"SPEED s.ss"为可选项，速度单位"M/S［UNIT/S］｜REV/S"为速度可选项中的单位可选项，而"M/S""UNIT/S""REV/S"则为三个单位选其中一个.

3.Rover漫游者小车编程简单操作

编写简短的程序驱动Rover漫游者小车完成相关任务，注意掌握程序设计中所包含的数学知识与原理，掌握编写程序的基本思路并形成编程技能，通过反复的上机调试培养动手实践与探索发现及解决问题的能力.

快速学习Rover漫游者小车编程，可以参考表2.

表2　快速学习Rover漫游者小车编程的步骤

步　骤	程序演示
（1）按"C"开机； （2）按"1"新建文档； （3）按"9"添加程序编辑器； （4）按"1"新建……	

步　骤	程序演示
（1）输入程序名"first"； （2）选择"确定"进入程序编辑器	
（1）按"b"调出编程菜单； （2）按"8"选择Hub指令； （3）按"7"选择 Rover（RV）； （4）按"8"选择"CONNECT RV"	
（1）按"b"调出编程菜单； （2）按"8"选择Hub指令； （3）按"7"选择"Rover（RV）"； （4）按"1"选择"Drive RV"； （5）按"1"选择指令"FORWARD"； （6）输入参数"0.6 M"	
（1）按"b"调出编程菜单； （2）按"8"选择Hub指令； （3）按"7"选择"Rover（RV）"； （4）按"1"选择"Drive RV"； （5）按"1"选择指令"LEFT"； （6）输入参数"58"	

步　骤	程序演示
(1) 按"b21"检查程序保存; (2) 按"/~1"新建计算页; (3) 按"h"选择要运行程序; (4) 按"·"运行程序. 注意:按"/¡"或"/¢",在1.1页与1.2页间跳转调试与运行程序	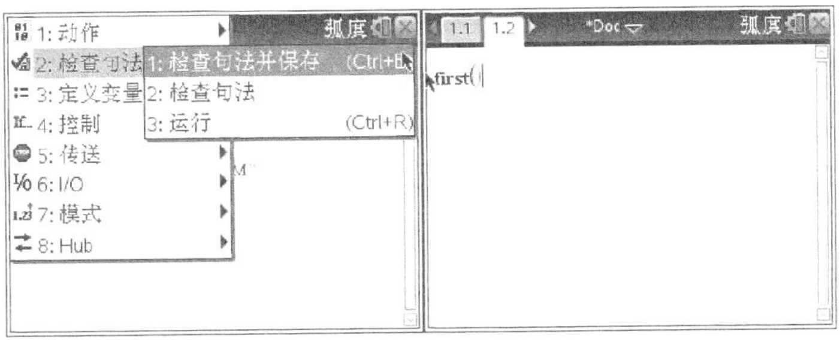

(三)传感器

传感器可转接至创新者系统的连接模块.每个模块具有一个传感器接口,BT自锁接头,可连接一个传感器(单值传感器,包含多量程传感器),支持热插拔连接.每个模块设有一个输出口,可通过连线连接至创新者系统三个输入口的任意一个,输出口信号输出电压范围为0~3.3 V.传感器内置可充电锂电池,通过microUSB口充电;内含传感器连接线一条,插口具有方向性和自锁功能,插接方便,配合严密,方便教学操作.

学校数学实验室常见传感器主要有温度传感器、声波传感器、力传感器和pH传感器.

(1)温度传感器(如图8):测量范围为$-50~+200$ ℃,分度为0.1 ℃,不锈钢探针,可测各种物体或溶液的温度.

(2)声波传感器(如图9):测量声音的强度,声级测量范围为20~120 dB,分度为0.1 dB.

(3)力传感器(如图10):测量范围为$-20~+20$ N,分度为0.01 N,可用于测拉力(显示正值)和压力(显示负值),手柄式结构.传感器具有硬件调零按钮,自带M6螺母,轻松实现与多种实验装置的组装固定;传感器连接线插口具有方向性和自锁功能,可防止传感器脱落,保证数据传输稳定.

(4)PH传感器(如图11):测量范围为0~14,分度为0.01,具有快速响应的特点,测量数据能在5秒内达到真实值的90%,10秒内稳定.

图8　温度传感器

图9　声波传感器

图10　力传感器

图11　PH传感器

四、中学数学实验室的建设

(一)数学实验室的建设标准

1.数学实验室设置指标

中学数学实验室设置指标通常情况如表3所示.

表3　数学实验室设置指标

名　称	类　别	每间使用面积/m²	根据学校规模设置间数			
			12~24个班	24~36个班	36~48个班	48个班以上
数学实验室	基本要求	120	1	2	2	3
	规划建议	150	1	2	3	4

说明：①学校规模小于12个班的，参照12～24个班的数据指标执行．

②"实验员室"和"准备室"可合并设置．

2. 数学实验室通用设备

（1）使用面积：每间基本面积为100～120 ㎡，生均不小于2 ㎡．可录播的数学实验室使用面积建议在120 ㎡以上，有条件的学校可配套附属听课、观察室，使用面积建议在40 ㎡以上．

（2）位置：实验室（楼）应保证最佳建筑朝向，室内避免阳光直射，主要采光面应位于学生座位的左侧．实验室（楼）要建在地面较高处（或垫高地平）．建议数学实验楼为独立建筑，有消防通道，与教学区和生活区分离．

（3）照明：采用自然光及辅助照明．教师演示台面及学生实验桌面的平均照度不应低于300 Lx，书写黑板宜设局部照明，其垂直照度的平均值不应低于200 Lx，黑板面上的照度均匀度应不低于0.7．实验桌面无阳光直射，室内无可见眩光，灯具悬挂高度距实验桌面应不低于1700 mm，宜安装窗帘．

（4）通风条件：采用自然通风及排气扇强制排风．

（5）噪声控制：室内环境噪声应低于60 dB．

（6）温度：室内温度以不高于30℃为宜，室温过高宜采用空调降温．

（7）供电：用电负荷应留有余地，以满足不断增加的现代化教学设备的需要；按规范敷设强、弱电线，空调专线敷设，安装漏电过载保护器和可靠的接地保护．

（8）配电源型实验桌标准：讲台设单相交流电（220 V）、三相四线（380 V）和低压交、直流电；其中低压交流设2～24 V连续可调，额定电流6 A；稳压直流1.5～24 V连续可调，额定电流5 A，设漏电过载保护．学生实验桌设单相220 V二、三孔插座．

（9）数学实验室的平面设计要求：第一排实验桌前沿与黑板的水平距离不应小于2500 mm，边坐的学生与黑板远端的水平视角不应小于30°；最后一排实验桌的后沿距后墙不应小于1200 mm，与黑板的水平距离不应大于11000 mm．

（10）安全条件：配备防火、防潮、防盗等设备，防范触电等事故．

（11）环保：新建、改建、扩建实验室和新增实验室设备时要选用环保型材料，应符合相关标准中的限量值，避免甲醛、苯、氡等有害气体和放射性污染．

（12）环境：数学实验室环境布置应有较高的数学文化品位，且要突出数学特色，营造良好的数学研究、探索和学术氛围，具有启迪作用．

数学实验室应根据教学要求配备相应的仪器设备，计算机和数字化实验数据采集、分析系统（如传感器、数据采集器、应用分析软件等），将先进的现代化实验仪器提供给学生进行自主、数学探究实验．

实验员工作室设置网络信息口，配备计算机．理、化、生实验员可以在同一间办公室办公.实验员工作室可设在准备室或仪器室内,但不能设在化学药品室及化学实验准备室内.

3.数学实验室专有要求

数学实验室是为课程内容提供演示实验、学生实验、数学实践活动的场所,为开放式探究实验提供方便.它包含实验室、仪器柜、准备室和实验员工作室等配套设施,各室功能如表4所示.

表4 数学实验室各室功能及配备要点

功能室名称	主要功能	配备要点	备 注
实验室	进行演示实验、学生实验、开放探究实验的场地	配电到桌,可配音视频设备、信息端口等	实验桌放置位置根据需要定
仪器柜	存放仪器设备	通风、防火、防潮、防盗	与相应实验室相邻
准备室	进行实验准备	水、电到桌,网络信息口	与实验室、仪器柜相邻
实验员工作室	办公及仪器设备维护	办公设备,管理用计算机,网络信息口及修理用必备工具	可和准备室合用

4.数学实验室仪器配备

高中数学教学仪器设备参照教育部配备标准配备,可根据最新教材要求适当调整.演示实验仪器,按每间数学实验室配备四套.学生分组实验仪器,班级数较少的学校仪器数量应达二人一组,班级数较多的学校应增加仪器数量.

5.数学实验室教师队伍建设

数学实验室教师数量设置如表5.

表5 数学实验室教师数量设置

学校轨数	8轨	12轨	16轨	20轨
实验教师或实验员	3人(专职)	5人(3名专职)	6人(3名专职)	8人(3名专职)

数学实验室教师一般采用兼职,尽可能做到专人管理,兼职的数学实验教师尽可能长期稳定在实验岗位上.有三名以上数学实验教师的学校设一名数学实验室负责人,负责人应具有较高的政治思想觉悟、一定的专业理论水平和数学实验教学经验,组织能力较强,且由相应专业的具有中级以上职称的人员担任.

数学实验教师应具有本科学历,专业对口,而且必须通过本地(县、区级)教育主管部门的培训,经市级考核获得市级或市级以上的资格证书,持证上岗.

数学实验教师应热爱本职工作,熟悉教材,能独立完成本科目的所有数学实验,并指导学生进行数学实验操作、研究和自制教具;要积极参加数学学科的教研活动,制订每学期数学实验计划,并将学生数学实验的安排公布于墙;还要有较强的责任心和管理能力.

学校领导要关心数学实验教师的工作和生活,合理规定数学实验教师的工作量标准,制定工作量津贴补助的发放标准,并督促执行,在工资待遇、职务评定等方面可适当照顾,确保数学实验教师锐意进取,师资队伍相对稳定.

6.数学实验室管理

(1)必须建立管理制度.学校必须建立仪器设备保管使用和维护保养制度、仪器设备借还和报损制度、数学实验教学管理制度、安全防护管理制度、数学实验教师考核制度、学生数学实验守则等,并严格执行.学生数学实验守则应张贴在实验室前方,其余规章制度分别张贴于数学实验教师办公室和准备室.

(2)必须建立账册.学校必须建立总账、分类账、低值易耗品账,且记录要及时、准确.一年填写一次"总账",学期中仪器数量增加或减少登入"分类账",数学仪器损耗应及时登入"低值易耗品账",并接受财务监督,做到定期盘点,账账相符、账物相符,总账、分类账的账、卡、物相符率一定要达100%.

(3)仪器及环境管理.数学仪器设备管理和实验室环境管理要科学合理.数学实验仪器设备必须全部入橱,按仪器的性能分类存放,合理排列,定橱定位,并根据重下轻上、水平或竖直放置的原则做适当调整.充电仪器设专柜,教师演示实验仪器亦可与学生分组实验仪器分开存放,做到科学合理、美观大方、取用方便.确保橱内仪器处于随时可使用状态.教学仪器设备应经常检查、及时维修,并根据不同要求做好通电、防尘、防潮、防锈、防腐蚀工作,保持仪器性能良好状态.实验结束应对使用过的仪器进行必要的检查后方可入橱.每学期结束前应对现有仪器设备做一次常规保养,完好率应达100%.备用实验仪器(新学期不用的仪器)可另行装箱,列清单备查待用,破旧仪器申请报废,每学期报本地(县、区级)教育主管部门办理审批.数学实验室、仪器柜、准备室要经常保持整洁,注意通风换气,妥善处理废品,为师生提供良好的实验环境,保护师生健康,保证实验安全.

(4)必须做好记录.每次实验都要做好相应的记录,如数学实验通知单、数学仪器借还记录、学生实验记录、使用仪器完好情况记录、数学仪器报损记录、学生数学实验报告、学期实验开出率统计等,学期期末整理,分类装订成册.

7.数学实验守则

数学实验守则(试行)

学生必须明确实验室是巩固科学知识和开发创新思维的重要基地,必须端正实验态度,积极参与实验教学.

实验前,每个学生必须做好实验预习,明确实验内容、目的、原理和实验步骤.

进入实验室,由任课老师确定学生组数、组长,按指定位置就位,不得任意调动.

在老师宣布实验开始前,不得动用仪器.实验前,小组长应查点本组实验器材是否齐全,发现问题主动报告老师.

实验过程中,必须仔细观察,认真思考,按实验步骤进行实验,并做好实验记录.课后撰写实验报告.

实验结束,小组长必须再次清点器材,保证齐全,得到老师允许后方可离开实验室.

保持实验室卫生整洁,保持实验室安静,严禁喧哗、吵闹.

实验器材是国家财产,必须人人爱护,因违犯操作规程损坏仪器的,必须照价赔偿.

(二)芜湖市第十二中学数学实验室

2017年,安徽省芜湖市第十二中学招标并建设了数学实验室,实验设备包括图形计算器、3D打印机、立体几何模型、微型车床、微型铣床等.每间数学实验室配备60台TI-Nspire™CX-CCAS图形计算器,每个班级所有学生都有一台该型号图形计算器供独自操作,其中还有投影仪和3D打印机等实验仪器.这一系列先进的数学实验设备为学生进行各种数学实验提供了保障.数学实验室布局新颖、很有特色,共配备了六张"三叶草"形状的学生用桌,每张桌子可以容纳九个学生,满足一个班学生进行实验活动课的需求.学生用桌布局合理,可以保障每位同学积极参与数学实验活动,既方便了师生交流,也方便了生生互动,为学生数学素养的培养提供了良好的实验环境.控制中心位于黑板左侧,是整个数学实验室的"大脑".在投影仪的协助下,教师可以利用控制中心来演示自己的操作过程,学生可以按照教师的提示与要求进行实验操作,学生进行的每一步操作均显示在黑板上,教师可以及时接收到每位学生的反馈信息,并针对学生的反馈信息进行适当的指导.芜湖市第十二中学数学实验室场景如图12所示.

图12 芜湖市第十二中学数学实验室场景(2)

芜湖市第十二中学数学实验室中的图形计算器型号为TI-Nspire™ CX-CCAS,在授课前要检查和充电,确保课前分发给学生并能正常使用.该计算器的显示屏为彩色,中文界面,非常方便,能够让课堂效果达到最佳(如图13、14).

图13　学生使用图形计算器

图14　图形计算器

芜湖市第十二中学数学实验室主要由硬件设备、软件设备、实物教具模型、数学阅读资源、数学主题文化五部分组成,如表6所示.

表6　芜湖市第十二中学数学实验室主要组成部分

组成部分	图片(示意图)	名　称	内容及功能
硬件设备(1套)		桌椅	三叶草形实验桌、书柜等,教学活动的基本保障
		交互式白板	自带软件,与电脑相连,实现交互式教与学
		计算机	实现人机互动

组成部分	图片(示意图)	名　称	内容及功能
硬件设备（1套）		图形计算器	线性模拟、图形计算等，用于数学实验（若干台）
		传感器	主要是速度、温度传感器等，采集数据
软件设备（1套）		几何画板软件	制作动态课件，实现动态教学
		数据处理软件	批量处理、分析复杂数据，提高实验效率
		拓展软件	随机模拟、自动推理等，尝试探索平台
实物教具模型		实物教具	主要有立方体、球、尺规等，用于直观展示

组成部分	图片(示意图)	名　称	内容及功能
		模型	主要有九连环、乐高等,可动手操作
数学阅读资源		数学图书馆	主要有图书、杂志、挂件等,用于个性化发展
		数学资源库	主要是课程开发网站、网络资源库,用于拓宽视野、网络交流
数学主题文化		数学史、数学家图象等	用于渗透数学思想,感受数学文化

第三节　中学数学实验教学现状

20世纪70年代,世界上第一台电子计算器诞生.随着时间的推移和科技的进步,电子计算器逐渐信息化,用电子计算器辅助教学的时机也不断成熟.数学是一门系统的演绎科学,但创造过程中的数学却又是一门实验性的归纳科学.《义务教育数学课程标准(2011年版)》明确指出:学生应当有足够的时间和空间经历观察、实验、猜测、计算、推理、验证等活动过程.所以,无论是从教学内容上来说,还是从教学方法上来说,数学教学活动都应该重视数学实验教学,这对提高数学教学质量,实现数学课程目标起到非常重要的作用.数学实验教学的应用,可极大地激发学生学习数学的兴趣,引发学生的好奇心,能真正地落实学生的探究活动,让学生在体验、交流互动、分析问题、理性思考、合理选择等活动中,体验数学家对数学概念的抽象过程,达到启发思考、优化思维、提升内在认知的深层目标.

一、中学数学实验教学的指导思想

中学数学实验教学的指导思想是指对数学实验室环境中的数学实验教学具有丰富教学经验的教师,在一定的教学目标指导下,运用一定的策略方法,形成的一种稳定的实验教学结构理论框架,而且这种框架可以直接用于指导教学实践.实验活动探究的基本精神是推动科学发展的不竭动力,它有着极其丰富的内涵.主要包含以下几个方面:一是求知精神.求知精神是实验活动探究的首要特征,好奇心和求知欲容易引领人类迈向科学大道.有了求知精神才有了人类对世界万物永无止境的探索,每个人才都有自己的需要、各自的兴趣和独特的个性.在教学过程中,教师要关注学生的学习兴趣,比如创设别具心裁的情境,激发学生的求知欲和好奇心.二是进取精神.当学生在实验探索活动中遇到新问题时,要学会大胆地提出猜想.拥有进取精神是提出猜想的前提,没有合理的猜想也就不会有求实的验证活动,科学的发展也会止步不前,正是进取精神使得研究者在实验活动中独立思考、敢于质疑、大胆猜想、勇于创新.三是求实精神.实验探究活动要保证其科学性,正是实验探究的求实精神,才能保证合理猜想的正确性.

二、中学数学实验教学的原则

张晓林、苏华荣认为数学实验教学遵循的原则有:量力性原则,实验活动符合学生的年龄特征与知识水平,实验时不需要补充大量的知识即可开始进行;自主性原则,在实验中强调把学生放在主体地位,学生自己发现、提出、研究、解决问题;探究性原则,强调知识的形成过程,学生在交流、分析、解决问题的过程中获得数学思想方法和技能;协调性原则,学生的认知与情感两个层面要相互协调、相互促进;趣味性原则,设置有趣的问题情境,激发学生思考,启发学生思维,开阔学生眼界;实用性原则,选择的实际问题要具有实际背景和意义,学生能够体会到数学的价值,培养应用数学实践的意识.

黄少培认为数学实验教学遵循的原则有五个:操作性原则,学生在动手实验操作过程中,主动将数学知识内化为认知的结果,实现有意义的建构;建构性原则,学生主体在已有经验与知识的基础上自觉地重建或建构知识,是一项具有探索性的"再造"活动;过程性原则,学生亲历数学知识的发生、发展过程,通过观察、归纳、猜想、证明等过程清楚知识的来龙去脉;强化特征性原则,强化数学研究对象的数学特征;适量性原则,数学实验并不是必不可少的或者越多越好,只是学生以实验的形式学习体会学习知识的愉悦.

赵娅玲认为数学实验教学遵循的原则是趣味性原则、自主性原则、探究性原则、量力性原则、实用性原则.

孟桂花认为数学实验教学遵循的原则是实验目的明确性原则、实验情境的应用性原则、人人参与性原则、实验设计的直观性原则、实验问题难度的适度性原则.

三、中学数学实验教学的模式

殷红、李忠海认为数学实验教学的基本过程是创设情境—动手操作实验—提出假设—验证猜想.

邵光华将数学实验分为两种类型与三种教学模式:验证性实验,通常采用"告诉—验证—应用"的教学模式;探究性实验,一般采用引导探究和开放探究教学模式.

陆显琛从建构主义教学理论和计算机网络技术出发,认为数学实验教学的基本过程是提出课题—进行实验—实验猜想—实验论证—交流与反思—实验报告.

综上,笔者认为数学实验教学过程的模式是实验情境激趣—操作图形计算器动手实验—图形计算器辅助猜想—实验室中验证猜想、解决问题.其中,每个环节都彰显教育功能.

环节一:实验情境激趣.这是指在数学实验室中根据实验教学的内容,围绕教学目标与教学任务设置适合学习主体,且能引起学习者的情感共鸣,使其主动积极建构知识的具有学习背景的一种手段,是数学实验这项活动的开端.数学实验教学中创设适当的情境时应注意以下几点:一是教师运用图形计算器教师版软件,在课前制作图象与动画的组合,直接呈现在学生的图形计算器中,让学生真真切切地感受到数与形结合与变化的魅力,激发学生的兴趣与好奇心;二是探究的内容是未知的,但任务难度要适中,遵循量力性原则,能激发学生的认知冲突与思考,能在实验室里进行探索,能在已有经验的基础上解决问题;三是具有可操作性,便于学生观察、思考,进一步发现规律、提出猜想,进行探索与研究.在数学实验室环境下创设情境,就是在实验教学中通过精心的设计在课堂伊始就充分激发学生的兴趣、好奇心和求知欲,唤醒学生的思维状态参与到实验教学中来,为整个教学过程充满生机与活力做好铺垫.

环节二:操作图形计算器动手实验.这是指学生在数学实验室中利用图形计算器进行自主探究或合作探究,教师给予学生充分的时间,学生亲自动手进行实验以获得对知识的直观感性体验,它是整个实验过程的核心.数学实验室环境下的动手实验活动,是在教师的指导下,独立或者小组合作完成操作实验,观察实验现象,记录分析实验数据,发现规律,对实验的过程与结果做清晰明确的描述.在数学实验室中,教师可以按照学生的数学学习成绩及计算机水平分 $3 \sim 4$ 人为一组,一张三叶桌可坐 $9 \sim 12$ 人,将 $2 \sim 3$ 组的学生安排坐在一张三叶桌上,为小组间的交流合作提供方便.每个学生都有一个图形计算器,学生通过图形计算器"做数学"来学习数学知识,手脑并用,亲身经历知识的探究过程,将复杂的问题简单化、抽象的知识具体化、特殊的问题一般化.随着图形计算器上画面的不断变化,学生首先对实验产生感官体验,随着体验的积累,在实验过程中,教师要引导学生从真实的实验现象出发去发现问题、解决问题,体验知识的形成过程.另外,在实验操作中,教师发现学生的行为不合乎实验要求时要及时加以正确的引导,同时要注意实验时间的分配,对能力不同的学生进行分类指导,遵循因材施教原则.

环节三:图形计算器辅助猜想.这是指学生在图形计算器的辅助下,观察图形计算器中的实验现象,计算、分析实验数据,根据实验现象提出猜想.这是整个实验过程重要组成部分.猜想的提出是在实验过程中层层递进发生的,不仅需要实验产生的现象和获得的规律,还需要学生开拓思维、发挥创新潜能.提出猜想是科学发现的至关重要的步骤,没有猜想就没有证明,没有猜想就没有创造.猜想的提出往往依赖于人们的直观感受(如图形计算器中呈现的实验现象引起的直观感受)和创新思维,直观感受有时也被认为是一种灵感,但要产生灵感除了需要具有一定的数学素养外,还应该对所解决的问题有深刻的理解.猜想需要创新思维的参与,没有创新思维提不出高质量的猜想,相反高质量的猜想一定在某种程度上渗透着创新思维.当然,猜想是根据实验中总结出的规律而提出的,应遵循实事求是原则,不能不切实际地乱猜,需要合乎事实.

环节四:实验室中验证猜想、解决问题.这正体现了数学实验室的重要功能.学生通过数学实验室中的工具,验证猜想、解决问题,并有意识地将所学知识应用到实际生活中,它是整个过程必不可少的环节.

需要说明的是,上述四个基本环节不是一条直线的流程,在实验教学中可以相互交错,重复进行.在实验教学活动中,学生、教师、教学媒介都是必不可少的组成部分.学生在教师创设的情境中或在教师的指导下获得问题,开始尝试动手实验;教师先让学生独立思考,再合作交流,同时对有困难的学生给予帮助和指导.这里的教学媒介有实物、网络环境、相关的数学技术与统计软件等.一般情况下,学生使用图形计算器设备,教师主要借助图形计算器教师版软件,通过无线导航控制系统软件控制学生的图形计算器,可以实时监控、展示学生的作业成果、布置作业等.在图形计算器的辅助下学生提出猜想之后,教师引导学生通过利用实验室中便利的实验工具进行实验、演绎或举反例的方法来检验猜想是否正确.学生得到的猜想一般有三种情况:一是肯定猜想是正确的,但无法进行检验;二是认为猜想是错误的,但没有反例来否定;三是模棱两可,不能肯定也不能否定.这时就需要在教师的引导与图形计算器的辅助下,举出反例否定猜想或通过逻辑证明验证猜想.学生在验证猜想中体会分类讨论、特殊与一般、转化与归纳等数学思想方法的应用和价值,以及数学的逻辑化、证明化特点.随着验证环节的完成,问题得到解决,知识得以应用.在数学实验教学过程中,教师是学习的引导者,学生自主建构数学知识.整个实验中验证猜想、解决问题环节深化了学生对知识的理解,让其学会了如何应用所学知识解决问题.其实,数学的学习就是将学生的数学现实进一步提高、抽象的过程,如图15所示.

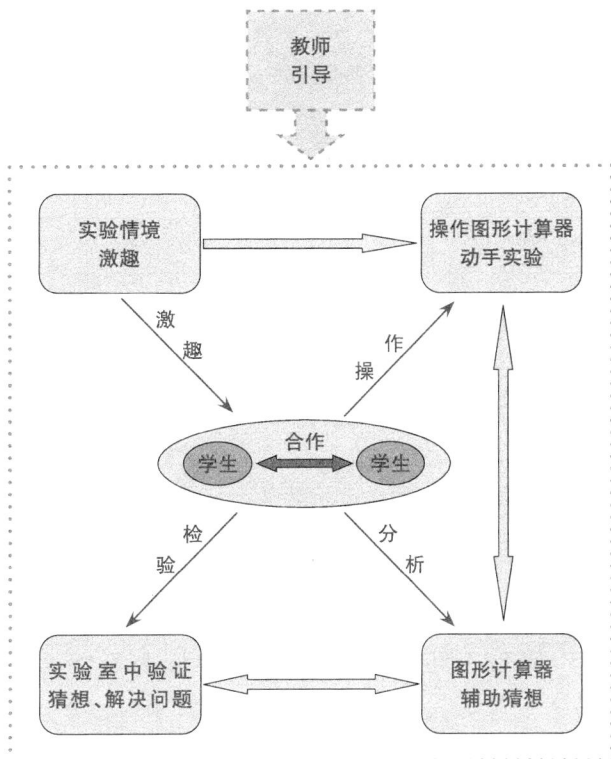

图 15　图形计算器辅助教学

　　图形计算器是一种适合于学生"学"的工具,完全可以满足中学生数学学习的各种需求,同时也是适合"教"的工具.芜湖第十二中学为此开展了很多教学活动,取得很好的效果,主要有以下几种模式:

　　(1)创设情境式.高中生的生活阅历使得他们对现实问题有一定的感性认识,教师创设情境要发挥该优势,利用生活中关注的热点问题创设现实意义的情境,拉近数学与生活的距离,使学生经过严密的逻辑推理与证明分析,达到理性分析问题的水平.生活的大背景下处处渗透数学思想,选择恰当的情境、融入数学思想有助于化抽象为具体,易化知识,提升素养.

　　(2)内容探讨式.从学生的实际出发,遵循学生的认知规律,教师优化课程,由易到难,循序渐进地进行内容探讨式教学.数学实验的教学模式概括为提出问题、开展实验、观察规则、得出假设、进行交流、实验验证、形成新知识七个环节.

　　(3)案例式.教师要高度重视案例式教学环节,遵循学生为主体的教学原则,优化整合课程顺序和内容,重点培养学生动手操作能力和创新能力.首先,案例的选取要能引起学生的兴趣,并且在最近发展区内,学生可借助原有的知识经验实现知识迁移,从而解决问题;其次,案例的选取要有实际作用且科学.

四、中学数学实验教学策略

安徽师范大学学科教学(数学)专业的专业型教育硕士杜蕾研究了基于数学实验室的数学教学策略及高中生数学素养的培养策略,具体内容如下.

(一)统计教学策略

1.利用 Vernier Data Quest 功能,动手收集数据

在生活中,我们可以明确知道许多问题的答案,但也有许多问题我们无法给出准确的回答,需要我们收集大量的数据才能给出结论,例如食品中的细菌数量是否超标,某个产品的合格率是多少,同学们课后完成各科作业的时间是如何安排的等.因此,收集数据成了统计教学过程中重要的环节.统计教学过程中要落实数据收集的环节,让学生到数学实验室上课,改变以往学生对数学课堂的畏难情绪情感,创建一个新的场景和学习环境.数据是统计的中心名词,对数据的处理也是统计的中心工作,而数据处理的中心是收集数据.在课堂教学中,学生处理的数据通常是教师事先准备好的,这种事先准备好的数据可能会让学生对数据产生一些误解:将数据简单地理解成数字,脱离了数据本身的意义.Vernier Data Quest 是图形计算器的七大功能之一,这个功能利用传感器可以直接收集变化的温度.在数学实验室进行统计课程的教学,让学生借助图形计算器的 Vernier Data Quest 功能现场收集数据,有利于激发学生的学习兴趣.

2.运用统计计算,学会表示数据

表示数据的意思是将收集到的数据排列、有序化,使其以图表的形式呈现出来,给人更直观的数据分布情况.统计图表和统计量是杂乱数据的"重生",便于师生探索数据背后客观事物的规律与特征,这是有重要意义的一个环节.这一操作环节让学生明白身边很多不起眼的数据都是"有用的",并且在我们的生活中扮演重要的角色.学会用数据说话,而非凭借经验与感觉,是数据表示的重要作用.常见的统计图有条形图、茎叶图、折线图等,统计量有平均数、众数、中位数、标准差和方差等.学生要学会选择合适的统计图表来表示数据间的数量关系,选择合适的统计量来表示数据的离散程度和平均水平等.但是统计课并不是"画图课"和"计算课",学生在课堂上需要掌握统计图表的制作和统计量的计算,然而统计图表的制作和某些统计量的计算过程非常复杂,大大浪费了课堂的宝贵时间.TI 图形计算器具有收集数据、处理数据的功能和特点,操作与携带都很便捷,它的"统计计算"功能可以准确地计算出需要的统计量,并制作统计图表.将 TI 图形计算器融入统计课程的教学中,可以更好地让学生体验数据分析的整个过程.用 TI 图形计算器辅助统计课程的教学时应当注意:信息技术只起到辅助教学的作用,不能占据教学的中心地位,因此 TI 图形计算器在统计教学中不能越俎代庖,不能替代主体知识的教学,不能舍本逐末.

3.运用统计分析,体会数据推断

用数据推断信息是统计区别于其他数学内容的重要特点,因此,这部分内容所反映的思想方法与传统的数学方法不一样,统计的教学应当注重让学生从确定性思维转换到统计思维.Chris Wild 和 Maxine Pfannkuch 认为,统计思维是由一系列复杂的活动组成,具体五个要素如图16所示.

图16　统计思维五个要素

正如史宁中教授所说,统计中的方法没有对与错,只有"好"与"不好".用样本推断总体是中学阶段学生需要掌握的一种统计思想,即利用样本的数字特征和频率分布来估计总体的数字特征与频率分布.在统计教学中要加强统计思想的教学,形成统计思想的一个好的途径就是让学生经历完整的数据分析过程.

两个变量间的关系可利用函数拟合,建立线性回归方程,此时学生需要根据两组变量画散点图,并选取合适的函数模型来进行推断.在现实教学过程中,进行函数的拟合是一个特别复杂的过程,计算回归方程也是一件棘手的事,利用TI图形计算器中"统计分析"这一功能,既可以把数据转化成图表形式,也可以进行绘制函数图象、图形跟踪、回归分析,更好地进行数据的推断.

4.自主操作TI图形计算器,加强数据分析

TI图形计算器有强大的功能,学生可以利用TI图形计算器自己操作探索,加强对统计学原理的体会与应用.提高学生对统计的认知,主要目的是为了适应大数据时代,培养学生学会关注身边的数据,学会用数据说话.这种在统计课堂上的影响,最终目的也是希望能够加强学生的统计意识,让他们在日常生活中善于寻找数据背后的规律,养成凡事有理有据的好习惯.时教必有正业,退息必有居学.经过课堂的学习,课后学生不能将统计的学习抛之脑后.统计与生活息息相关,统计知识最终都需要运用到生活中去解决实际问题,这样才能完成知识的内化与顺应.刘其右认为数据分析能力有两种性质,即过程性与品质性.过程性能力,顾名思义是在数据处理过程中习得的能力,包括数据的采集、组织和发现;品质性能力,是最高目标,是在过程性能力基础上的一种感悟,这种对数据分析过程的感悟能力是解决日常生活中统计问题必不可少的素养.而过程性能力是品质性能力的实现途径.在统计教学中注重学生对数据分析过程中感悟能力的发展可以通过以下方式:第一,让学生自己举例说明生活中的统计问题,并用TI图形计算器辅助验证给出回答;第二,独立解决老师留下的统计问题,并到讲台上分享解决过程,谈谈对统计原理应用的体会;第三,认真、及时完成老师布置的作业.

(二)数学概念变式教学策略

1.动态追踪,识别本质属性

概念本质属性的识别需要教师在概念生成的过程中变化概念的其他属性,从而突出那些不变的属性,这也是概念变式的关键环节.动态追踪,即预先设定该几何图形的特征,然后拖动图形,在拖动图形的过程中保持设定的特征,展现出移动轨迹.教师指导学生动手操作,动态追踪画出概念图形,改变图形的位置和数值,再次画出概念图形,认真观察分析,识别概念本质属性.章建跃提到让学生参与概念本质特征的概括活动,是使概念课生动活泼、优质高效的关键.徐章韬强调用图形的动态追踪能诠释图形的基本特征.图形的动态追踪为学生提供了一个直观的体验,帮助学生识别概念的本质属性.数学实验室是概念变式教学的有效平台,TI图形计算器的动态追踪为识别概念的非本质属性提供了便利.教师可指导学生自己动手操作TI图形计算器,通过观察图形的动态变化,发现其中变化的规律,分离概念的本质属性与非本质属性.在这一教学策略指导下应当注意:第一,整个变化过程秉承概念变式核心,即变化出来的图形应都属于概念的外延,学生根据概念的标准形式和非标准形式的对比识别出概念的本质属性;第二,在实验操作的过程中应当调动学生的积极性,让学生自己探究发现,画出概念图形.

2.分析数据,发现本质属性

在不断变化的数据中识别出概念的本质属性,这也是概念变式教学的有效策略.自动处理数据和计算数值的功能,为学生省去了烦琐的计算过程,学生仅需要分析多组变化的数据来发现概念的本质属性.李红梅强调,数据分析观念是学生在数学实践活动中形成的,通过分析数据能得出结论、解决数学问题的综合认识.因此,在概念变式教学过程中,学生通过大量变化的数据进行归纳猜测,也能得到一般性的结论,即概念的本质属性.在数学实验室中,学生可以操作TI图形计算器来处理数据和计算数值,得到大量有效数据后,教师引导学生根据变化的数据识别出概念的本质属性.在分析数据过程中,教师要给学生更多的空间去探索,发掘如何得到不同的数据.同时,教师可利用图形计算器教师版软件(TI-Nspire™ CAS Teacher)和无线导航控制系统软件(TI-Nspire™ CX),将学生图形计算器(TI-Nspire™ CX-CCAS)上的结果展示在显示屏上,使学生获得多组数据.在实施这一策略的过程中,学生不仅要能从变化的数据中得到结果,同时还要了解数据变化的原因,知其然,知其所以然,这样对于概念的掌握才会更加透彻.

3.拖动图形,揭示本质属性

概念本质属性的识别源于学生能够分离出本质属性,拖拽图形这一策略主要是通过拖拽使得概念的某些属性发生改变,学生对变化的图形进行对比,能够识别出未变化的部分,即概念的本质属性,达到概念变式的效果.Allen Leung提出,拖动这一操作的本质是变化.吴华教授认为,在动态几何的教学中要想实现变化,必须要实施拖动,不同的拖动方式可以得到不同的变化,因此"拖动"是动态几何"变"的一种工具.拖动几何图形,可变化概念的非本质属性,帮助学生识别概念的本质属性,达到概念变式的目的.在数学实验室中可使用TI图形计算器来进行这一操作,学生在教师的指导下选定图形,触动键盘,对图形任意拖动,实现对概念图形的非本质属性进行变化.在拖动过程中需要注意:第一,学生在拖动前后该图形仍然是概念图形,即不改变概念的本质属性;第二,学生在拖动过程中应该明确哪些非本质属性发生了改变,是一个还是多个,避免学生只拖动而不思考;第三,教师适当放手让学生自己动手,让学生按照自己的想象去拖动,调动学生探究的积极性.

4.针对引导,猜想本质属性

在数学实验室中,利用仪器来动态追踪,拖动图形和分析数据都为识别概念的本质属性提供可能,但关键还在于教师的针对性引导,激发学生思考,识别概念的本质属性,所以这一教学策略应当贯穿在前者当中.问题情境的创设到概念本质属性的识别还存在一段距离,需要教师引导学生在实验操作过程中进行深入思考,经历数学思维的内化整合,对数学活动进行描述和反思,感悟对象的本质属性,经历多次抽象概括,最终形成数学概念.在构建数学概念过程中,对本质属性赋予形式化的定义.定义不要求一步到位,可以边引导、边修正、边完善,最终实现从感性认识到理性认识的跳跃.即在识别概念本质属性的过程中,教师需要对学生不成熟的描述或猜想进行多次引导,让学生对概念的本质属性的描述更加精确,最后得到形式定义.在数学实验室中对学生进行针对性的引导,对教师的要求比较高,需要教师依据实验仪器做好教学设计,设置具有启发性的提问.在实施策略的过程中需要注意:第一,在概念构建过程中教师主要是启发引导的作用,无需将太多的要求强加给学生,只需在他们已有认知的基础上,设计符合他们认知规律的问题;第二,整个过程在很大程度上是由学生自己驱动的,所以应以学生为主体,体现教师的主导作用;第三,教师应当鼓励学生猜想,逐步从敢猜过渡到会猜;第四,在构建数学概念的过程中让学生体会认识数学新对象的基本方法,学着总结其中的基本规律.针对性的引导,目的是识别概念的本质属性,同时在教学中让学生感悟从数学的角度看待世界的思维方式.

(三)数学建模教学策略

1.创设数学实验情境,明确要解决的主要问题

创设数学实验情境、明确要解决的主要问题是引导学生参与数学活动的开端,也是开展基于数学实验室的高中数学建模教学的第一个教学策略.这一策略的提出是针对传统建模教学中,学生难以提取生活情境中的关键数学信息来构建模型框架.实施这一策略要注重激发学生动手实验的兴趣,在生活情境中准确把握关键数学信息,明确要研究的主要问题,从而构建数学模型,提出合理猜想.

传统数学教学偏重于已知数学问题(问题来源是教师提供或教材展示),主要借助纸和笔进行数学运算,获得理论性较强的数学结论.而借助数学实验室教学主要是发现数学问题(问题来源是实验探究),以现代技术为手段、数学理论为原理进行数学实验,获得实践性较强的数学方案.因此,教师在使用这一教学策略时应注意以下几点:一是结合常规教学创设紧贴高中生实际生活的实验情境,可以选取生活中关注的热点问题、校园常见情境等引起学生探究欲望;二是在学生的最近发展区内设计有一定计算强度的问题;三是可以让学生解决一些生活中的常见问题,如设计班徽、生日卡,或者开展一些"微科研"的小课题等.

在开展基于数学实验室的高中数学建模教学时,创设数学实验情境、明确要解决的主要问题时,可从以下几点入手:一是教师要重视教学内容的知识背景、发展过程,尤其是高中数学教材的章头图和章引言,是本章内容的概貌,也是重点内容的现实背景;二是教师也可以在学生动手操作的过程中,通过总结学生实验操作错误、建立模型方式的多样性等,发现新的数学情境,引导学生继续进行数学实验,深化模型;三是明确要解决的主要问题是从熟悉问题到深入理解问题的过程,先抛开细节整体观察现实情境选取熟悉问题,通过联想与该情境相关的问题,再剖析细节,分析主要问题.总之,使用该策略是为初步建立数学模型框架奠定基础.

2.依据数学实验室设备的功能,设计实验方案

依据数学实验室设备的功能设计实验方案,是学生构想解决方案的思路,也是明确要解决主要问题的教学策略.这一策略的提出能有效解决传统建模教学中学生因遗漏部分已知数据而无法解决问题的情况.实施这一策略要注意全面梳理已知的所有数据,结合数学实验室设备的功能设计实验方案.

在数学实验室进行建模教学时,设计实验方案要注意以下几点:一是分组进行时注意小组成员人数保持在2~4人,能保证在有限的时间内成员各抒己见、分享交流,注意定期重新分组,同时要控制小组、成员间交流的次数,交流次数较少会导致无法获得解决方案,交流次数较多会导致整个班级的方案过于统一;二是做出合理的假设并可验证,因此设计实验方案的前提条件是学生能操作数学实验室设备并了解相关功能,比如数学实验室的教具模型可用于直观展示、动手操作,几何画板可以进行图形变换,TI图形计算器可用于绘制函数图象、追踪动点轨迹等,传感器可以测量速度、温度等;三是学生设计实验方案时需要明白要解决的问题是什么,建立数学模型可能要用到哪些设备功能,涉及的数学原理与方法是什么等,从整体上把握,逐步考虑方案细节;四是对于方案的选择,教师应该把选择权交给学生,可适当提醒选择某些工具的有效性,也可以开展头脑风暴,让学生集思广益,通过多种途径建模.

3.按实验步骤操作图形计算器,建立数学模型

按实验步骤操作图形计算器,建立数学模型,是设计出实验方案后的教学策略,这一策略的提出能实现建模教学中学生从"听数学"到"做数学"的转变.实施这一策略时要重视学生的主体地位,让其动手操作,体现数学实验的活动性和可操作性.

数学模型是搭建现实与数学的桥梁,在数学实验室进行数学建模正如"亲身去搭建桥梁"一样.它为学生探究数学知识搭建平台,学生不再是获得现成的数学知识,而是经历操作、实验、猜想、验证等探究过程,像数学家一样发现数学知识,同时也会遇到很多问题.如该选择哪种工具? 该使用哪种方法? 等等.这样的教学促使学生将数学与技术整合,提高解决问题的能力.

在数学实验室进行建模教学时要注意以下几点:一是分组进行时,人员数量上,一般3~4人为一组,2~3组围坐在一张三叶桌上.人员分配上,要综合考虑学生的性格、对设备功能的操作水平等,尽量合理搭配,保障每组的建模进程一致.任务布置上,明确每个人的任务,做好拿仪器、测数据、记录数据、观察现象等任务分工.讲解方式上,可以先介绍现实情境和实验原理,也可以借助数学实验室的无线导航系统,随时发送所需实验素材,学生进行自主思考.二是建立模型是一个循环过程,需要经历假设、验证、操作、优化这一循环过程直至得出合理方案,但也不是不停地操作图形计算器,中间环节会出现新问题、新思路,所以需要即时思考,适当调整、深化模型.三是动手操作体现在工具式教学中,数学实验室中的相关设备应该成为学生进行探究、实验、交流的工具.在实验操作过程中,关键在于鼓励、帮助学生,教师不过度指导,不提供现成的答案,尊重学生的思路、方法,同时对操作困难的学生给予一定帮助.

4.在数学实验中进行动态教学,实现模型进阶

在数学实验中进行动态教学,实现模型进阶,是动手操作建立数学模型后的教学策略,这一策略的提出是针对在复杂模型向简单模型转化过程中,传统教学难以实现中间过程可视化的问题,尤其体现在数形结合的思想上.实施这一策略尤其注重转化,将复杂问题转化为简单问题,将立体图形拆解为平面几何.

在开展基于数学实验室的高中数学建模教学时,动态教学的"动"主要体现在:一是师生互动,数学实验室是一个将静态知识与动态操作相结合的场所,三叶桌可方便成员间的相互交流,电子白板提供了交互式的学习环境,从而促进师生互动,学生从给定的信息入手,设计独特的解决方案,利用TI图形计算器的无限导航系统,实现教学资源共享,进行思维碰撞;二是教学技术,尤其体现在几何画板的图形转化功能,图形计算器的动态演示图象和数据分析功能;三是建模循环,建立模型是动态过程而非固定步骤,经历建立模型—求证结论—修改模型—重新求解—在科学性的前提下得出正确结论的循环往复过程;四是模型进阶,情境的变化导致模型的进阶,教师可以不断提出新的假设,进行变式教学,在这一过程中发展高阶思维.

(四)直观想象素养培养策略

1.巧用图形操作,加强几何理解

借助TI图形计算器的图形操作功能,帮助学生用图形加强对几何的理解,探讨数学问题,形成解决思路,提升观察问题和解决问题的能力.

2.追踪图形动态,探索数学规律

掌握研究图形与数量关系的基本方法,可借助图形性质探索数学规律.在数学实验教学中,借助TI图形计算器的图形跟踪功能,让学生在具体操作中感受图形的变化,进而探求变化规律,找到掌握图形与数量关系的方法.

3.运用图象分析,理解数学联系

学生能够综合利用图形与图形、图形与数量的关系,理解数学中各分支的联系,借助TI图形计算器的图象分析功能,提升学生综合利用图形的能力,加强学生对数学各分支内容的理解与应用.所以,实验教学中利用图形计算器,就是让学生从方程与图形之间的关系入手,加强数形结合,理解数形联系.

4.强化编辑操作,反映数学本质

借助TI图形计算器的七大应用程序,由学生自主选择方法进行探究,可锻炼学生将复杂问题直观表达以反映数学问题本质的能力.利用图形计算器表达函数的图象与缩小零点区间,还可培养学生主动编辑操作的意识和一分为二的辩证思想,从而抓住数学问题的本质.

(五)数学运算素养培养策略

1.借助演示功能,确定运算对象,克服运算恐惧

当前有些高中生对数学运算题有抵触情绪,这在一定程度上阻碍了学生数学运算能力的发展.要想改变这种现状,我们必须通过相应的途径使学生转变对数学运算题的态度,使学生对数学运算产生浓厚的兴趣,使学生能在轻松活泼的氛围中享受数学运算.笔者设想借助图形计算器的演示功能,可帮助学生确定运算对象,克服运算恐惧,重新认识数学运算.

2.巧用作图功能,明晰运算概念,夯实运算基础

具备良好的运算基础是运算能力发展的保障.什么是运算基础? 无非就是解数学运算题所需要的基础知识,包括概念、法则、定理、公式等.许多学生在解数学运算题时没有分辨清楚运算对象,导致运算错误,更具体地说,是混淆了运算对象的基本概念.在数学实验室中,学生会对数学运算中所包含的基本概念有新的认识,针对学生的运算基础而设计的数学实验室活动会为学生数学运算能力的培养提供良好的平台与保障.

3.结合检验功能,理清运算思路,选对运算方法

有些高中生没有检查运算题的习惯,对于复杂的运算题依赖于计算器.运算方法的选择实际上就是数学思想的体现,运算习惯的养成往往需要在他人帮助和监督下实现.数学实验室可帮助学生理清运算思路,选择正确的运算方法,养成良好的运算习惯,从而达到提升数学运算能力的效果.学生有了清晰的运算思路,对解决数学运算题更加有信心,对运算方法的选择与使用更加熟练,便养成了良好的运算习惯,明确了计算器只是检验运算结果的一种工具.因此,这种形式的数学实验活动为学生数学运算能力的提升奠定了基础.

4.运用反馈功能,开发运算程序,解决运算问题

有些高中生对于"题海战术"作为培养数学运算能力的途径认可度不高,教学中运算题的讲解并没有引起学生的普遍关注,传统的讲练型培养方式缺少师生之间的交流与互动,久而久之,学生就不太愿意听教师的讲解,这对提升学生的数学运算能力是不利的.数学实验室可帮助学生积极参与数学运算过程,开发运算程序,解决运算问题,让其在与教师和同学的交流互动中享受数学运算带来的快乐.这样学生参与数学运算的热情便会提升,数学运算能力的培养不再是教师讲、学生练的单一模式,而是趋于开放互动的模式,师生之间、生生之间的交流与互动为数学运算能力的培养注入了新的活力.

(六)数学建模素养培养策略

1.创设生活情境,尝试TI分析,激发学生兴趣

创设合适的生活情境是基于TI图形计算器进行数学建模教学的第一步,也是激发学生、学习兴趣和求知欲的关键.生活情境的创设需要一定的时间做准备.因为一方面中学建模教学的主体是学生,他们的知识水平是有限的,生活情境中的问题不能太难,否则解决不了,但是情境中的问题也要有一定难度,学生结合已学过的知识经过深入思考和探究能够解决;另一方面生活情境的创设尽量贴近学生的生活,这样学生才会对里面的问题有个直接的感知,认识到数学就在我们身边.

2.准确分析问题,TI辅助猜想,尝试模型假设

学生了解了情境问题的实际背景后,查阅相关资料,教师提供相关帮助,此时学生可以利用TI图形计算器对提出的问题进行简单的分析,有个大致了解,为后面解决问题做铺垫.分析问题的前提是要清楚自己所面对的问题的关键所在,以及需要得到什么样的结果.根据研究对象的特征以及建模的目的,抓住问题的本质特征,忽略不必要的因素,这样学生可以明确研究的问题,根据已有的知识与经验进行大胆假设.数学建模教学中,能否准确分析问题、做出合理的假设是整个过程中很重要也是很困难的一步.学生尝试模型假设不能想得太简单,也不能把所有的因素都考虑进去使得模型复杂化.假设的模型太简单导致的结果可能是模型无用,假设的模型太复杂导致的结果可能是无法进行下

面的步骤.所以模型假设环节需要有所取舍,简化要有,本质也要有.一般做出假设可以依据某些现象与数据的分析,也有对现象背后规律的认识,所以学生大胆的猜疑、丰富的想象力以及经验的积累对数学建模教学模型假设环节起到很重要的作用.

3.操作TI设备,验证数学猜想,建立数学模型

经过准确分析问题后,学生都提出了自己的想法,尝试了模型的假设.但不是所有的模型假设都是正确的,因此需要借助TI图形计算器,验证前面所提的想法,验证学生的模型假设,最后根据一定的要求或标准,选择最合适的数学模型.最合适的数学模型就是用数学的语言、符号描述现实世界的对象.由于现实世界对象的复杂性,数学建模除了需要数学学科的相关知识外,还常常需要现代信息技术的帮助.以"停车距离问题"建立相应的函数模型为例,函数相关知识是中学阶段非常重要的内容,其中函数图象在函数教学中的作用不言而喻.传统教学在画函数图象前需要对函数奇偶性、单调性等性质进行讨论,然后描点画图,费了很大功夫画出来的图象可能还不标准,影响教学效果,甚至有些函数图象手工根本画不出来.图形计算器就可以很好地解决函数图象问题,即输入相应的数据或者解析式,TI图形计算器就可以准确地画出相应的图象.之后学生可以很直观地观察图象,进而更好地探索函数的性质.前面是已知函数画图象有困难,反过来,在传统教学中有些根据函数图象求解函数解析式也是难点.实验教学中利用TI图形计算器,学生可以很方便地用图象、解析式以及表格来表示同一个函数,这样学生可以更好地理解函数的形式与功能.当然TI图形计算器不只是在画函数图象部分辅助数学建模教学,它还可以在建模教学中的计算、立体几何、数据统计、跟踪轨迹等方面提供帮助.因此,在操作图形计算器辅助数学建模教学前,教师应当确保学生对图形计算器的功能与使用方法有所了解,学生在教师的引导下可以采用独立或者合作的方式操作图形计算器,观察现象,记录分析数据,从而对数学建模关键环节有个清晰的认识.操作实验设备、建立数学模型环节要充分体现教师为主导、学生为主体的教学理念,教师指导学生操作图形计算器,逐一验证学生的想法,分析不足之处.操作图形计算器前要明确问题是什么,要达到什么样的目标,收集有关解决问题的信息,比如"停车距离问题"中分析反应距离、制动距离与速度的关系就是要解决的问题,建立停车距离与速度之间的函数模型就是目标.这样学生就经历了模型的发现与认知的过程,在动手操作图形计算器过程中学生不仅提高动手实践能力,而且思维也跟着活跃起来,主动去思考问题、解决问题,不再是以往的教师讲学生听的固定模式,同时学生对数学建模有了自己的认识.学生开始尝试数学建模时或多或少会遇到这样或那样的问题,操作图形计算器也不可能没有问题,这时候教师要在学生实际操作过程中指出不足,引导学生进行更进一步的思考.

4.TI快速解答,求解数学模型,解决实际问题

求解数学模型来解决实际问题,就是要求学生运用学过的数学知识以及获得的数据资料来解决已经建立的模型.由于是实际问题,所以得到的模型有时候很难求解,而TI

图形计算器可以帮助求解,简化求解过程,降低建模难度.根据所使用的数学工具对模型的参数求解,可以使用画图象、构造函数、逻辑运算、求导数等多种办法.由于实际问题往往计算起来复杂烦琐,这时候不仅需要学生具有扎实的数学基本功,必要时还需要借助现代信息技术的帮助,比如在这里需要借助图形计算器求解模型.建模就是为了解决生活中更多同类的数学问题,建立的模型是否成功需要现实中的问题进行检验,好的模型往往可以推测未知的类似问题.正是因为数学建模有这样的功能,它可以解决生活中的一类问题,才凸显了数学建模的重要性.

5.总结归纳模型,获得数学知识

模型建立和求解之后,需要探讨模型的实际价值,这样可以让学生更好地了解数学建模的意义.教师还要带着学生总结整个建模教学过程中遇到的问题以及学习到的知识,让学生自己思考,学会知识迁移,开拓思维.整个教学过程下来,利用TI图形计算器的计算和绘图功能,不仅让学生了解了数学建模的一般方法和步骤,而且对建模教学过程的简化起到关键作用,降低了数学建模的难度.利用TI图形计算器辅助建模教学,他们不仅能解决现实问题,还可以养成"玩数学"的好习惯.这就要求学生学会整合各个学科之间的知识,查阅相关资料,整理相关结果,更进一步地了解问题.经过这样的教学之后,学生动手操作能力得到了提升,创新意识得到了增强.

(七)数形结合能力培养策略

数形结合主要包括"以形助数""以数辅形"两个方面,最终是数与形的结合.根据实际的教学实验,下面提出高中生数形结合能力的培养途径.

1.操作TI,巧妙应用"图形"功能,培养"以形助数"能力

高中阶段的知识点与初中的相比其复杂程度、抽象程度都有很大的提高,学生在学习理解时往往会出现一定的困难.比如在高中阶段往往会学习一些用代数式表达的公式以及定理,当老师运用大量严谨的算式证明出完美的结果时,其实有一部分学生不能理解这个证明过程或者不能真正理解所证公式以及定理的本质意义.由于代数式表达的公式或定理的高度抽象性,而学生的思维发展水平、认知发展水平不高,出现一些学生不能理解透彻的情况也属于正常,那么这个时候就需要教师采取其他方法帮助学生去理解.如果学生从纯代数的角度无法理解,那么教师是不是可以引导学生从这个公式所蕴含的几何意义入手,掌握这个知识点呢? 一个代数问题表面上看与代数有关,但是深挖一下我们就可以发现它可能还表示一个图形.如果我们借助它所代表的几何意义去解决这个代数问题可能会简单得多,所以要培养学生"以形助数"的意识和能力.

2.根据几何规律,探索相应方程,培养"以数辅形"能力

几何图形的直观性赢得了大多数人的偏爱,但是并不是所有的数学问题都适合"以形助数",有些数学问题我们根据它的几何意义或者图象往往得不到我们想要的结果,这

个时候我们需要用"数"方面的具有逻辑性的式子来表达,经过一些严谨推理得出正确结果.学生借助图形计算器做出散点图,减少手工作图的烦琐,并且可以保证图形更加精确.利用图形计算器"代数"方面的功能,观察图形规律找到其合适的方程,用抽象、简洁的式子得出正确结果.因此,图形计算器可帮助学生深入理解"数"与"形"之间的关系,进而培养学生"以数辅形"的能力.

3.灵活运用图形分析功能,培养数形结合能力

数形结合有两个方面,即"以形助数""以数辅形",这两者不是孤立的而是相互联系、相互作用的.如果我们只强调或偏向某一方面的话,那么就说明并没有真正掌握数形结合.同样的,培养高中生数形结合能力也不能只强调某一方面,要使学生在"数"与"形"之间灵活转化,并且还能够将两者结合使用.

4.反思实验过程,总结相关规律

总结归纳是数学教学中非常重要的一个环节,当学生借助实验并经过"数"与"形"的相互结合与灵活转化使得问题得以解决后,数学老师应当寻找恰当时机引导学生主动去反思.根据德国著名心理学家艾宾浩斯的遗忘曲线可以知道:记忆的遗忘速度是先快后慢型的,这就要求学生在利用图形计算器解决有关问题之后要及时地反思整个实验过程,找出不足并总结相关规律,加深记忆.温故可以知新,所以及时地回忆复习和课后的反复练习可以使学生将新知识与已有的经验构成一个更为丰富的知识体系.数形结合渗透到高中数学的全部,高中生数形结合能力的培养不仅影响学生对数学的学习,还会影响学生的思维发展.这就要求教师不但在习题课上培养学生的数形结合能力,也要将其渗透到平时的教学中,在潜移默化中培养学生的数形结合能力.TI图形计算器具有计算、作图、数据处理等功能,使用它不仅可以激发学生的学习兴趣,还可以使抽象的数学知识形象化、具体化.经过TI图形计算器的操作后,教师要善于引导学生学会反思总结,在反思中体会"数"与"形"相互结合与转化的过程,逐步提高数形结合能力.

五、中学数学实验教学的评价

谭顶良、朱建明提道:数学实验课堂教学评价的目的是为了改进教师实验指导,完善学生实验操作,更新数学实验内容;数学实验教学评价的取向是突出学生的主体地位,强调学生的体验过程,关注手脑的协同促进,重视实验成效的整体性;数学实验教学评价的七大要素是数学实验目标、实验内容设计、教学方法设计、教学环节设计、教师教的行为、学生学的行为、整体实验成效.

顾广林认为,应该依据数学实验的特点建立评价标准.评价内容有参与度、思考水平、合作交流能力、创新能力和意志力.评价原则有过程性原则、发展性原则、多元性原则、差异性原则.评价方式有自我评价、同学互评、教师评价、家长评价等.

杨梦龙、郭宗庆将数学实验教学的评价标准阐述如下:一是准备工作的充分性,课前

需做好准备工作;二是实验目的的明确性,教师需使学生明确实验的要求;三是实验过程组织的有序性,每个学生有序地动手参与实验活动;四是教学材料使用的恰当性;五是教师的主导性和学生的主体性,是否充分发挥教师的主导作用与学生的主体作用;六是数学实验的总结与反思;七是数学实验教学的效果,体现在是否达到知识性、实践性、思想性的要求;八是数学实验的特征,体现在是否恰当地发挥了数学实验的功能.

第二章
图形计算器辅助
教学案例

案例一 独立性检验的基本思想及其初步应用

一、教学目标

(1)通过对典型案例的探究,了解独立性检验的基本思想,会对两个分类变量进行独立性检验;明确独立性检验的基本步骤,并能利用独立性检验的基本思想解决实际问题.

(2)通过本节课的学习,学会以科学的态度评价两个分类变量有关系的可能性,培养运用所学知识解决实际问题的能力;通过对问题的自主探究,提高思考问题的能力,对统计方法有更深刻的认识,体会统计方法应用的广泛性和严谨性.

(3)在独立性检验基本思想的教学中,培养推理能力和逻辑思维能力;实际例子中采用小组合作探究的方法,利用图形计算器的拟合和计算功能建立数学模型,在问题解决过程中体会数学建模思想.

(4)培养运用数学建立模型解决实际问题的能力,体会学习数学的作用,培养学习数学的兴趣.

二、教学重、难点

教学重点:通过实例学生体会独立性检验的基本思想,掌握独立性检验的一般步骤.

教学难点:理解独立性检验的基本思想,培养严谨的思维能力.

三、技术准备

TI数学图形计算器.

四、教学过程

(一)情境引入

给出芜湖市镜湖区2016年某校的体检数据,在视力这一项中,你觉得左右眼视力相关吗? 相关性强吗? 我们经常看到一些戴眼镜的"小胖子",那么肥胖和视力相关吗? 相关性强吗?

那么相关性到底怎么确定强与弱呢? 到底有多大的把握说明他们相关呢?

教师引导学生探索、回答,从实例出发,增强学生的兴趣和课堂参与度.

（二）发现问题

提出新问题："少抽点烟，小心得肺癌"，这句话有道理吗？

为了调查吸烟是否对肺癌有影响，某肿瘤研究所随机调查了9965人，得到如下统计结果（单位：人）.

吸烟与患肺癌列联表：

	不患肺癌	患肺癌	总　计
不吸烟	7775	42	7817
吸　烟	2099	49	2148
总　计	9874	91	9965

根据调查结果，是否有99%的把握认为吸烟和患肺癌有关呢？

我们怎么判断两个分类变量的关联性呢？吸烟是否对患肺癌有影响呢？

计算比例不难发现：在不吸烟人群中，有 $\frac{42}{7817} \approx 0.54\%$ 的人患肺癌；在吸烟人群中，有 $\frac{49}{2148} \approx 2.28\%$ 的人患肺癌.直观上看，可以得出结论：吸烟者和不吸烟者患肺癌的可能性存在差异.

我们也可以通过图形直观判断两个分类变量是否相关，如下图所示.

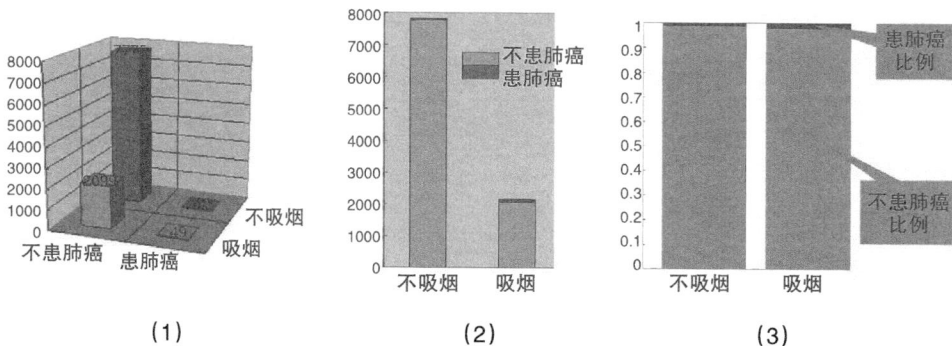

(1)　　　　　　　(2)　　　　　　　(3)

从三维柱状图（1）可以清晰地看出，各个频数的相对大小；

从二维条形图（2）可以看出，吸烟者中患肺癌的比例高于不吸烟者中患肺癌的比例；

从等高条形图（3）可以看出，吸烟者中患肺癌的比例高于不吸烟者中患肺癌的比例.

通过分析数据和图形，我们得到的直观印象是"吸烟和患肺癌有关"，那么我们是否能够有把握认为"吸烟和患肺癌有关"呢？

通过实例，学生能发现事物之间的关联性，顺利实现由"已有的生活实例"转入"新知构建"的过程.

教师对比例计算和三种图示进行讲解，引导学生思考如何才能以一定的把握认为

"吸烟和患肺癌有关".

(三)解决问题

为了解答上述问题,我们先假设H_0:吸烟与患肺癌没有关系.

把吸烟与患肺癌列联表中的数字用字母代替,得到如下列联表:

	不患肺癌	患肺癌	总　计
不吸烟	a	b	$a+b$
吸　烟	c	d	$c+d$
总　计	$a+c$	$b+d$	$a+b+c+d$

如果吸烟与患肺癌没有关系,那么吸烟与否的人群中患肺癌的比例应该是近似相等的,则$\frac{b}{a+b}\approx\frac{d}{c+d}$,即$ad-bc\approx0$.$|ad-bc|$越小,说明吸烟与患肺癌之间的关系越弱;$|ad-bc|$越大,说明吸烟与患肺癌之间的关系越强.

为了使不同样本容量的数据有统一的评判标准,基于上述分析,我们构造一个随机变量$K^2=\dfrac{n(ad-bc)^2}{(a+b)(c+d)(a+c)(b+d)}$,其中$n=a+b+c+d$为样本容量.

假设H_0:吸烟与患肺癌没有关系成立,则K^2应该很小.

由公式计算得到K^2的观测值为

$$k=\frac{9965(7775\times49-42\times2099)^2}{7817\times2148\times9874\times91}\approx56.632.$$

观测值k的临界值表如下:

$P(K^2\geqslant k_0)$	0.500	0.400	0.250	0.150	0.100
k_0	0.455	0.708	1.323	2.072	2.706
$P(K^2\geqslant k_0)$	0.050	0.025	0.010	0.005	0.001
k_0	3.841	5.024	6.635	7.879	10.828

从上表可以发现,借助于随机变量K^2的观测值k,在H_0成立的情况下,$P(K^2\geqslant6.635)\approx0.010$,即在$H_0$成立的情况下,$K^2$的观测值大于6.635的概率非常小,近似于0.010,是一个小概率事件.假设下小概率事件不该发生,若发生了,就有理由判断H_0不成立.在该规则下,把结论"H_0成立"错判成"H_0不成立"的概率不会超过$P(K^2\geqslant6.635)\approx0.010$,所以有99%的把握认为$H_0$不成立,即能够以99%的把握认为吸烟和患肺癌有关.

也就是说,若$k\geqslant k_0$,可以得到"两个分类变量之间没有关系"的概率$P(K^2\geqslant k_0)$,即有$[1-P(K^2\geqslant k_0)]\times100\%$的把握认为"两个分类变量之间有关系".同理,把$k<k_0$解释为不能以$[1-P(K^2\geqslant k_0)]\times100\%$的把握认为"两个分类变量之间有关系".

教师引导、鼓励学生分组讨论,大胆总结规律.

学生通过图形计算器计算出的结果是带有概率值的,教师要及时引导学生思考这个概率值是怎么来的,实际操作中怎么使用,又有什么理论依据?

教师鼓励学生思考、总结,培养逻辑思维能力.

(四)提炼归纳

独立性检验定义:这种利用随机变量K^2来判断"两个分类变量之间有关系"的方法,称为两个分类变量的独立性检验.

独立性检验的步骤如下:

一般地,假设两个分类变量X和Y,它们的取值分别为$\{x_1,x_2\}$和$\{y_1,y_2\}$.

第一步:列出2×2列联表;

	y_1	y_2	总　计
x_1	a	b	$a+b$
x_2	c	d	$c+d$
总　计	$a+c$	$b+d$	$a+b+c+d$

第二步:计算$K^2=\dfrac{n(ad-bc)^2}{(a+b)(c+d)(a+c)(b+d)}$;

第三步:查对临界值表,做出判断.

具体来说,思路是:

(1)假设结论不成立,即"两个分类变量之间没有关系".

(2)利用公式,由观测数据计算得到随机变量K^2的观测值k(在此假设下,随机变量K^2应该很小,如果由观测数据计算得到K^2的观测值k很大,则在一定程度上说明该假设不合理).

(3)根据实际问题需要的可信程度确定临界值k_0.

(4)若$k\geqslant k_0$,可以得到"两个分类变量之间没有关系"的概率为$P(K^2\geqslant k_0)$,也就可以得到有$[1-P(K^2\geqslant k_0)]\times100\%$的把握认为"两个分类变量之间有关系".同理,把$k<k_0$解释为不能有$[1-P(K^2\geqslant k_0)]\times100\%$的把握认为"两个分类变量之间有关系".

独立性检验使用的方法和原理是反证法原理与假设检验原理.

反证法原理:在一个假设下,如果推出一个矛盾,就证明了这个假设不成立.

假设检验原理:在一个假设下,如果一个与该假设矛盾的小概率事件发生,就推断这个假设不成立.

教师突出学生的主体地位,鼓励他们全程参与独立性检验的定义和过程,总结解决问题的思路和方法,感受到探索与发现的乐趣,从而培养他们缜密的思维习惯.

（五）学以致用

例1　对分类变量 X 与 Y 的随机变量 K^2 的观测值 k，下列说法正确的是（　　）

A. k 越大，"X 与 Y 有关系"的可信程度越小

B. k 越接近于 0，"X 与 Y 有关系"的可信程度越小

C. k 越接近于 0，"X 与 Y 无关"的可信程度越小

D. k 越大，"X 与 Y 无关"的可信程度越大

例2　通过随机询问110名性别不同的大学生是否爱好某项运动，得到如下列联表：

	男	女	总　计
爱　好	40	20	60
不爱好	20	30	50
总　计	60	50	110

$$K^2 = \frac{n(ad-bc)^2}{(a+b)(c+d)(a+c)(b+d)}.$$

附表：

$P(K^2 \geqslant k_0)$	0.050	0.010	0.001
k_0	3.841	6.635	10.828

参照附表，得到的结论正确的是（　　）

A. 有99%以上的把握认为"爱好该项运动与性别有关"

B. 有99%以上的把握认为"爱好该项运动与性别无关"

C. 在犯错误的概率不超过0.1%的前提下，认为"爱好该项运动与性别有关"

D. 在犯错误的概率不超过0.1%的前提下，认为"爱好该项运动与性别无关"

（六）动手实验

回头看"情境引入"中的问题，借助数学图形计算器处理数据，判断青少年近视和肥胖的相关性．如果有关，是什么原因呢？能有多大的把握说明两组数据之间有关？之前我们使用的体重数据能合理地反映一个人的胖瘦吗？验证并讨论你的想法．

教师引导，学生自主探究，借助数学图形计算器得到结论，再通过实际生活解释自己得到的结论，培养发现问题、解决问题的能力和信心．

（七）课堂小结

（1）本节课学习的方法及其使用步骤：独立性检验．

（2）本节课学习的思想及原理：反证法原理与假设检验原理.

（八）布置作业

（1）必做题：课本习题 2.3A 组 1.2.

（2）选做题：学有余力的同学自学统计学《卡方检验与列联表》中 2×2 列联表的内容，并尝试使用概率知识推导随机变量公式 $K^2 = \dfrac{n(ad-bc)^2}{(a+b)(c+d)(a+c)(b+d)}$.

（3）研究性学习：试分析视力与什么因素有关，具体的成因是什么，并撰写研究性学习报告.

通过灵活的分层作业题，满足不同层次学生的需要，符合因材施教原则，从而达到培养学生养成课后思考的习惯和提高数学学习能力的目的.

（芜湖市第十二中学　王春健）

案例二　直线的倾斜角与斜率

直线的倾斜角和斜率是解析几何部分的重要概念，教学过程中可将几何问题代数化，对学生认识解析几何有着积极的意义.初中已经学习了直线的相关知识以及对三角函数有了初步认识，本节课在此基础上向学生渗透解析几何的基本思想和基本方法，让学生进一步认识直线.另外，这一节课是解析几何的起始课，为后面学习直线与直线、直线与圆和直线与圆锥曲线的位置关系打下基础.本节课我们结合图形计算器进行辅助教学，可以让学生更加直观地理解直线的倾斜角和斜率.

一、教学目标

通过问题引导下的操作活动，学生经历将几何问题代数化的过程，理解并掌握直线的倾斜角与斜率的概念.

二、教学重难点

教学重点：直线倾斜角和斜率的概念以及过两点的直线的斜率公式.
教学难点：理解直线的倾斜角和斜率之间的关系.

三、技术要求

(1)能在图形界面中抓取和拖动.

(2)图形"模块":【菜单】几何—形状—直角三角形.

(3)图形"模块":【菜单】几何—图形—函数.

四、教学过程

(一)导入新课

我们知道过平面上的一个点可以作无数条直线,而这些直线的方向是不确定的,那么怎样确定方向呢?

探究1:打开图形计算器,在"图形"页面中画出一条直线,拖曳界面上的直线,观察图形,研究怎样用一个角来表示直线的方向.

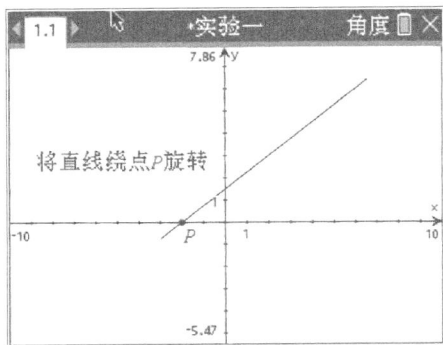

问题1.1 在直角坐标系中,过点P的一条直线绕点P旋转,不管如何旋转,它与x轴正方向的相对位置有几种情形?

问题1.2 已知直线经过点P,那么直线l的位置能够确定吗?

问题1.3 这些直线之间位置上有什么区别? 如何描述直线相对于x轴的不同的倾斜程度呢?

(二)新课讲授

1.直线的倾斜角

探究2:在页面1.2中拖曳直角三角形的锐角顶点,可以发现如果直线与x轴正方向发生变化,直线的斜率也会发生变化,即当倾斜角为锐角,且倾斜角越大,直线变得越"倾斜".

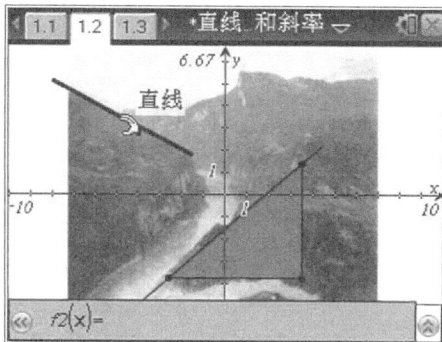

直线的倾斜角:当直线与 x 轴相交时,我们取 x 轴为基准,x 轴的正方向与直线 l 向上方向之间所成的角 α 叫做直线 l 的倾斜角.

规定:直线 l 与 x 轴平行或重合时倾斜角为 $0°$.

直线倾斜角的取值范围是 $0° \leqslant \alpha < 180°$.

2.直线的斜率

(1)倾斜角与斜率.

探究3:在初中已经学习了锐角的三角函数值,对于钝角的正切值又是怎样的? 先观察页面1.3中的图象,其中横坐标是角的度数,纵坐标是对应的正切值,请你从图象和表格中去发现规律:锐角的正切值为正值,钝角的正切值为负值,直角的正切值不存在.

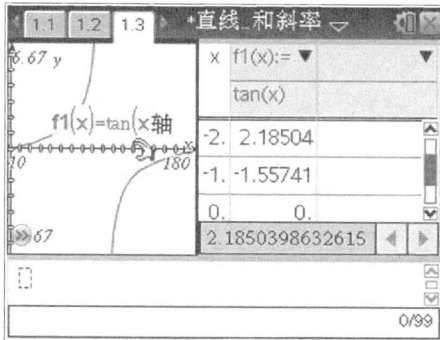

直线斜率的定义:

当直线 l 的倾斜角 $\alpha \neq 90°$ 时,我们把倾斜角 α 的正切值叫做直线 l 的斜率.斜率通常用小写字母 k 表示,即 $k = \tan\alpha$($\alpha \neq 90°$).

当倾斜角 $\alpha = 90°$ 时,直线 l 的斜率不存在.

注意:①倾斜角 $\alpha = 90°$ 的直线没有斜率,$\alpha \neq 90°$ 的直线才有斜率,斜率是唯一确定的实数,而且倾斜角不同直线的斜率不同,因此我们可以用斜率表示直线的倾斜程度.

②如果直线的斜率是否存在不明确,那么解答问题时要分斜率是否存在进行讨论.

教师请一位同学进行图形计算器操作展示.

在图形计算器页面中,拖曳直线改变倾斜角的大小,研究倾斜角与斜率之间的关系.

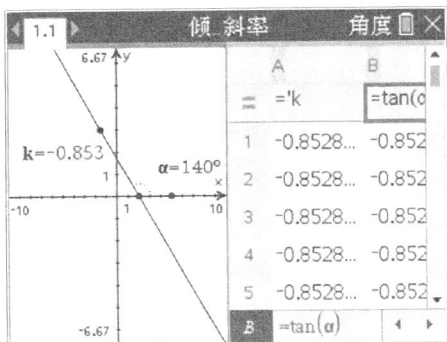

同学们共同得出结论：

①当倾斜角为锐角时,斜率为正,斜率随着倾斜角的增大而增大;

②当倾斜角为钝角时,斜率为负,斜率随着倾斜角的增大而增大;

③当倾斜角为0°时,斜率为0;

④当倾斜角为90°时,斜率不存在.

(2)已知两点求斜率.

已知一条直线上的两点坐标$P_1(x_1,y_1)$,$P_2(x_2,y_2)$,$x_1 \neq x_2$,如何计算斜率k? 分以下两种情况讨论：

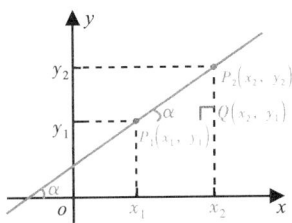

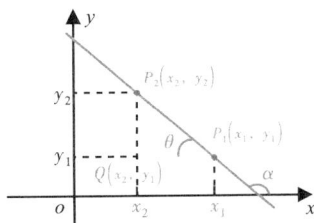

综上可得,斜率$k = \dfrac{y_2 - y_1}{x_2 - x_1}$.

公式的特点：

①与两点坐标的顺序无关;

②直线的斜率可以通过直线上任意不同两点的坐标来表示,而不需要求出直线的倾斜角;

③当$x_1 = x_2$时,公式不适用,此时$\alpha = 90°$,斜率k不存在.

探究4:下面通过图形计算器进行直观演示.

在图形计算器页面中,画出直角边平行于坐标轴的$Rt\triangle ABC$,测量出点A,B的坐标$A(x_1,y_1)$和$B(x_2,y_2)$,直线AB的倾斜角α,利用"动作"菜单中的"文本"与"计算",观察$\dfrac{y_2 - y_1}{x_2 - x_1}$与$\tan \alpha$之间的关系是什么?

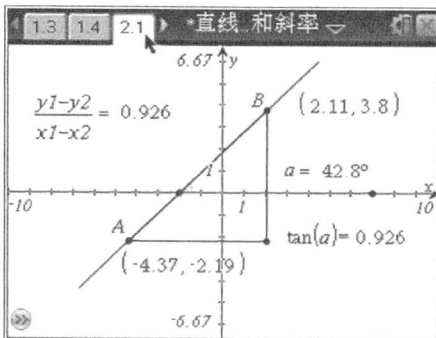

若直线的斜率为 k，则 $k = \dfrac{y_2 - y_1}{x_2 - x_1} (x_2 \neq x_1)$.

(三)知识小结

(1)直线倾斜角和斜率的定义.

(2)直线倾斜角和斜率的关系.

(3)通过两点求斜率.

(四)作业布置

课本 P86　练习:1,2,3,4;P89　A组:1,2,3,4,5.

(芜湖市第十二中学　金　奎)

案例三　回归分析的基本思想及其应用

一、教学目标

(1)从教材到生活实际,研究真实的数学,感受数学源于生活、用于生活,提高学习兴趣,激发学习热情.

(2)使用图形计算器进行数学实验,经历数据收集、分析、处理的全过程,培养数学建模和数据分析的学科素养,提高应用信息技术学习数学的能力,培养数学探究精神,提高数学应用意识.

(3)适当地利用小组合作与交流,体会与他人合作的重要性.

二、教学重难点

教学重点:通过探究强化学生对回归分析基本思想的理解及应用,学会借助图形计算器进行数据分析和处理.

教学难点:理解数学模型的作用,学会运用统计思想进行数学建模.

三、技术要求

TI与数学教学的深度融合,DIS在数学实验教学中的应用.

四、教学过程

(一)创设情境

一杯水在室温下烧至沸腾然后自然冷却,温度随时间的变化呈现怎样的规律?

思考1:如何对这个现实问题进行数学抽象? 建立哪种数学模型来解决这个问题?

思考2:回归分析的基本步骤分为哪几步?

师生共同探讨交流.

(二)头脑风暴

1.借助DIS,获取数据

利用温度传感器,结合图形计算器,实现水温数据的实时采集.

建立回归模型的基本步骤:

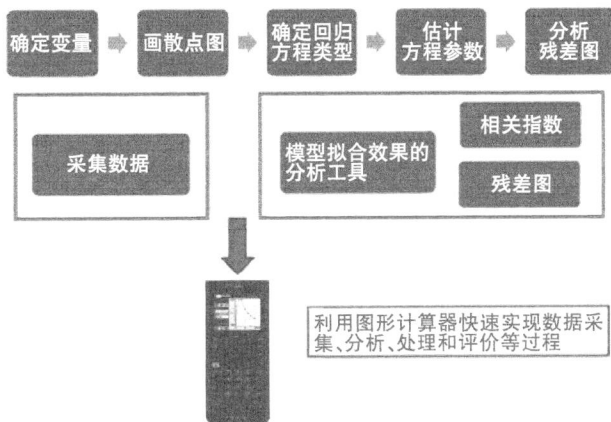

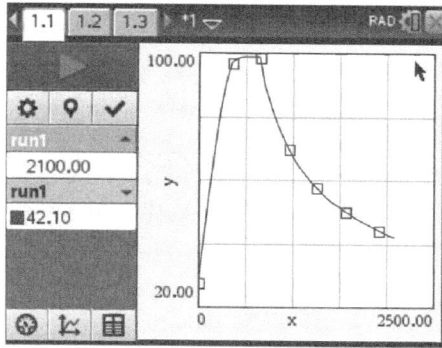

2.教师示例

教师以水的升温过程为例,与学生共同探讨水温随时间的变化规律,选择线性回归和二次回归两种回归模型(如下图),对比模型拟合效果,并预报360秒时的水温.

结果为:

真实值:96.9℃.预报值:95.1℃.

【归纳】回归模型只能近似描述实际情况,而非精确值.

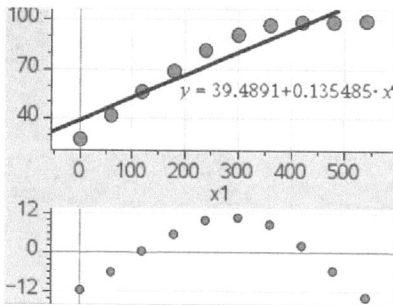

(线性回归)

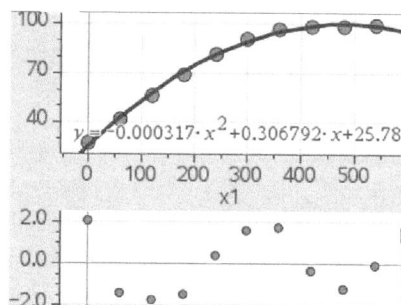

(二次回归)

	=LinRegB		=QuadRe
RegEqn	a+b*x	RegEqn	a*x^2+b...
a	39.4891	a	-0.0003...
b	0.135485	b	0.306792
r²	0.88514	c	25.7845
r	0.940819	R²	0.996949

H4 =-1.2922494172457E-4

3.探究交流

教师将收集到的水自然冷却过程中水温和时间的相关数据传输给学生,学生分小组进行回归分析,并从不同角度判断所建立模型的拟合效果.通过比较拟合效果,选出最佳模型,从而根据回归方程预报某时刻的水温.

教师通过TI软件实时掌握学生操作情况,适当加以指导,并选择学生现场演示.

(三)真题演练

例1 对两个变量 x, y 进行线性回归分析,计算得到相关系数 $r = -0.9962$,则下列说法中正确的是( )

A. x 与 y 正相关

B. x 与 y 具有较强的线性相关关系

C. x 与 y 几乎不具有线性相关关系

D. x 与 y 的线性相关关系还需进一步确定

例2 四名同学根据各自的样本数据研究变量 x, y 之间的相关关系,并求得回归直线方程,分别得到以下四个结论:

①x 与 y 正相关且 $\hat{y} = 2.347x - 6.423$;

②x 与 y 正相关且 $\hat{y} = -3.476x + 5.648$;

③x 与 y 负相关且 $\hat{y} = 5.437x + 8.493$;

④x 与 y 负相关且 $\hat{y} = -4.326x - 4.578$.

其中一定不正确的结论的序号是( )

A.①② B.②③ C.③④ D.①④

例3 关于残差和残差图,下列说法正确的是( )

①残差就是随机误差;

②残差图的纵坐标是残差;

③残差点均匀分布的带状区域的宽度越窄,说明模型拟合精度越高;

④残差点均匀分布的带状区域的宽度越窄,说明模型拟合精度越低.

A.①② B.③④ C.②③ D.②④

例4 设某大学的女生体重 y(单位:kg)与身高 x(单位:cm)具有线性相关关系,根据一组样本数据 (x_i, y_i)($i = 1, 2, \cdots, n$),用最小二乘法建立的回归方程为 $\hat{y} = 0.85x - 85.71$,则下列结论中错误的是( )

A. y 与 x 具有正的线性相关关系

B.回归直线过样本点的中心 $(\bar{x}, \bar{y})$

C.若该大学某女生身高增加 1 cm,则其体重约增加 0.85 kg

D.若该大学某女生身高为 170 cm,则可断定其体重必为 58.79 kg

例5 下列关于回归分析的说法中错误的是( )

A.回归直线一定过样本中心 $(\bar{x}, \bar{y})$

B.残差图中残差点比较均匀地落在水平带状区域中,说明选用的模型比较合适

C.两个模型中残差平方和越小的模型拟合的效果越好

D.若甲、乙两个模型的 R^2 分别约为0.98和0.80,则乙的拟合效果更好

(四)拓展延伸

中山桥位于芜湖市弋江区和镜湖区交界处,是一座美丽的钢结构拱桥.其拱肋曲线优美,与哪个函数的图象最为接近呢?

学生接收教师发送的图片,在图中拱肋曲线上选点,并记录其横纵坐标,进而进行回归分析.

(五)归纳小结

1.数学知识
(1)掌握通过图形计算器建立回归模型的基本步骤;
(2)可以从相关指数、残差图等不同角度来判断所建立模型的拟合效果;
(3)理解回归方程得到的预报值只能近似描述实际情况.

2.思想方法
主要是数学建模思想和数形结合思想.

(六)课后作业

在体验图形计算器使用过程中,有学生提出:"能否利用图形计算器的函数拟合功能探究掌纹线与哪个函数更为接近?"

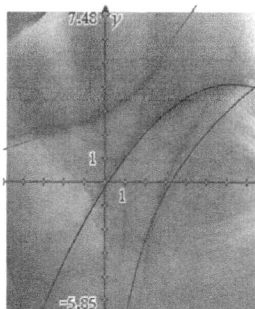

(芜湖市第十二中学　张　丽)

案例四　椭圆及其标准方程(第一课时)

一、教学目标

(1)理解椭圆的定义,掌握椭圆的标准方程.

(2)经历椭圆定义的产生过程,学会从具体实例中提炼数学定义的方法,培育数学抽象、数学建模核心素养;学会用坐标化的方法求动点轨迹方程,培育数学运算核心素养.

(3)充分发挥学生的主体地位,以图形计算器为平台,引导学生观察、思考、合作、探究、归纳、交流、反思,营造研究氛围和培养合作意识;通过对椭圆定义的严密化,培养学生扎实严谨的科学作风;利用椭圆知识解决实际问题,感受数学知识的广泛应用性,增强学生学习数学的兴趣和信心.

二、教学重点、难点

重点:理解椭圆的定义和标准方程,以及坐标化处理解析几何问题的基本思想.

难点:会标准方程的推导,理解椭圆定义中常数加以限制的原因.

三、技术准备

TI手持技术无线导航系统,德州仪器TI-nspire cx-c cas图形计算器,几何画板等.

四、教学过程

(一)情境引入

导入语:前面我们学习了曲线及方程的概念,把曲线 C 看成满足某种条件的点的轨迹,用点的坐标所满足的方程 $f(x, y) = 0$ 表示曲线,通过研究方程间接地研究曲线,这就是坐标法.

师:我们先来看一段视频:

两千年前,古希腊学者开始研究圆锥曲线,其中数学家阿波罗尼奥斯的著作《圆锥曲线论》几乎将圆锥曲线的性质网罗齐全.他曾研究过这样一个问题:已知一个对顶圆锥,用一个与轴垂直的平面去截这个圆锥,截口曲线是圆,如果改变平面与轴的夹角,会得到什么样的截口曲线呢? 阿波罗尼奥斯称之为椭圆.椭圆有什么几何特征? 它的方程又是什么样子的? 这就是本节课我们要共同探讨的问题.

(二)构建定义

1.类比圆,得到椭圆几何特征的研究方向

师:从右图可以看出,椭圆与圆有着某种联系,平面内到定点的距离等于定长的点的轨迹叫做圆,那平面内到两个定点距离的和为常数的点的轨迹是什么呢?

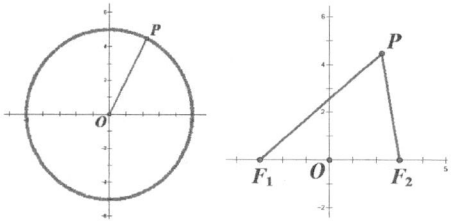

2.借助图形计算器,研究动点轨迹

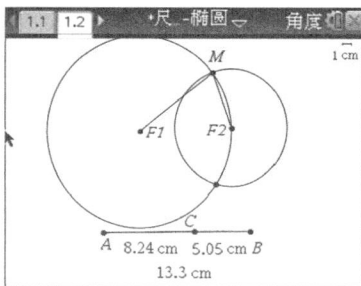

师:首先利用图形计算器创设这样的数学模型:分别以点F_1,F_2为圆心,线段AC、线段BC长为半径作圆,两圆的交点记为点M,则有$|MF_1|+|MF_2|=|AB|$(常数).

提问:点M到这两个定点的距离之和等于多少?(是个常数!)

师:移动线段AB上的C点,追踪动点M,得到动点M的轨迹,这个轨迹是什么曲线?曲线上的动点M与两个定点F_1,F_2的距离有无变化? 距离之和有无变化?

师:试根据椭圆上点的几何特征,同学们能否类比得出椭圆的定义?

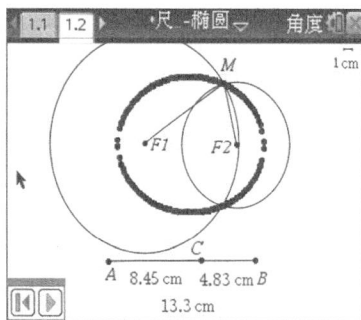

生:平面内与两个定点F_1,F_2的距离之和等于常数的点的轨迹是椭圆.

师:定义中出现了两个数量,一个是两个定点带来的两定点间的距离,利用图形计算器度量,$|F_1F_2|$是11 cm;另一个数量是M点到两定点的距离之和为13.3 cm,显然11<13.3.如果我们尝试改变这两个量的大小关系,那么还能形成椭圆吗?

教师发送文件至学生TI手持图形计算器,学生接收文件后进行探究,得到如下两种结果:

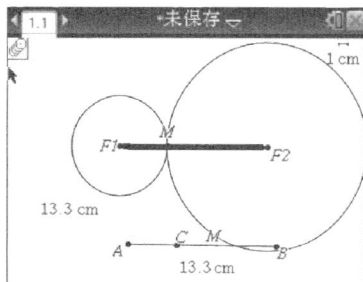
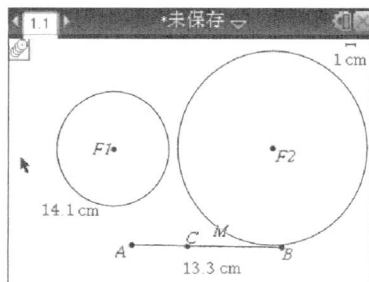

归纳得出椭圆定义:平面内与两个定点 F_1,F_2 的距离的和等于常数(大于 $\left| F_1F_2 \right|$)的点的轨迹叫做椭圆.这两个定点叫做椭圆的焦点,两焦点间的距离叫做椭圆的焦距.

(三)推导方程

求曲线方程的步骤:建系→设点→显现条件→代入坐标→化简→成果.

1.建系

指导学生利用 TI 手持图形计算器中的"椭圆"作图功能(利用两个焦点以及椭圆上的一点),尝试在坐标系中作出焦点在不同位置的椭圆,进而利用 TI 手持图形计算器中的"坐标与方程"功能得出相应的椭圆方程,然后从方程的结构出发进行比较.有没有无 xy 项的椭圆? 有没有无 x 项或无 y 项的椭圆? 直至有学生发现,当坐标系原点是线段 F_1F_2 的中点且焦点位于坐标轴上时,椭圆的方程最简单(如下图右).

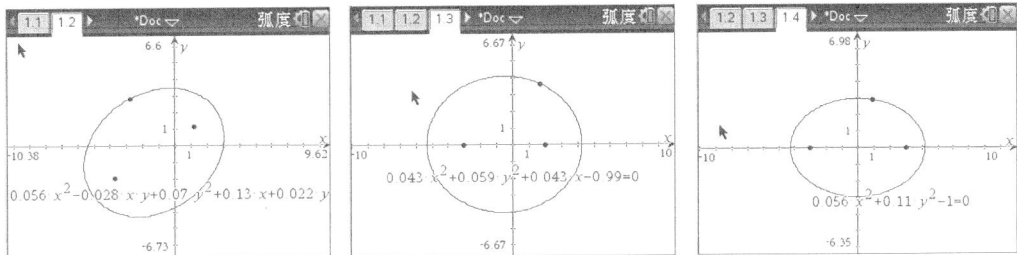

2.设点→显现条件→代入坐标

以经过椭圆两焦点 F_1,F_2 的直线为 x 轴,线段 F_1F_2 的垂直平分线为 y 轴,建立平面直角坐标系 xOy.设 $M(x,y)$ 是椭圆上任意一点,椭圆的焦距为 $2c$($c>0$),那么焦点 F_1,F_2 的坐标分别为 $(-c,0)$,$(c,0)$,又设点 M 与点 F_1,F_2 的距离之和等于 $2a$,由椭圆的定义,得 $\left| MF_1 \right|+\left| MF_2 \right|=2a$,即 $\sqrt{(x+c)^2+y^2}+\sqrt{(x-c)^2+y^2}=2a$.如何化简该式子?

3.化简

因为 $\sqrt{(x-c)^2+y^2}$,a,$\sqrt{(x+c)^2+y^2}$ 成等差数列,不妨设 $\sqrt{(x+c)^2+y^2}=a+d$,$\sqrt{(x-c)^2+y^2}=a-d$,两式平方后相减,得 $cx=ad$,解得 $d=\dfrac{cx}{a}$,代入第一个式子得 $\sqrt{(x+c)^2+y^2}=a+\dfrac{cx}{a}$,两边平方后得到 $\left(\dfrac{a^2-c^2}{a^2}\right)x^2+y^2=a^2-c^2$,$\dfrac{x^2}{a^2}+\dfrac{y^2}{a^2-c^2}=1$,再由椭圆定义知 $2a>2c$,即 $a>c$,所以 $a^2-c^2>0$,令 $b=\sqrt{a^2-c^2}$,则 $\dfrac{x^2}{a^2}+\dfrac{y^2}{b^2}=1$($a>b>0$).

4.成果

$\dfrac{x^2}{a^2}+\dfrac{y^2}{b^2}=1$($a>b>0$)表示焦点在 x 轴上的椭圆,两焦点坐标为 $F_1(-c,0)$,$F_2(c,0)$,这里 $c^2=a^2-b^2$.

作椭圆 $\frac{x^2}{a^2} + \frac{y^2}{b^2} = 1$ $(a > b > 0)$ 关于 $y = x$ 的对称变换,其方程为 $\frac{y^2}{a^2} + \frac{x^2}{b^2} = 1$ $(a > b > 0)$,表示焦点在 y 轴上的椭圆,两焦点坐标为 $F_1(0, -c)$,$F_2(0, c)$,这里 $c^2 = a^2 - b^2$.

小结:(1)椭圆的标准方程有两种形式;(2)如何由椭圆的标准方程判断其所表示的椭圆类型?(焦点在哪个坐标轴上,该变量对应的分母就较大)

(四)深化应用

例 已知椭圆的两个焦点坐标分别是 $(-2, 0)$,$(2, 0)$,并且经过点 $\left(\frac{5}{2}, -\frac{3}{2}\right)$,求它的标准方程.

解法一:因为椭圆的焦点在 x 轴上,所以设它的标准方程为 $\frac{x^2}{a^2} + \frac{y^2}{b^2} = 1$ $(a > b > 0)$,由已知得 $c = 2$,所以 $a^2 - b^2 = 4$①,又由已知,得 $\frac{\left(\frac{5}{2}\right)^2}{a^2} + \frac{\left(-\frac{3}{2}\right)^2}{b^2} = 1$②,联立①②,解方程组,得 $a^2 = 10$,$b^2 = 6$,因此,所求椭圆的标准方程为 $\frac{x^2}{10} + \frac{y^2}{6} = 1$.

解法二:因为椭圆的焦点在 x 轴上,所以设它的标准方程为 $\frac{x^2}{a^2} + \frac{y^2}{b^2} = 1$ $(a > b > 0)$,由椭圆的定义可得 $2a = \sqrt{\left(\frac{5}{2} + 2\right)^2 + \left(-\frac{3}{2}\right)^2} + \sqrt{\left(\frac{5}{2} - 2\right)^2 + \left(-\frac{3}{2}\right)^2} = 2\sqrt{10}$,所以 $a = \sqrt{10}$,又因为 $c = 2$,所以 $b^2 = a^2 - c^2 = 10 - 4 = 6$,因此,所求椭圆的标准方程为 $\frac{x^2}{10} + \frac{y^2}{6} = 1$.

小结:求椭圆的标准方程常用"待定系数法",即先判断焦点所在的坐标轴,进而设出相应的标准方程,然后采取解方程组法或椭圆定义法求出 a,b 的值.

(五)课堂练习

(1)在椭圆 C 中,$a = \sqrt{13}$,$c = 2\sqrt{3}$,则该椭圆的标准方程是(   )

A. $\frac{x^2}{13} + \frac{y^2}{12} = 1$ B. $\frac{x^2}{13} + \frac{y^2}{25} = 1$ 或 $\frac{x^2}{25} + \frac{y^2}{13} = 1$

C. $\frac{x^2}{13} + y^2 = 1$ D. $\frac{x^2}{13} + y^2 = 1$ 或 $x^2 + \frac{x^2}{13} = 1$

(2)已知椭圆 $\frac{x^2}{25} + y^2 = 1$ 上一点 P 到一个焦点的距离为 2,则点 P 到另一个焦点的距离为(   )

A. 5   B. 6   C. 7   D. 8

(3)已知椭圆 C 满足 $a + b = 10$,$c = 2\sqrt{5}$,求该椭圆的标准方程.

(六)课堂小结

基础知识:椭圆的定义、椭圆的标准方程.

基本技能:坐标法求曲线的方程.

基本思想:数形结合思想.

基本活动经验:用代数语言描述曲线的几何特征.

(芜湖市第十二中学　黄太强)

案例五　函数模型的应用

一、教学目标

(1)通过实例,借助TI图形计算器,体会建立函数模型的全过程;经历收集数据、描绘散点图、选择函数模型、求解函数模型、解决实际问题五个步骤,掌握利用TI图形计算器处理复杂数据的能力.

(2)掌握三种函数之间的关系,提高分析问题、解决问题的能力.

二、教学重难点

教学重点:建立函数模型,运用函数模型解决问题;掌握三种函数模型之间的关系.

教学重点:建立函数模型解决实际问题.

三、技术准备

在Lists&Spreadsheet表中输入所收集的数据,并给每一组数据命名;在Graphs中选择不同的"图形类型"画散点图;在Lists&Spreadsheet表中选择"统计计算",选择不同类型的函数模型,求出回归方程和相关的分析数据,并利用回归方程进行统计分析.

四、教学过程

(一)实例一

问题情境:某地区不同身高未成年男性的体重平均值如下表:

身高/cm	60	70	80	90	100	110	120	130	140	150	160	170
体重/kg	6.13	7.90	9.99	12.15	15.02	17.50	20.92	26.86	31.11	38.85	47.25	55.05

(1)根据上表所提供的数据,建立恰当的函数模型,使它能比较近似地反映这个地区未成年男性体重 y kg 与身高 x cm 之间的函数关系? 试写出这个模型的解析式.

(2)若体重超过相同身高男性体重平均值的 1.2 倍为偏胖,不足 0.8 倍为偏瘦,那么这个地区一名身高 175 cm、体重 78 kg 的在校男生的体重是否正常?

问题 1:在 Lists&Spreadsheet 表中输入问题所提供的数据,依据数据,在 Graphs 中画出散点图.

步骤:(1)在 Lists&Spreadsheet 表中分别在 A 列、B 列输入身高和体重,并分别命名为 x_1,y_1.

(2)在 Graphs 中选择"图形类型"菜单中的"散点图",准备画出散点图.

(3)在函数输入框内输入 x_1,y_1,画出散点图,受数据大小的影响,需要在"窗口/缩放"菜单中选择"缩放—数据"画出合适图形.

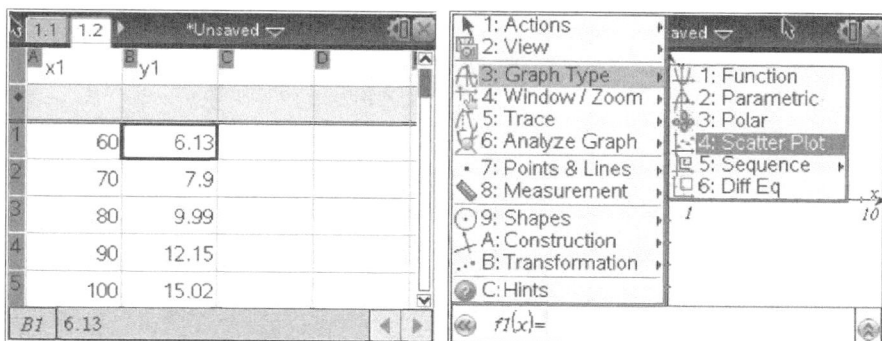

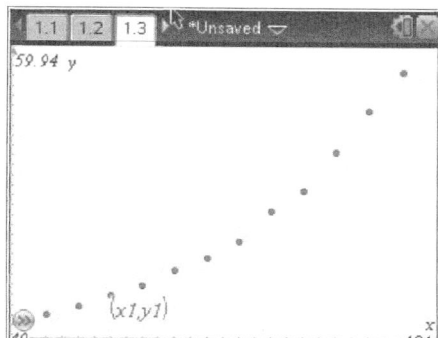

问题 2:根据散点图,判断拟合这组数据的函数模型;在 Lists&Spreadsheet 表中根据散点图所确定的函数模型,在"统计计算"中选择恰当的函数模型进行回归分析,求出回归方程.

步骤:(1)观察散点图,发现散点图中的点呈曲线分布,可以考虑用指数模型来刻画体重 y kg 与身高 x cm 之间的函数关系.

（2）在 Lists&Spreadsheet 表中，选择菜单"统计"—"统计计算"—"指数回归"，出现对话框，在对话框中输入自变量（身高）和函数值（体重）所在的位置，便可得到指数型函数模型．

（3）得到的函数模型是：$y = 2.004 \times 1.02^x$．

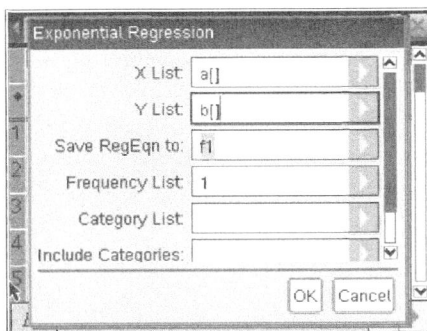

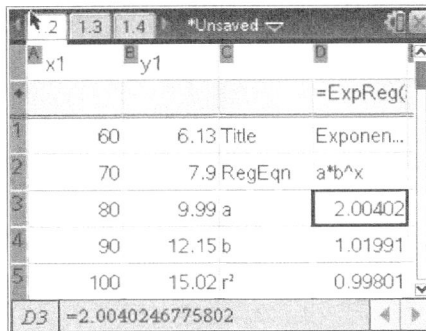

問題3：根据建立的函数模型判断：这个地区一名身高175 cm、体重78 kg的在校男生的体重是否正常？并写出判断的理由．

由于TI图形计算器的数据具有关联功能，所得到的函数模型自动地存放在一个函数中，我们就可以利用这个函数来进行计算和分析．当 $x=175$ 时，$y = 63.0894$，而 $\dfrac{78}{63.0894} \approx 1.23634 > 1.2$，所以这个男生偏胖．

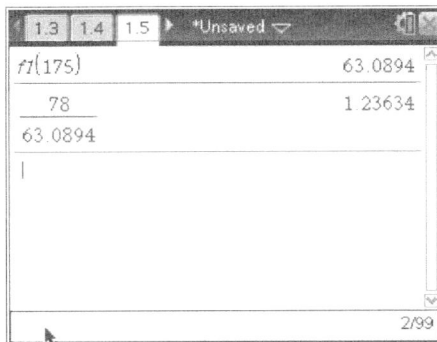

（二）实例二

問題4：槲寄生是一种寄生在大树上部枝条上的寄生植物，它喜欢寄生在年轻的大树上．本实验选取大树的5个年龄，且每个年龄对应选择了3棵树，下表给出在一定条件下完成试验采集的数据．

大树的年龄 x	3	4	9	15	40
每株大树上槲寄生的株数 y	28	10	15	6	1
	33	30	22	14	1
	22	24	10	9	1

分析:

(1)作出(x_i, y_i)的散点图,判断函数类型.

(2)令$z_i = \ln y_i$,作出(x_i, z_i)的散点图.

(3)选择指数模型,求出这组数据的回归方程.

步骤:(1)利用TI图形计算器作出散点图.

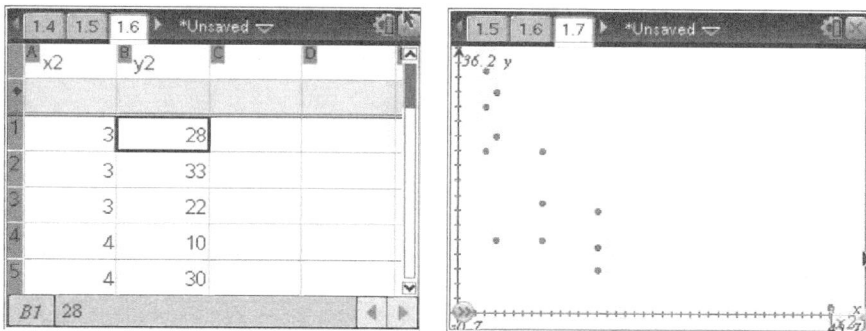

从散点图中还看不出应该选择怎样的函数模型.

(2)令$z_i = \ln y_i$,作出(x_i, z_i)的散点图.

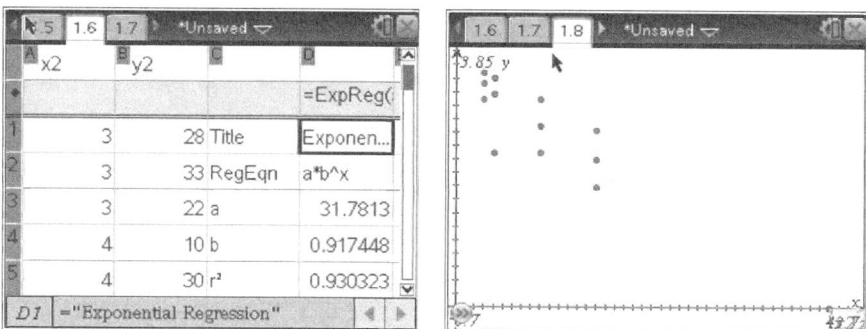

(3)选择指数模型,求出这组数据的回归方程为$y = 31.7813 \times 0.91745^x$.

(三)实例三

问题5:某作物研究院在某地区对土豆做了一定数量的实验,得到了氮、磷肥的施肥量与土豆产量的对应数据,其中hm^2表示公顷,t表示吨,kg表示公斤.

氮施肥量/（kg·hm⁻²）	土豆产量/（t·hm⁻²）	磷施肥量/（kg·hm⁻²）	土豆产量/（t·hm⁻²）
0	15.18	0	33.46
34	21.36	24	32.47
67	25.72	49	36.06

续　表

<table>
<tr><th>氮施肥量/（kg·hm⁻²）</th><th>土豆产量/（t·hm⁻²）</th></tr>
<tr><td>101</td><td>32.29</td></tr>
<tr><td>135</td><td>34.03</td></tr>
<tr><td>202</td><td>39.45</td></tr>
<tr><td>259</td><td>43.15</td></tr>
<tr><td>336</td><td>43.46</td></tr>
<tr><td>404</td><td>40.83</td></tr>
<tr><td>471</td><td>30.75</td></tr>
</table>

续　表

<table>
<tr><th>磷施肥量/（kg·hm⁻²）</th><th>土豆产量/（t·hm⁻²）</th></tr>
<tr><td>73</td><td>37.96</td></tr>
<tr><td>98</td><td>41.04</td></tr>
<tr><td>147</td><td>40.09</td></tr>
<tr><td>196</td><td>41.26</td></tr>
<tr><td>245</td><td>42.17</td></tr>
<tr><td>294</td><td>40.36</td></tr>
<tr><td>342</td><td>42.73</td></tr>
</table>

试分别拟合出土豆产量依赖于氮、磷肥的施肥量的关系式;同时,对于磷肥可选择用分段线性拟合,并注意分界点的确定.

步骤:(1)土豆产量依赖于氮肥的散点图为:

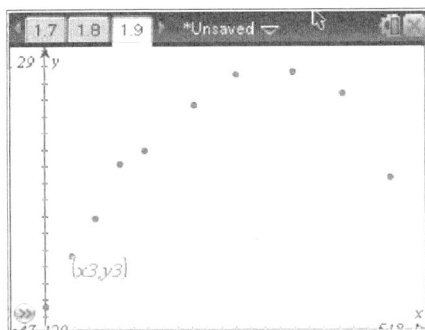

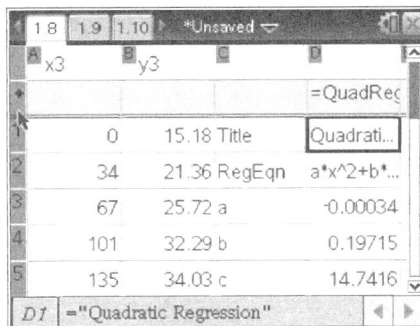

(2)从散点图看,散点图呈抛物线分布,因此选择"二次回归"拟合.

(3)得到函数关系式是 $y = -0.00034x^2 + 0.197x + 14.74$.

(4)土豆产量依赖于磷肥的施肥量的散点图为:

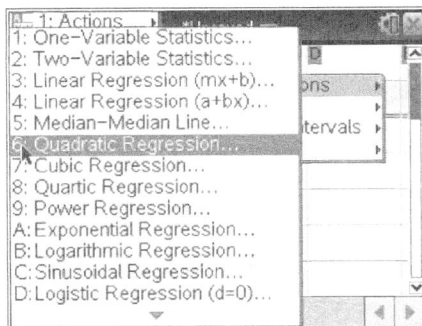

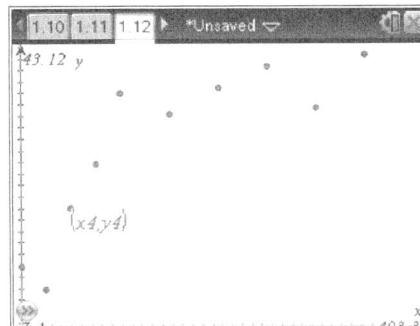

(5)从散点图看,前5个点和后5个点可以分段进行线性拟合.前5个点的线性拟合是$y = 0.0844x + 32.077$,后5个点的线性拟合是$y = 0.0895x + 39.13$.

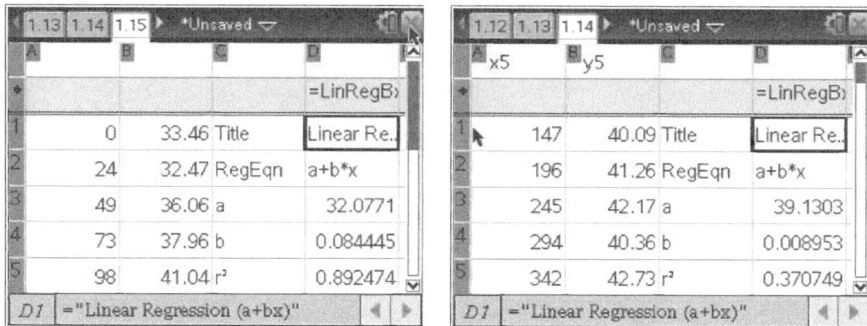

选取两组数据的中间处作为分界点,即$\dfrac{98 + 147}{2} = 122.5$,所以

$$y = \begin{cases} 0.0844x + 32.077, & 0 \leqslant x \leqslant 122.5, \\ 0.0895x + 39.13, & 122.5 < x < 350. \end{cases}$$

(四)实例四

问题6:外出旅行或行军作战,都可能涉及两地路程的估计问题.当身边带有地图时,这似乎是很容易的事.然而从地图上量出的距离却是两地的直线距离d,你能由此估计出两地的实际路程S吗? 试建立这个模型$S=f(d)$.要确定S与d的关系,必须收集若干S及相应d的具体数据,通过分析找出其规律,所以可以选用一本地图册,在实验前收集好数据.

步骤:(1)以2006年版《浙江省地图册》(1:100万)为依据,选择宁波市和其周边县市(区),从地图上量出宁波市到周边县市(区)的直线距离,再从互联网上查得宁波市到这些县市(区)公路的实际里程,以这些数据为参数,建立相应的函数模型.

宁波 (起点)	鄞州	镇海	北仑	奉化	象山	余姚	慈溪	宁海
测量距离/cm	0.5	1.9	3	2.7	5.6	4.1	4.2	6.8
直接距离d/km	5	19	30	27	56	41	42	68
实际路程S/km	8.2	20.6	37.1	31.5	81	52.6	63.8	74

(2)以d为横坐标,S为纵坐标,作出这些数据的散点图.

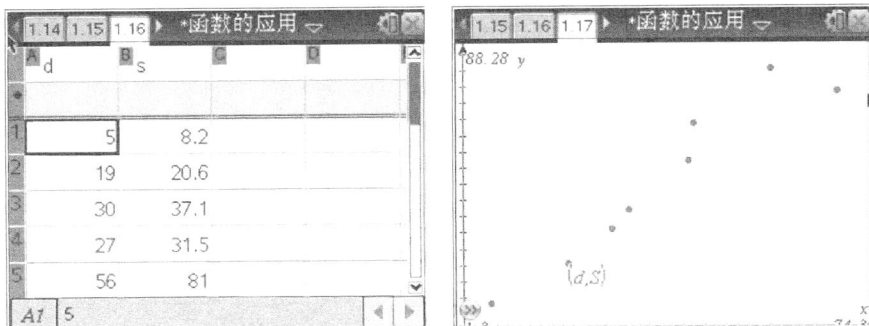

（3）选择线性函数模型,得到 S 与 d 的关系是 $S = 1.62637 + 1.23538d$.

（五）课后小结

对数函数 $y = \log_a x (a > 1)$、指数函数 $y = a^x (a > 1)$ 与幂函数 $y = x^a (a > 1)$ 在区间 $(0, +\infty)$ 都是增函数,但这三类函数的增长是有差异的.

（芜湖市第十二中学　金　奎）

案例六　三角函数模型的简单应用

一、教学目标

（1）通过引入身边的实例,引导学生感受数学"源于生活,用于生活"的特点,激发学生学习数学的兴趣.

（2）利用图形计算器进行数学实验,提升学生利用信息技术解决数学问题的能力.

（3）通过数学建模的实验全过程,培养学生数学建模和数据分析的核心素养.

二、教学重难点

教学重点:分析、整理数据,利用数据信息和TI图形计算器设计实验并解决实际问题.

教学难点:从实际问题中准确地抽象出三角函数模型,并进行实验分析.

教学创新点:基于TI图形计算器实验平台上的数学动态教学尝试.

三、技术准备

(1)会作单位圆,会作圆上点的动态图;

(2)会运用TI图形计算器作正弦函数和一次函数的图象.

四、教学过程

(一)创设情境

生活中,我们经常看到路边的草坪上有旋转喷头喷水装置,但有时也会淋到路过的行人,你能利用图形计算器设计数学实验来解决这一问题吗?

设草坪上的旋转喷头离路边的距离为 2 m,喷水的射程为 4 m,旋转的角速度为 0.8 rad/s.一位行人沿小路以 0.5 m/s 的速度作匀速直线运动,设喷出水柱的初始位置为与路平行且指向行人所在位置的方向,并按逆时针方向旋转.

建立模型:不妨以行人 M 行进的路线为 x 轴,过旋转喷头 A 且与 x 轴垂直的直线为 y 轴,建立平面直角坐标系.因为喷头离小路的距离为 2 m,所以点 A 的坐标为 (0,2).喷出的水柱可以用一条线段 AB 来表示,线段 AB 绕点 A 旋转形成一个圆形区域,又由于喷水的射程是 4 m,故圆的半径为 4 m.

(二)新课探究

活动1:假设行人 M 从点 (-10,0) 出发,沿 x 轴向右作匀速直线运动,速度 $v = 0.5$ m/s,喷出的水柱 AB 绕点 A 作匀速圆周运动,角速度为 0.8 rad/s. 通过模拟的实验动画,学生观察思考,分析行人何时会被水淋到?

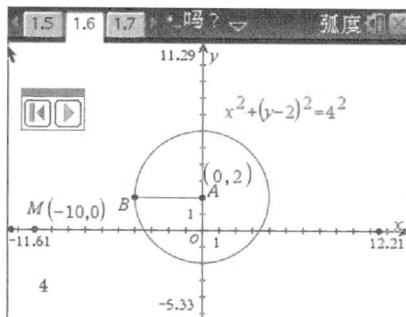

结论:当B点的纵坐标不大于0,且AB与x轴交点的横坐标等于行人M的横坐标时,行人会被淋到.

活动2:学生通过小组合作计算M点和B点的坐标,教师适当点拨B点坐标的求法:过B点分别向x轴、y轴作垂线.

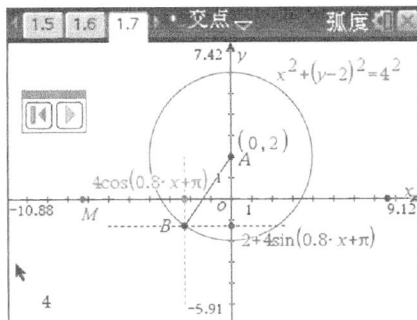

行人M从初始位置$(-10,0)$出发,旋转喷头A的初始角度为π rad,则经过x s后,M的坐标为$(-10+0.5x,0)$,以AB为终边对应的角为$(0.8x+\pi)$rad,则点B的坐标为$(4\cos(0.8x+\pi),2+4\sin(0.8x+\pi))$,然后根据行人被淋到的条件得出满足条件的关系式:

$$\begin{cases} 2+4\sin(0.8x+\pi)\leqslant 0, \\ -10+0.5x=-\dfrac{2}{\tan(0.8x+\pi)}. \end{cases}$$

活动3:各个小组内成员相互交流,通过图形计算器求解上述关系式的解.实验结束后,请各小组代表讲述本小组的设计原理和实验方法,并演示相应的实验过程.

活动4:如果路边只有一个旋转喷头,估计行人以多大的速度v($0<v<8$)通过,才能不被这个旋转喷头喷出的水淋到?

活动5:如果路边有两个相同的旋转喷头,相距5 m,喷头连线与路平行,水柱的初始角度相差π rad,估计行人以多大的速度v_1($0<v_1<8$)通过,才能不被这两个旋转喷头喷出的水淋到? 满足的关系式是什么(这个问题的三角函数模型是什么)?

学生探索,可以得到:

$$\begin{cases} \sin(0.8x+\pi)\leqslant -\dfrac{1}{2}, \\ -10+v_1 x=-\dfrac{2}{\tan(0.8x+\pi)} \end{cases}$$

或

$$\begin{cases} \sin(0.8x)\leqslant -\dfrac{1}{2}, \\ -10+v_1 x=5-\dfrac{2}{\tan(0.8x)}. \end{cases}$$

（三）课堂小结

回顾一下,利用三角函数模型解题的一般步骤为:

(1)审题:研读题目;

(2)建立模型:根据题目建立正确的三角函数模型;

(3)求解:利用图形计算器选择合适的方法求解.

（芜湖市第十二中学　谷元芳）

案例七　正弦函数和余弦函数的性质

一、教学目标

(1)了解周期函数、周期、最小正周期的含义.

(2)掌握 $y = \sin x$, $y = \cos x$ 的周期性、奇偶性、单调性和最值.

(3)利用图形计算器进行数学实验,提高学生利用信息技术解决数学问题的能力;通过数学建模的实验全过程,培养学生数学建模以及数据分析的核心素养.

二、教学重难点

教学重难点: $y = \sin x$ ($x \in \mathbf{R}$), $y = \cos x$ ($x \in \mathbf{R}$)的周期性、奇偶性、单调性和最值.

三、技术准备

图形计算器辅助教学.

四、教学过程

（一）从函数图象中,观察猜想三角函数的性质

(1)借助图形计算器画出正弦函数 $y = \sin x$ 和 $y = \cos x$ 的图象.

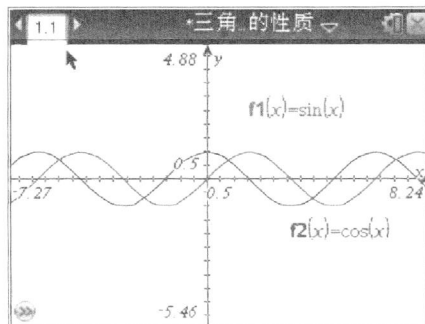

(2)根据图象,观察、猜想正弦、余弦函数具有的性质.

	正弦函数$y = \sin x$	余弦函数$y = \cos x$
定义域	**R**	**R**
值域	$[-1,1]$	$[-1,1]$
周期性	$T = 2\pi$	$T = 2\pi$
奇偶性	奇函数	偶函数
单调性	在每一个区间$\left[2k\pi - \dfrac{\pi}{2},\ 2k\pi + \dfrac{\pi}{2}\right]$上单调递增,在每一个区间$\left[2k\pi + \dfrac{\pi}{2},\ 2k\pi + \dfrac{3\pi}{2}\right]$上是单调递减,其中$k \in \mathbf{Z}$	在每一个区间$[2k\pi - \pi,\ 2k\pi]$上单调递增,在每一个区间$[2k\pi,\ 2k\pi + \pi]$上单调递减,$k \in \mathbf{Z}$
最值	当$x = 2k\pi + \dfrac{\pi}{2}, k \in \mathbf{Z}$时,$y_{\max} = 1$; 当$x = 2k\pi - \dfrac{\pi}{2}, k \in \mathbf{Z}$时,$y_{\min} = -1$	当$x = 2k\pi, k \in \mathbf{Z}$时,$y_{\max} = 1$; 当$x = 2k\pi + \pi, k \in \mathbf{Z}$时,$y_{\min} = -1$

(二)以正弦函数为例,借助图形计算器,从数与形的不同角度验证函数的周期性、奇偶性、单调性等

方案1:从单位圆上的任一点出发,旋转一周后,又回到原来的位置.

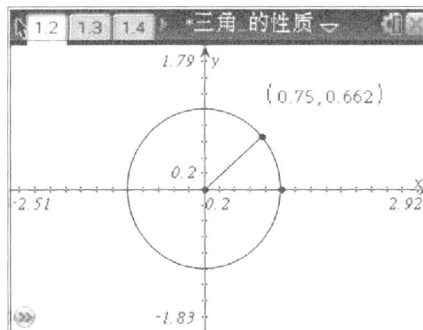

方案2:周期性的定义:定义域内的任一自变量加上一个非零常数后,函数值依然相等.

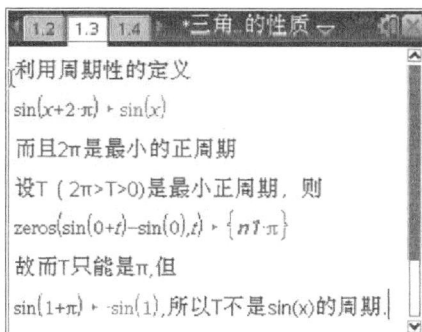

方案3:将$y = \sin x$的图象向左或向右至少平移2π个单位,图象与原函数图象重合.

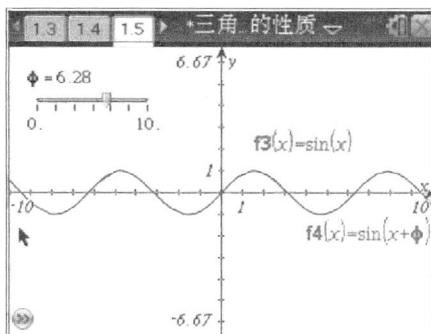

方案4:将正弦曲线上的任意一点向右平移2π个单位所得的点依然在正弦曲线上.

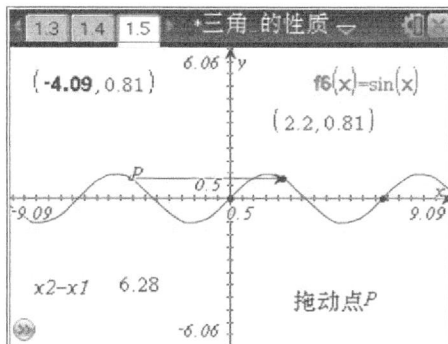

说明:从函数周期性的定义出发,可以换不同的方式进行验证,教学时可由学生自主实验,也可以由教师事先制作好部分课件供学生操作体验.

(三)例题讲解

例1 求下列函数的最小正周期T.

(1)$f(x) = 3\sin x, x \in \mathbf{R}$;

(2)$f(x) = \sin 2x, x \in \mathbf{R}$;

$(3) f(x) = 2\sin\left(\dfrac{1}{2}x + \dfrac{\pi}{4}\right), x \in \mathbf{R}.$

方法:①观察函数图象得到周期;②利用函数周期定义求得.

例2　求下列函数的周期.

$(1) y = \sin\dfrac{3}{4}x, x \in \mathbf{R};$　　　　　　$(2) y = \dfrac{1}{2}\cos x, x \in \mathbf{R};$

$(3) y = \sin\left(-\dfrac{1}{3}x + \dfrac{\pi}{4}\right), x \in \mathbf{R};$　　$(4) y = \sin\dfrac{\pi}{2}x, x \in \mathbf{R};$

$(5) y = |\sin x|, x \in \mathbf{R};$　　　　　　$(6) y = |\cos x|, x \in \mathbf{R}.$

(四)课堂小结

(1)利用图形计算器得到图象,通过图象观察总结函数的性质;

(2)运用图形计算器让学生感受函数的周期性;

(3)运用正弦、余弦函数的性质解决简单问题.

(芜湖市第十二中学　金　奎)

案例八　椭圆内接三角形面积的最大值

一、教学目标

(1)以图形计算器为工具,探索多条件问题的解决办法.

(2)体会解析几何、平面几何、三角函数、平面向量和函数等知识的内在联系,以及以静制动的几何精髓.

(3)培养学生严谨的数学思维、科学研究的态度、合作交流的能力以及一定层次的数学核心素养.

二、教学重难点

教学重点:探索多条件问题的解决办法.

教学难点:椭圆内接三角形及对应的圆内接三角形面积之比.

三、技术准备

多媒体交互下探究式教学;图形计算器辅助教学.

四、教学过程

(一)研究圆的性质

内容1:利用图形计算器"图形"的功能,作出圆 $x^2 + y^2 = 4$,取顶点 $B(-2,0)$,$C(0,2)$,移动点 A,测量圆内接 $\triangle ABC$ 的面积,写出其最大值.

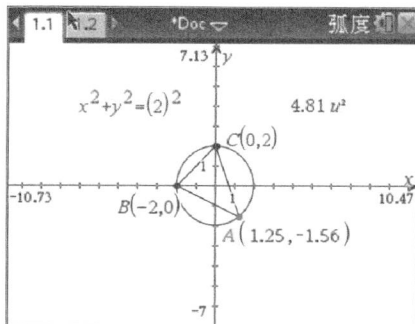

内容2:继续以圆 $x^2 + y^2 = 4$ 为例加以研究,移动顶点 B 和点 C 并固定,然后再移动点 A,观察内接 $\triangle ABC$ 面积的变化情况,判断 $\triangle ABC$ 的面积取得最大值时点 A 应满足的关系.

结论:作出圆 $x^2 + y^2 = 4$ 及其内接 $\triangle ABC$,移动点 A,容易发现,当 BC 边上的高最大时,$\triangle ABC$ 的面积最大.

内容3:继续以圆 $x^2 + y^2 = 4$ 为例加以研究,固定顶点 A,当内接 $\triangle ABC$ 的面积取得最大值时,写出线段 BC 应满足的一个条件.

结论:固定顶点 A,内接 $\triangle ABC$ 的面积取得最大值时,$\triangle ABC$ 不能为钝角三角形,BC 一定平行于点 A 处的切线 l,且 $AB = AC$.

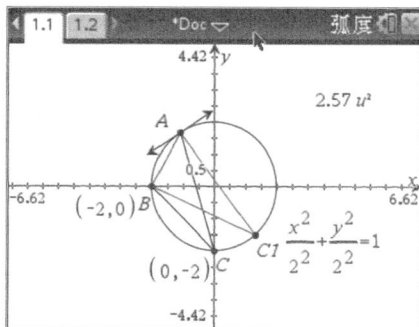

内容4:求半径为 r 的圆内接三角形面积的最大值.

结论:圆内接三角形面积的最大值等于 $\dfrac{3\sqrt{3}}{4} r^2$,其中 r 为圆的半径.

从以上结论可知,$\triangle ABC$ 的面积取得最大值的必要条件是 $\triangle ABC$ 不能为钝角三角形，且 $AB = AC$. 设 $BC = 2x$，则面积 $S = \dfrac{1}{2} \times 2x \left(r + \sqrt{r^2 - x^2} \right)$. 可求得当 $x = \dfrac{\sqrt{3}}{2} r$ 时，

$$S_{\max} = \dfrac{3\sqrt{3}}{4} r^2.$$

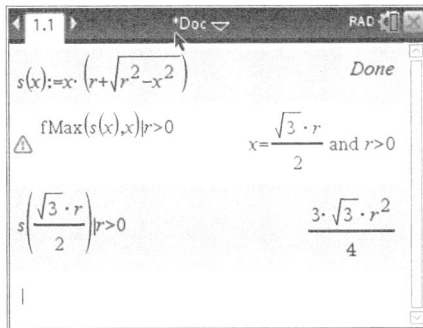

（二）研究椭圆的性质

内容5：在椭圆 $\dfrac{x^2}{a^2} + \dfrac{y^2}{b^2} = 1$（$a > b > 0$）中，分别取点 A 为左顶点和上顶点，尝试猜测椭圆内接 $\triangle ABC$ 面积的最大值.

结论：猜测当 BC 平行于点 A 处的切线时，内接 $\triangle ABC$ 的面积取得最大值.

（1）当点 A 为左顶点，即 $A(-a, 0)$ 时，设 $B(x_0, y_0)$，$C(x_0, -y_0)$，且 $\dfrac{x_0^2}{a^2} + \dfrac{y_0^2}{b^2} = 1$，从而

$|BC| = |2y_0|$，$\triangle ABC$ 的高 $h = |x_0 + a|$，$S_{\triangle ABC} = \dfrac{1}{2} |2y_0| |x_0 + a| = \sqrt{b^2 \left(1 - \dfrac{x_0^2}{a^2} \right) (x_0 + a)^2}$，

$x_0 \in [-a, a]$.

显然，当 $x_0 = \dfrac{a}{2}$ 时，内接 $\triangle ABC$ 的面积取得最大值，最大值为 $S_{\triangle ABC} = \dfrac{3\sqrt{3}}{4} ab$.

（2）当点 A 为上顶点时，也有类似的结论.

内容6：求椭圆 $\dfrac{x^2}{a^2} + \dfrac{y^2}{b^2} = 1$（$a > b > 0$）内接 $\triangle ABC$ 面积的最大值.

结论：在椭圆 $\dfrac{x^2}{a^2} + \dfrac{y^2}{b^2} = 1$（$a > b > 0$）外作一个圆 $x^2 + y^2 = a^2$，设点 $A(a\cos\alpha, b\sin\alpha)$，$B(a\cos\beta, b\sin\beta)$，$C(a\cos\gamma, b\sin\gamma)$，则点 $A'(a\cos\alpha, a\sin\alpha)$，$B'(a\cos\beta, a\sin\beta)$，$C'(a\cos\gamma, a\sin\gamma)$. 在圆 $x^2 + y^2 = a^2$ 上，有

$$S_{\triangle ABC} = \left| \dfrac{1}{2} \begin{vmatrix} a\cos\alpha & b\sin\alpha & 1 \\ a\cos\beta & b\sin\beta & 1 \\ a\cos\gamma & b\sin\gamma & 1 \end{vmatrix} \right|, S_{\triangle A'B'C'} = \left| \dfrac{1}{2} \begin{vmatrix} a\cos\alpha & b\sin\alpha & 1 \\ a\cos\beta & b\sin\beta & 1 \\ a\cos\gamma & b\sin\gamma & 1 \end{vmatrix} \right|.$$

由上式可得 $\dfrac{S_{\triangle ABC}}{S_{\triangle A'B'C'}} = \dfrac{b}{a}$. 当 $\triangle ABC$ 的面积取得最大值时，$\triangle A'B'C'$ 的面积也取得最大

值. 又因为 $S_{\triangle A'B'C'}$ 的最大值为 $\dfrac{3\sqrt{3}}{4}a^2$, 所以 $S_{\triangle ABC}$ 的最大值为 $\dfrac{b}{a} \cdot \dfrac{3\sqrt{3}}{4}a^2 = \dfrac{3\sqrt{3}}{4}ab$.

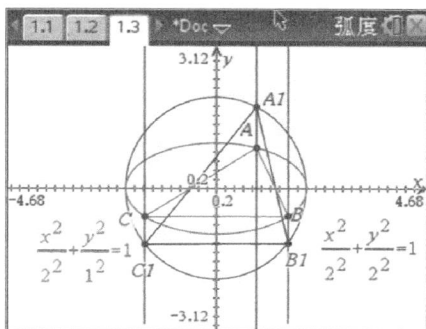

内容 7: 猜测椭圆 $\dfrac{x^2}{a^2} + \dfrac{y^2}{b^2} = 1$ ($a > b > 0$) 的内接 n 边形的最大面积.

结论: 猜测圆的内接 n 边形中, 正 n 边形的面积最大, 最大值为 $S' = \dfrac{1}{2}nr^2\sin\dfrac{2\pi}{n}$, 进而猜测椭圆的内接 n 边形的最大面积为 $\dfrac{nr^2b}{2a}\sin\dfrac{2\pi}{n}$.

(三) 课堂小结

(1) 研究圆的性质.

(2) 通过类比圆的性质, 研究椭圆的性质.

(芜湖市第十二中学　张　丽)

案例九　TI 图形计算器追踪动点轨迹

一、教学目标

(1) 运用 TI 图形计算器, 使学生直观了解中点的轨迹变化, 感受 TI 图形计算器刻画数学问题的作用.

(2) 掌握 TI 图形计算器的使用方法, 学会刻画线段、圆、中点, 并进行点的轨迹追踪等.

(3) 掌握坐标转移法求轨迹方程, 培养学生数形结合思想, 提高学生分析问题的能力.

(4) 营造积极合作的氛围, 引导学生利用 TI 图形计算器探究数学问题, 体会数学的简洁美、和谐美, 培养学生敢于提出问题、合作学习的意识, 体会成功带来的喜悦, 发展数学的应用意识.

二、教学重难点

教学重点:利用TI图形计算器进行中点轨迹的研究.

教学难点:轨迹方程的求法.

三、教学过程

(一)设置情境,导入新课

观看国庆阅兵式短视频.

师:国之根本,强军强国,科教兴国,教育为先.2019年中华人民共和国成立70周年,这个国庆,我相信很多同学都看了阅兵大典,都被中国强大的国力和军事力量所震撼,都为我们的祖国感到骄傲和自豪.

生:是的!

师:那我们能不能刻苦学习,以后为中国的科技繁荣发展出一份力呢?

生:可以.

师:那有谁知道"陆战之王"是什么? 阅兵式中装甲部队首先出来的是什么军事装备?

生:坦克.

展示国庆阅兵时坦克方队的相关图片,引出问题.

师:大家对坦克有多少了解呢? 我们知道阅兵式中99A坦克使用了很多先进技术,而很多技术都需要靠数学模型来研究.例如,下图中如果A点固定,B点在圆周上运动,那么线段AB的中点C会怎么运动呢? 如果B点固定,A点在圆周上运动,那么中点C又会怎么运动呢? 如果C点是线段AB靠近A点的三等分点呢? 改变C点在线段AB的位置,C点轨迹又会是什么呢?

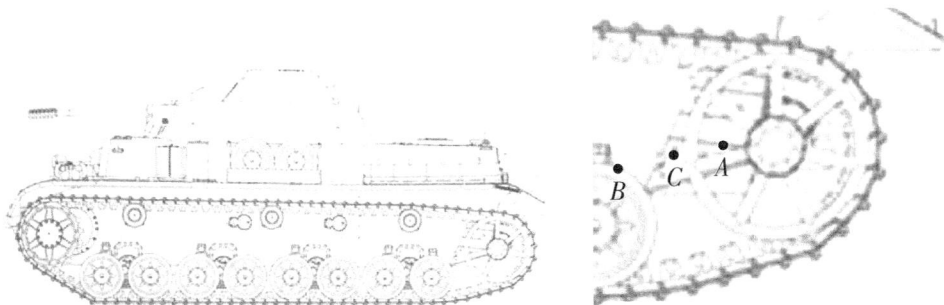

师:我们先研究A点确定的情况,你们觉得中点C的轨迹是什么呢?

生:圆或者椭圆.

师:你们怎么知道是圆或者椭圆呢? 怎么直观地反映这个问题的答案? 能用什么方法?

【设计意图】用国庆70周年阅兵式视频导入,能激起学生的爱国热情,激发学生学习的热情.同时从实际问题出发,能锻炼学生归纳总结问题的能力,学会在实际生活中运用数学.

(二)探究问题,确定方法

生1:可以用橡皮筋,一端固定,一端在圆上运动,取中点位置作轨迹曲线.

生2:我们能不能把它转化为一个数学问题,放在坐标系中去考虑,计算求解啊?

师:当然可以!

生3:那我们可不可以在直角坐标系中,利用TI图形计算器、几何画板等软件,进行轨迹追踪,从而判断它的运行轨迹呢?

师:那更好.同学们,我们在指数函数、对数函数、三角函数、统计、回归直线等模块都学过TI图形计算器的使用方法了,大家对它都比较熟悉.下面我们利用TI图形计算器解决问题,怎么操作呢?

例1 已知线段AB的端点B的坐标是$(4,3)$,端点A在圆$(x+1)^2+y^2=4$上运动,求线段AB的中点C的轨迹方程.

师:请同学们根据例1进行探究.

探究1:学生动手操作,利用橡皮筋,在坐标纸上操作,可大致观测C点的轨迹是一个圆.

探究2:学生利用坐标转移法,求解C点的轨迹方程,得出它是个圆.

【设计意图】多角度引导学生提出解决问题的方法,并深入落实.

(三)利用TI图形计算器追踪轨迹,进行验证

探究3:学生集体讨论如何使用TI图形计算器,确定解决问题的思路,得出如下步骤:

师:同学们,我们怎样利用TI图形计算器追踪点C的轨迹,并进行验证?

生:(总结)

(1)建直角坐标系,画圆,确定定点B、动点A;

(2)确定线段AB的中点C,移动A点,观察C点轨迹;

(3)追踪C点轨迹,观测曲线;

(4)求点C的轨迹方程.

师:很好,总结得很到位,下面请同学们相互合作,共同完成对C点轨迹的追踪.

根据以上四步,学生凭借已有的基础能力进行操作,在操作中互帮互助,明确每一步过程,落到实处,最后得出结论.

【设计意图】锻炼学生处理问题的能力,总结思路,培养逻辑思维.

学生汇报成果.

学生自己动手操作,教师在一旁指导,最后选择一个小组进行演示,向同学们介绍他们的操作过程.

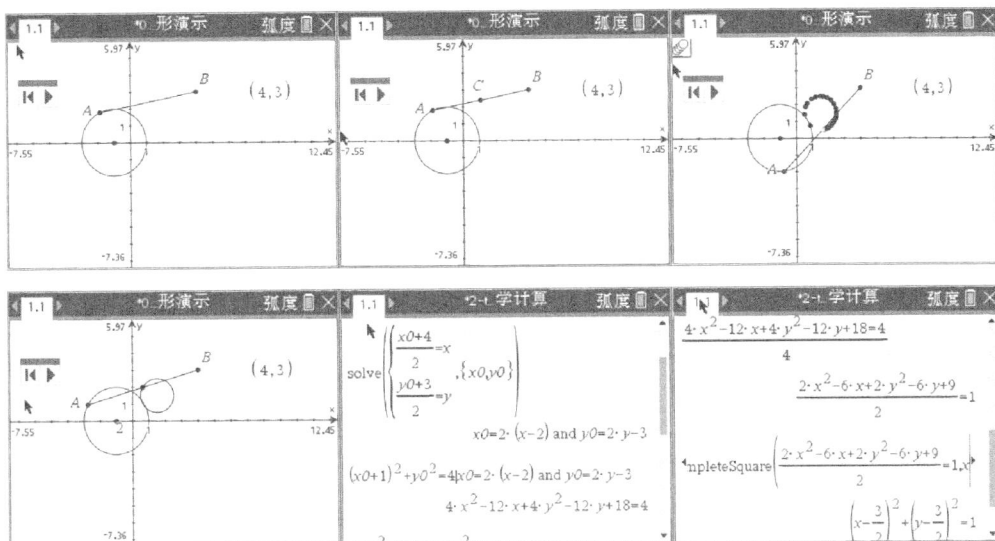

思考:(1)小圆和大圆的位置关系;

(2)小圆和大圆半径的大小;

(3)小圆和大圆圆心的位置关系.

【设计意图】锻炼学生团队协作能力和表达能力.

(四)变式思考

师:其他条件不变,如果 C 点变成靠近 A 点的三等分点,那么问题又如何解决呢?

生:(思考)我们同样可以用以上方法解决.

师:如果 C 点在线段 AB 的任意位置呢? 此时,C 点轨迹还是一个圆吗?

生:应该还是吧!

师:那我们通过改变 C 点的位置一起来验证一下.(验证结果仍然是圆)

师:(提出猜想)同学们,验证结果告诉我们 C 点位置改变,轨迹仍然是一个圆,那么我们能不能进行数学证明?

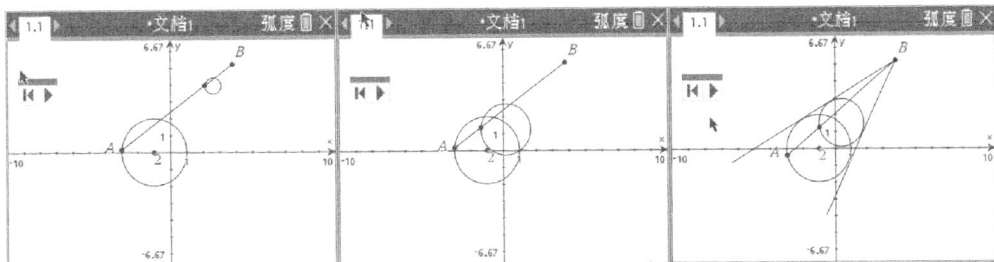

生:我们试一试.

(1)提出猜想:根据多次实验,我们提出猜想:不管C点在线段AB的什么位置,C点的轨迹都是圆.

(2)数学证明:设$A(x_0, y_0)$,$C(x, y)$,$BC:AC = \lambda(\lambda > 0)$,由向量法得

$4 - x = \lambda(x - x_0)$,$3 - y = \lambda(y - y_0)$.

化简可得$x_0 = \dfrac{(1 + \lambda)x - 4}{\lambda}$,$y_0 = \dfrac{(1 + \lambda)y - 3}{\lambda}$,

又$(x_0 + 1)^2 + y_0^2 = 4$,所以$\left[\dfrac{(1 + \lambda)x - 4}{\lambda} + 1\right]^2 + \left[\dfrac{(1 + \lambda)y - 3}{\lambda}\right]^2 = 4$,

等式两边同时除以$\left(\dfrac{1 + \lambda}{\lambda}\right)^2$,则可化为圆的标准方程,半径为$\dfrac{2\lambda}{1 + \lambda}$.

又$\dfrac{2\lambda}{1 + \lambda} = \dfrac{2}{1 + \dfrac{1}{\lambda}}$($\lambda > 0$),所以随着$\lambda$的增大,$C$点向$A$点靠近,圆的半径越大,圆越大,直到$C$点和$A$点重合.

(3)得出结论:不管C点在线段AB的什么位置,C点的轨迹都是圆.当C点向A点靠近时,圆逐步增大.

思考:(1)小圆和大圆的位置关系;

(2)小圆和大圆半径的大小;

(3)小圆和大圆圆心的位置关系.

【设计意图】引导学生进行科学研究,拓广思维,提前感知,为后面直线、圆的位置关系的深入学习埋下铺垫.

(五)课堂小结

(1)点评学生的课堂表现.

(2)总结本节课的收获.

(3)总结"一思二练"教学方法.

TI作业推送并检查反馈情况:

(1)如果A点为圆上动点,B点为圆内定点,此时,线段AB的中点C的运动轨迹又如何?

(2)已知线段AB的端点A的坐标是$(-2, 1)$,端点B在圆$(x - 4)^2 + (y - 1)^2 = 4$上运动,求线段$AB$的中点$C$的轨迹方程.

(3)已知线段AB的端点A的坐标是$(3, 2)$,端点B在圆$(x - 4)^2 + (y - 1)^2 = 4$上运动,求线段$AB$的中点$C$的轨迹方程.改变$C$点在线段$AB$的位置,$C$点轨迹又如何?

(芜湖市第十二中学　朱必棍)

案例十　随机数的产生

一、教学目标

(1)了解产生(整数值)随机数的两种方法,并理解计算机产生随机数的特征和过程.

(2)区别 Excel 与 TI 图形计算器两种软件的优点与不足,掌握一定的用计算机解决数学问题的技能.

(3)学会设计和运用模拟方法近似计算概率,深刻体会概率与频率的区别,并通过大量模拟试验,充分感受大数规律,从而理解用频率估计概率的科学性.

二、教学重难点

教学重点:学会运用随机数实验来求简单事件的概率.

教学难点:学会利用计算器、计算机求随机数的方法.

三、技术准备

(1)会利用计算机的 Excel 表格软件.

(2)会运用图形计算器生成图形软件.

四、教学过程

(一)提出问题

(1)在掷一枚质地均匀的硬币的试验中,如果没有硬币,你会怎么办?

(2)在掷一枚质地均匀的骰子的试验中,如果没有骰子,你会怎么办?

(3)随机数的产生有几种方法,请予以说明.

(4)用计算机或计算器(特别是TI图形计算器)如何产生随机数?

活动:学生思考或讨论,并与同学交流活动感受,讨论可能出现的情况,最后师生共同汇总方法、结果和感受.

(二)讨论结果

(1)我们可以用0表示反面朝上,用1表示正面朝上,用计算器做模拟掷硬币试验.

(2)我们可以分别用数字1,2,3,4,5,6表示出现"1点""2点""3点""4点""5点"和"6点",用计算器做模拟掷骰子试验.

(3)可以由试验产生随机数,也可用计算机或计算器来产生随机数.

①由试验产生随机数:例如我们要产生1到10之间的随机数,可以把大小形状均相同的十张纸片的背后分别标上1,2,3,…,8,9,10,然后任意抽出其中一张,这张纸上的数就是随机数.这种产生随机数的方法比较直观,不过当随机数的量比较大时,就不方便,因为速度太慢.

②用计算机或计算器(特别是TI图形计算器)产生随机数:利用计算机程序算法产生,具有周期性(周期很长),这种具有类似随机数性质的数,称为伪随机数.在随机模拟时利用计算机产生随机数比较方便.

(三)随机数的产生

1.利用计算器产生随机数

下面我们介绍一种如何用计算器产生指定的两个整数之间取整数值的随机数.例如,要产生1到25之间的取整数值的随机数,按键过程如下:

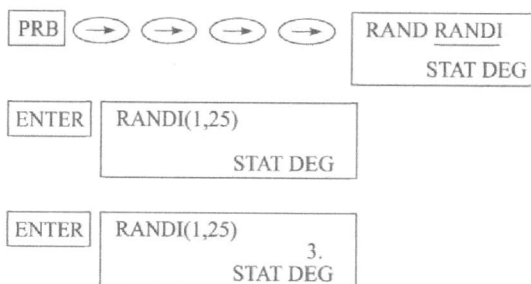

```
┌─────┐  ┌──┐ ┌──┐ ┌──┐ ┌──┐   ┌──────────────────┐
│ PRB │  │ →│ │ →│ │ →│ │ →│   │ RAND RANDI       │
└─────┘  └──┘ └──┘ └──┘ └──┘   │         STAT DEG │
                               └──────────────────┘
```

```
┌───────┐  ┌──────────────────┐
│ ENTER │  │ RANDI(1,25)      │
└───────┘  │         STAT DEG │
           └──────────────────┘
```

```
┌───────┐  ┌──────────────────┐
│ ENTER │  │ RANDI(1,25)      │
└───────┘  │              3.  │
           │         STAT DEG │
           └──────────────────┘
```

以后反复按 ENTER 键,就可以不断产生需要的随机数.

同样地,我们可以用0表示反面朝上,1表示正面朝上,利用计算器不断地产生0,1两个随机数,以代替掷硬币的试验.按键过程如下:

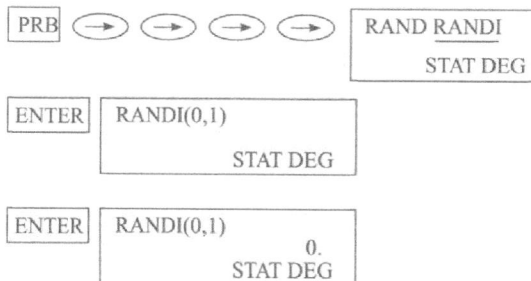

```
┌─────┐  ┌──┐ ┌──┐ ┌──┐ ┌──┐   ┌──────────────────┐
│ PRB │  │ →│ │ →│ │ →│ │ →│   │ RAND RANDI       │
└─────┘  └──┘ └──┘ └──┘ └──┘   │         STAT DEG │
                               └──────────────────┘
```

```
┌───────┐  ┌──────────────────┐
│ ENTER │  │ RANDI(0,1)       │
└───────┘  │         STAT DEG │
           └──────────────────┘
```

```
┌───────┐  ┌──────────────────┐
│ ENTER │  │ RANDI(0,1)       │
└───────┘  │              0.  │
           │         STAT DEG │
           └──────────────────┘
```

2.利用TI图形计算器产生随机数

根据要求的问题,只要输入$RAND(N)$[其中N为任意整数,$RAND(850)$表示1到850的随机数],就可以利用TI图形计算器产生随机数,产生的速度很快而且很方便.

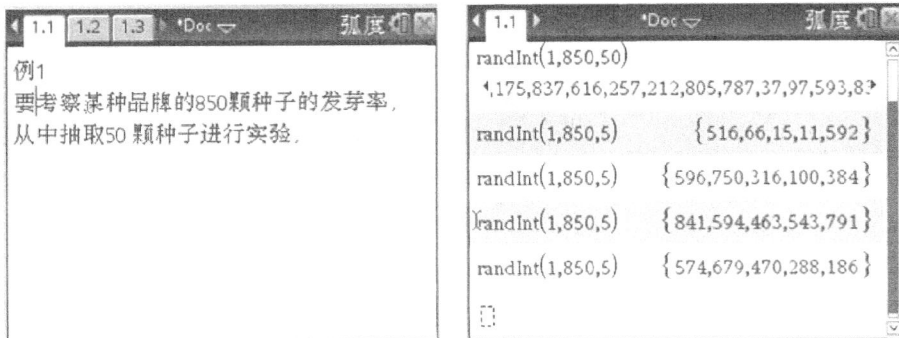

3. 利用计算机产生随机数（主要利用Excel软件）

先让学生熟悉Excel软件特别是产生随机数的函数、画统计图的功能，以及了解Excel软件对统计数据进行处理的其他功能．

我们可以用计算机产生随机数，直接统计出频数和频率．下面以掷硬币为例给出计算机产生随机数的方法．

每个具有统计功能的软件都有随机函数．以Excel软件为例，打开Excel软件，执行下面的步骤：

（1）选定A1格，键入"=RANDBETWEEN(0,1)"，按Enter键，则在此格中的数是随机产生的0或1；

（2）选定A1格，按Ctrl+C快捷键，然后选定要随机产生0,1的格，比如A2至A100，按Ctrl+V快捷键，则在A2至A100的数均为随机产生的0或1，这样我们很快就得到了100个随机产生的0,1，相当于做了100次随机试验；

（3）选定C1格，键入频数函数"=FREQUENCY(A1:A100,0.5)"，按Enter键，则此格中的数是统计A1至A100中比0.5小的数的个数，即0出现的频数，也就是反面朝上的频数；

（4）选定D1格，键入"=1-C1/100"，按Enter键，在此格中的数是这100次试验中出现1的频率，即正面朝上的频率．

同时可以画频率折线图，它更直观地告诉我们：频率在概率附近波动．

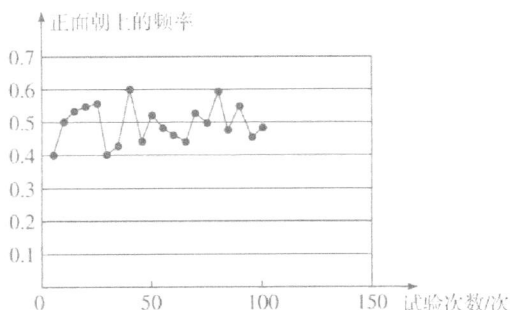

上面我们用计算机或计算器模拟了掷硬币的试验，称这种用计算机或计算器模拟试验的方法为随机模拟方法或蒙特卡罗方法．

（四）应用示例

例1 利用计算器产生10个1到100之间的取整数值的随机数.

解：具体操作如下：

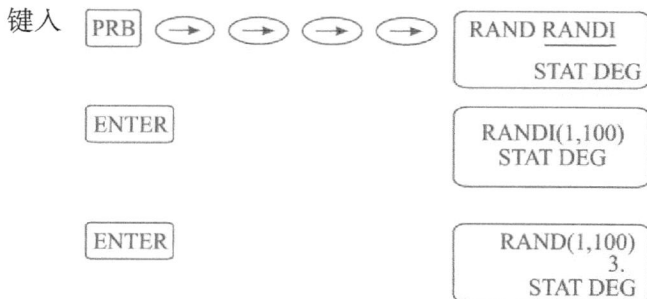

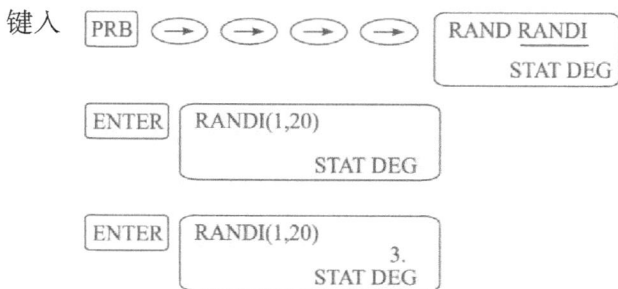

键入 PRB → → → → | RAND RANDI / STAT DEG |

ENTER | RANDI(1,100) / STAT DEG |

ENTER | RAND(1,100) / 3. / STAT DEG |

反复操作10次即可得之.

点评：利用计算器可产生随机数做随机模拟试验，在日常生活中有着广泛的应用.

变式训练 利用计算器产生10个1到20之间的取整数值的随机数.

解：具体操作如下：

键入 PRB → → → → | RAND RANDI / STAT DEG |

ENTER | RANDI(1,20) / STAT DEG |

ENTER | RANDI(1,20) / 3. / STAT DEG |

反复按 ENTER 键10次即可得到.

例2 天气预报说，在未来的三天中，每一天下雨的概率均为40%，这三天中恰有两天下雨的概率是多少？

分析：这里试验出现的可能结果是有限个，但是每个结果的出现不是等可能的，所以不能用古典概型求概率的公式.用计算器或计算机做模拟试验可以模拟下雨的概率是40%.

解：我们通过设计模拟试验的方法来解决问题.利用计算器或计算机可以产生0到9之间取整数值的随机数，我们用1,2,3,4表示下雨，用5,6,7,8,9,0表示不下雨，这样可以体现下雨的概率是40%.因为是三天，所以每三个随机数作为一组.例如，产生20组随机数

907　966　<u>191</u>　925　<u>271</u>　<u>932</u>　<u>812</u>　458　569　683

431　257　<u>393</u>　027　556　488　730　113　537　989

这相当于做了20次实验.在这组数中，如果恰有两个数在1,2,3,4中，则表示恰有两

天下雨,它们分别是191,271,932,812,393,共有5个数.我们得到三天中恰有两天下雨的概率近似为 $\frac{5}{20} = 25\%$.

本例题的目的是让学生体会如何利用模拟的方法估算概率.

解决步骤:

(1)建立概率模型:模拟每一天下雨的概率为40%有很多方法,例如用计算机产生 $0 \sim 9$ 的随机数,可用0,1,2,3表示下雨,其余表示不下雨(当然,也可以用5,6,7,9表示下雨,其余表示不下雨),这样可以体现下雨的概率为40%.

(2)进行模拟实验,可以用 Excel 软件模拟结果(模拟 20 个):可用函数"RANDBETWEEN(1,20)"表示.

(3)验证统计结果(略).

注意:用随机数模拟得到的仅仅是20次的模拟结果,是概率的近似值,而不是概率.随着模拟的数量不断地增加(相当于增加样本的容量),模拟的结果就越接近概率.

关于例2的实际操作,有条件的学校可以让学生自己利用计算机软件或计算器来演算.

点评:掌握产生随机数的方法,特别是用计算机模拟的方法,还要学会建立适当的模型.

(五)拓展提升

例　某班有45个人,现要选出1人去检查其他班的卫生,若每个人被选到的机会均等,则恰好选中学生甲的机会有多大?

解:本题应用计算器产生随机数进行模拟试验,请按照下面的步骤独立完成.

(1)用 $1 \sim 45$ 的45个数来替代45个人;

(2)用计算器产生 $1 \sim 45$ 之间的随机数,并记录;

试验次数	50	100	150	200	250	300	350	400	450	500	600	650	700	750
1出现的频数														
1出现的频率														

(3)整理数据并填入上表;

(4)利用稳定后1出现的频率估计恰好选中学生甲的机会.

(六)课堂小结

随机数具有广泛的应用,可以帮助我们模拟一些试验,代替我们做大量重复试验,比如现在很多城市的中考都采用产生随机数的方法把考生分配到各个考场中.

（芜湖市第十二中学　朱必棋）

案例十一　函数交点问题初探

一、教学目标

(1)通过典型案例的探究,学生了解解决函数交点问题的基本方法.

(2)通过图形计算器辅助学习,学生能用已学的知识证明结论,体会数学实验和数学学习的乐趣.

(3)培养学生利用数形结合和分类讨论解决问题的能力.

(4)鼓励学生合作与交流,体会与他人合作的重要性.

二、教学重难点

教学重点:体会数形结合、分类讨论的思想和探究函数交点的方法.

教学难点:培养数形结合的思想和探究数学知识的兴趣.

三、技术准备

会利用TI图形计算器.

四、教学过程

(一)发现问题

教师列举几个图形问题.

学生对于几个常见的问题,回答完全不同,源于他们所画的图象不同,到底谁是对的呢?

从实际出发,教师引导学生探索、发现,增强学生的兴趣和课堂参与度.

(二)解决问题

探究一:$y = x^2$ 与 $y = 2^x$ 有几个交点?

作出图形,发现问题.

师:你能求出这些交点吗? 如果不能,你能用零点存在性定理求出这些交点的横坐标的取值范围吗?

探究二:当 $x \in \left(0, \dfrac{\pi}{2}\right)$ 时,与 $y = x, y = \sin x, y = \tan x$ 有几个交点?

师:没有交点. 当 $x \in \left(0, \dfrac{\pi}{2}\right)$ 时, $\sin x < x < \tan x$.

师:你能用学过的知识证明这个结论吗?

证明:如图,设角 α 的终边与单位圆相交于点 P,单位圆与 x 轴正半轴的交点为 A,过点 A 作圆的切线交 OP 的延长线交于点 T,过点 P 作 $PM \perp OA$ 于点 M,连接 AP.

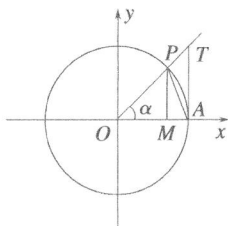

在 $\mathrm{Rt}\triangle POM$ 中, $\sin\alpha = MP$;

在 $\mathrm{Rt}\triangle AOT$ 中, $\tan\alpha = AT$.

根据弧度制的定义, $\overset{\frown}{AP}$ 的长度为 $\alpha \cdot OP = \alpha$.

由 $\dfrac{1}{2}OA \cdot MP < \dfrac{1}{2}\alpha \cdot OA < \dfrac{1}{2}OA \cdot AT$,

易知 $S_{\triangle POA} < S_{扇形POA} < S_{\triangle AOT}$,

即 $\sin\alpha < \alpha < \tan\alpha$.

这里用已学知识结构解决目标问题的过程,激发了学生探究学习解决问题的兴趣.

(三)深入探究

探究三: $2\cos x + a - 1 = 0$ 在 $x \in \left[-\dfrac{\pi}{3},\ \pi\right]$ 上有两个不相等的实数根 x_1, x_2,求实数 a 的取值范围和 $x_1 + x_2$ 的值.

解:易得 $\cos x = \dfrac{1-a}{2}$,

$\therefore \dfrac{1}{2} \leqslant \dfrac{1-a}{2} < 1$,即 $-1 < a \leqslant 0$,

而 x_1, x_2 关于 y 轴对称,即 $x_1 + x_2 = 0$.

师:这个题目可以给我们什么样的启发呢?

生:我们可以用待定系数法解决求待定系数的值或者取值范围的问题.

探究四:函数 $f(x)$ 满足以下条件:

$(1) f(-x) = f(x)$;$(2) f(x+2) = f(x)$;$(3) f(x) = 1 - x^2$, $x \in [0, 1]$.

如何分析 $f(x) = k|x|$ $(x > 0)$ 的交点情况?

问题1:如果 $f(x) = k|x|$ $(k > 0)$ 有 4 个交点,那么 k 的值为多少?

解: $y = kx$ 与 $y = 1 - (x-2)^2$ 相切,

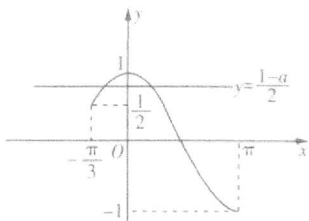

联立 $\begin{cases} y = kx, \\ y = 1 - (x - 2)^2, \end{cases}$ 整理,得 $x^2 + (k - 4)x + 3 = 0$,

$\therefore \Delta = (k - 4)^2 - 12 = 0, \therefore k = 4 - 2\sqrt{3}$,

问题 2:如果 $f(x) = k|x|$($k > 0$)有 6 个交点,求 k 的取值范围.

解:$y = kx$ 与 $y = 1 - (x - 4)^2$ 相切,

联立 $\begin{cases} y = kx, \\ y = 1 - (x - 4)^2, \end{cases}$ 整理,得 $x^2 + (k - 8)x + 15 = 0$,

$\therefore \Delta = (k - 8)^2 - 60 = 0, \therefore k = 8 - 2\sqrt{15}$,

故 $k \in (8 - 2\sqrt{15}, 4 - 2\sqrt{3})$.

教师引导、鼓励学生分组讨论,大胆总结规律,提升学生的思维能力和解题能力.

(四)动手实验

探究五:指数函数 $y = a^x$ 与其反函数 $y = \log_a x$($a > 0$ 且 $a \neq 1$)有几个交点?

师:你有怎样的猜想和总结?

生:对于指数函数 $y = a^x$ 与其反函数 $y = \log_a x$,有:

①当 $a \in \left(e^{\frac{1}{e}}, +\infty \right)$ 时,无交点;②当 $a \in \left\{ e^{\frac{1}{e}} \right\} \cup \left[e^{-e}, 1 \right]$ 时,有一个交点;③当

$a \in \left[1, e^{\frac{1}{e}} \right)$,时,有两个交点;④当 $a \in (0, e^{-e})$ 时,有三个交点.

教师引导,学生自主探究,并借助数学图形计算器得到结论.

(五)课堂小结

(1)怎么解决求函数交点的问题?还有哪些题目可以转化为求函数交点的问题?
(2)怎么解决求参数的取值范围问题?
本节课学习的思想主要有数形结合和分类讨论思想.

(芜湖市第十二中学　王春健)

案例十二　蜂房中的数学问题

一、教学目标

(1)从蜂房中抽象出一般规律与结构,并且以数学符号予以表征,培养数学抽象能力.

(2)探究运算方向,选择运算方法,设计运算程序,培养数学运算能力.

(3)学会收集、整理数据,构建模型,对信息进行分析、推断,培养数据分析和数学建模能力.

二、教学重难点

教学重点:蜂房的空间几何结构分析;蜂房表面积模型的建立.

教学难点:运算方向的确定以及蜂房表面积模型的建立.

三、技术准备

(1)能利用图形计算器中的"几何"功能作直观图,会测量线段的长度、几何图形的面积,并能将数据关联到电子表格中.

(2)能利用电子表格的"计算"功能,对数据进行计算分析.

(3)会利用"数据与统计"功能绘制数据散点图,直观地分析数据变化规律.

(4)会利用"CSA"功能,求函数的导数、解方程等.

四、教学过程

(一)创设情境

唐代诗人罗隐曾有"采得百花成蜜后,为谁辛苦为谁甜"的诗句.不仅如此,蜜蜂还是出色的建筑师,它们建造的蜂巢是自然界诸多奇迹中的一个.经测量,蜂房的上方是正六棱柱的一部分,下方是三个全等的菱形,人们称之为"尖顶六棱柱".

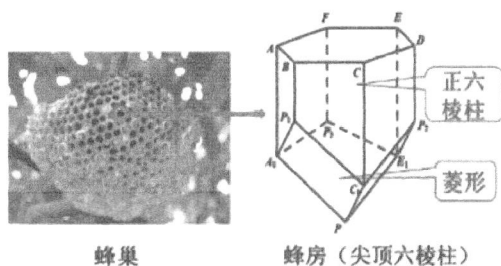

蜂巢　　　　蜂房(尖顶六棱柱)

(二)抽象出模型

实验内容与步骤:(1)了解尖顶六棱柱的构成方法;(2)18世纪法国人马拉尔琪测量出菱形的钝角为109.47°.

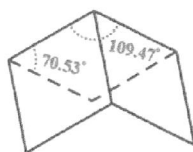

师:同学们猜想下,角度如此精细,建造蜂房的蜜蜂想达到什么目的?

蜂房抽象出尖顶六棱柱如下:

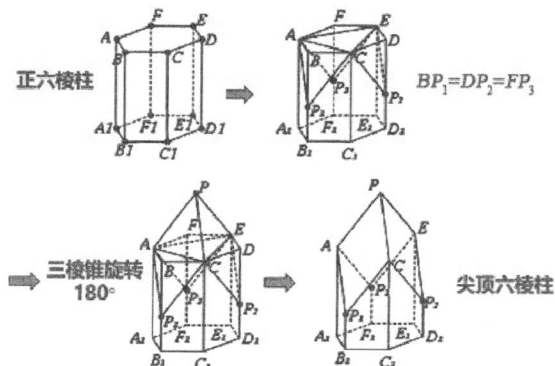

(三)几何模型验证

实验内容与步骤:

活动1:在"几何"页面中,设计出具有"关联性"的棱柱的侧面梯形与尖顶三角形的作图方法.

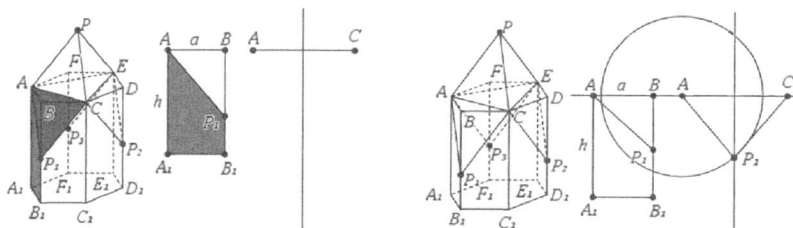

活动2:在"几何"页面中,测量出侧面梯形的面积b_1、尖顶三角形的面积b_2以及菱形内角的度数θ_1,计算出尖顶六棱柱的表面积S_1,拖动点P_1,观察表面积S_1以及菱形内角θ_1的变化.

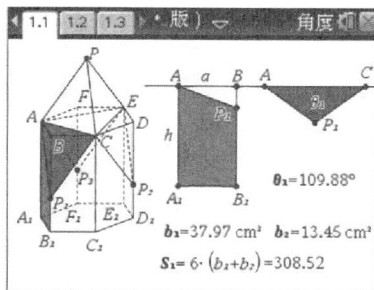

学生方案设计:

(1)"测量"工具度量出相关面积的数值和角度数值;

(2)定义变量b_1,b_2,θ_1;

(3)先后利用"文本""计算"工具定义变量S_1并计算出数值;

(4)拖动点P_1,观察数值变化.

活动3:在"列表与电子表格"页面,利用"数据捕获"工具采集"几何"页面中出现的尖顶六棱柱表面积S_1以及θ_1数据.拖动点P_1,观察并记录表格中S_1的最小值及相应的θ_1的数值,与马拉尔琪测量数据比较.

学生方案设计:

(1)新建"列表与电子表格"页面;

(2)在表格的A、B列分别设置"数据捕获"变量S_1,θ_1;

(3)在"几何"页面拖动点P_1,则电子表格自动捕捉到相关数据.

记录数据:

表面积S_1的最小值是_____,此时$\theta_1=$_____,

活动4:在"数据与统计"页面中,以菱形内角θ为自变量,尖顶六棱柱的表面积S为函数值,作出散点图.观察并记录表面积S最小时菱形内角θ的值,与马拉尔琪测量数据比较.

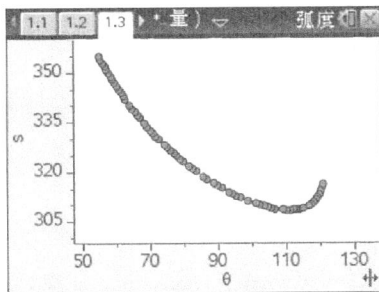

学生方案设计:

(1)在"列表与电子表格"页面将A、B列分别设置为S,θ;

(2)新建"列表与电子表格"页面,单击"横向变量",选择S,单击"纵向变量",选择θ,得到散点图.

记录数据:

表面积S的最小值是_____,此时$\theta=$_____.

(四)代数模型验证

活动5:设正六棱柱的底面边长为a,高为h,设$\angle DCP_2=\alpha$,$\alpha\in\left(0,\dfrac{\pi}{2}\right)$,建立关于尖

顶六棱柱表面积 S 的数学模型.

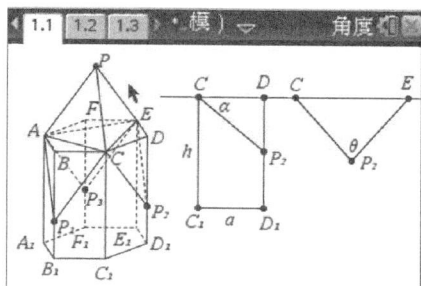

学生方案设计:

(1)尖顶六棱柱表面积关系式 S:

$DP_2 =$ _____;侧面梯形 $AA_1B_1P_1$ 面积 $S =$ _____; $CP_2 =$ _____;

$\cos\angle ECP_2 =$ _____; $\sin\angle ECP_2 =$ _____;尖顶三角形 ECP_2 面积 $=$ _____;尖

顶六棱柱表面积 $S =$ _____.

(2)剥离出目标函数 $f(x) =$ _____.

活动6:利用图形计算器的CAS功能先求出目标函数的零点,然后通过解三角形求

出相应尖顶菱形的钝角大小.将数据记录在实验报告上,并与马拉尔琪测量数据比较.

学生方案设计:

(1)在"计算器"页面定义函数 $f(x)$;

(2)求导数 $f'(x)$;

(3)解出导函数零点 $x_0 =$ _____;

(4)由 x_0 即 $\tan\alpha$ 的值求出 $CP_2 =$ _____,在 $\triangle CP_2E$ 中由余弦定理算出

$\cos\theta =$ _____;

(5)利用CAS功能中的" $\cos^{-1}$ "键求出 $\theta \approx$ _____.

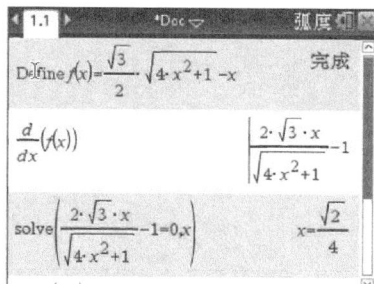

(五)小结与提升

实验结果:_____.

实验总结:

(1)"蜂房问题"的实验步骤;

(2)现实生活中其他实际问题的探究步骤.

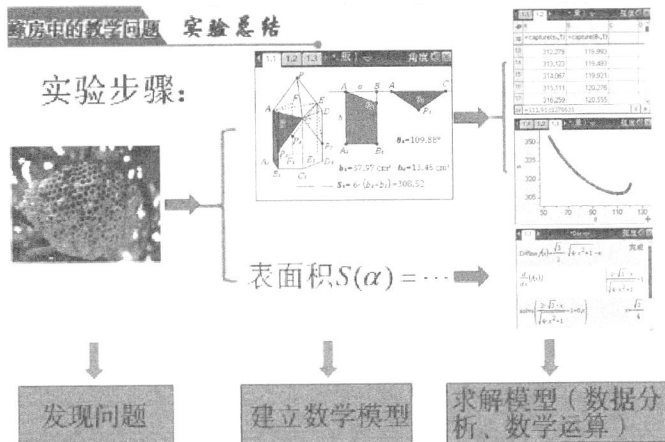

(六)布置作业

(1)整理完成《蜂房中的数学问题》实验报告；

(2)问题：一幢楼房的后面是一个很大的花园.在花园中紧靠着楼房有一个温室,温室伸入花园宽2 m,高3 m,温室正上方是楼房的窗台(如右图).清洁工打扫窗台周围,他得用梯子越过温室,一头靠在楼房的墙上.因为温室不能承受梯子的压力,所以梯子不能太短.现清洁工只有一架7 m长的梯子,你认为它能达到要求吗？能满足要求的梯子的最小长度是多少？ 请设计出解决该问题的实验步骤.

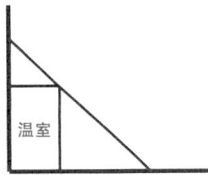

(芜湖市第十二中学 黄太强)

案例十三 抛物线及其标准方程

一、教学目标

(1)研究真实的数学,探究并掌握抛物线的定义、标准方程及简单应用.

(2)通过实验,自主探究抛物线标准方程,体会类比、数形结合思想在数学中的应用.

(3)感受抛物线的广泛应用和文化价值,体会学习数学的乐趣,同时培养数学核心素养.

二、教学重难点

教学重点:操作图形计算器得到抛物线的定义;归纳总结得到抛物线的方程.

教学难点:学生动手操作得到抛物线的定义.

三、技术准备

纸,笔,圆规,直尺,Cabri3D软件,几何画板软件,图形计算器.

四、教学过程

(一)设置情境,导入新课

用Cabri3D软件模拟平面截正方体与圆锥.

实验一:用垂直于正方体体对角线的平面截正方体.(下面左图)

实验二:用平面截圆锥.(下面右图)

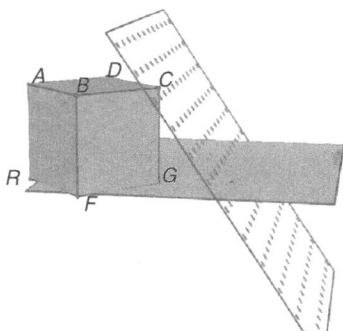

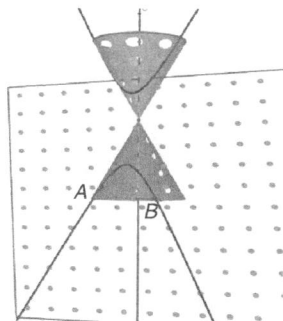

(二)实验交流

在练习纸上画一条抛物线,步骤如下:

(1)画一条直线l及直线外一定点F;

(2)在直线l上任意找一点A,过点A作直线l的垂线k;

(3)连接点A和点F,构造线段AF;

(4)作线段AF的垂直平分线交直线k于点M;

(5)随着直线l上点A的选取位置不同,按如上的步骤得到相应的点M,用平滑的曲线把这些点连接起来.

学生汇报实验结果:

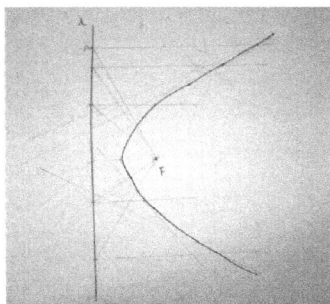

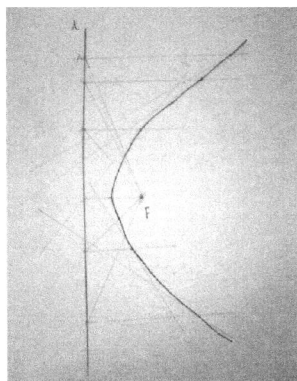

教师适时提出以下三个问题:

(1)怎样定义抛物线?

(2)类比椭圆、双曲线标准方程的推理过程,你能给出开口向右的抛物线的标准方程吗?

(3)完成下表.

抛物线图象	开口方向	标准方程	焦点坐标	准线方程
	向右			
	向左			
	向下			
	向上			

对于第一个问题:教师用几何画板模拟学生的实验过程,帮助学生发现动点 M 满足的规律:|MF| = |MD|,并引导学生归纳抛物线的定义.

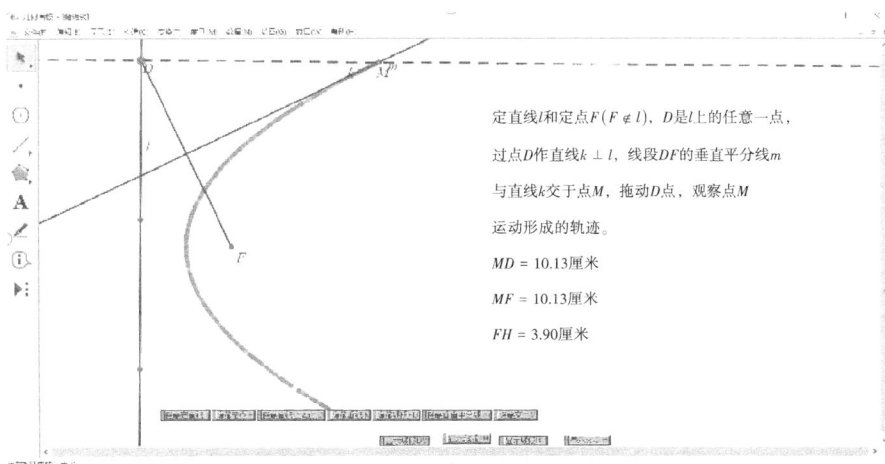

定直线l和定点$F(F \notin l)$,D是l上的任意一点,过点D作直线$k \perp l$,线段DF的垂直平分线m与直线k交于点M,拖动D点,观察点M运动形成的轨迹。

MD = 10.13厘米

MF = 10.13厘米

FH = 3.90厘米

(三)分组探究

对于上述第二个问题:教师引导学生类比椭圆、双曲线标准方程的推导过程,适当建立直角坐标系(这里主要有三种建系方式),然后采用分组探究的方式,推导结果.

$$y^2 = 2px - p^2 \qquad y^2 = 2px \qquad y^2 = 2px + p^2$$

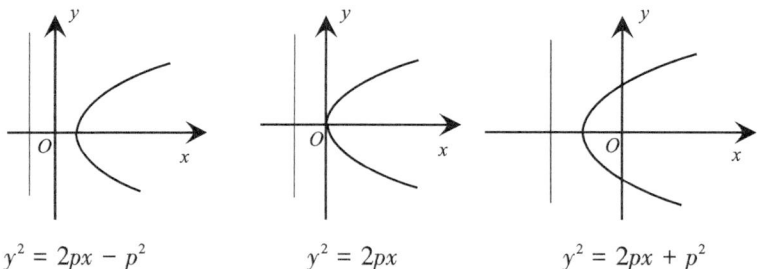

对于第三个问题:教师引导学生比较四种开口方向的抛物线图象之间的对称关系,进而找到标准方程之间的联系,最终写出其他三种形式的标准方程,完成上面的表格.

(四)巩固强化

例1 如图,已知一条定直线 l 和直线外一定点 F,则过定点 F 且和直线 l 相切的圆的圆心轨迹为_____.

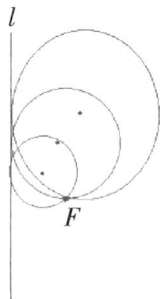

例2 求下列抛物线的焦点坐标和准线方程:

(1) $y^2 = 20x$; (2) $y = 2x^2$;

(3) $2y^2 + 5x = 0$; (4) $x^2 + 8y = 0$.

例3 根据下列条件,写出抛物线的标准方程:

(1) 焦点是 $F(-2, 0)$;

(2) 准线方程是 $x = -\dfrac{1}{4}$;

(3) 焦点到准线的距离是2.

课堂拓展:如图,在一个灌水的瓶子壁上开一个口子,水从开口处射出,水流所在的曲线是抛物线,请用图形计算器拟合曲线,求出抛物线方程.

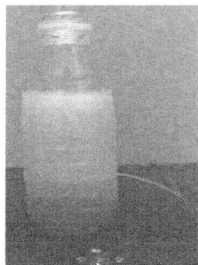

分析建模过程:插入图片—取点—建表—画散点图—二次拟合.

①利用图形计算器插入图片;

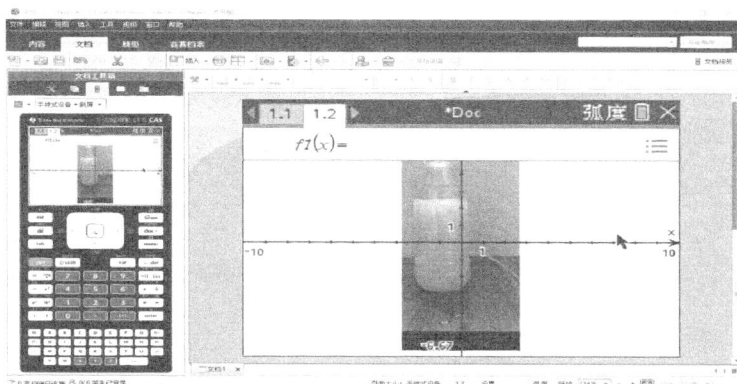

②在图片上取点,标出坐标;

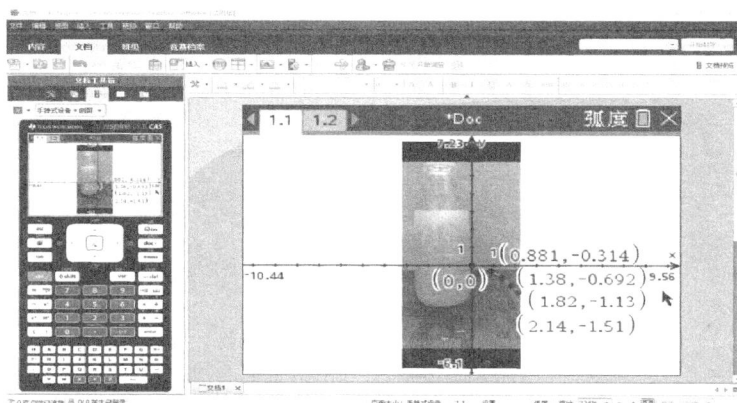

③利用点的坐标建立表格;

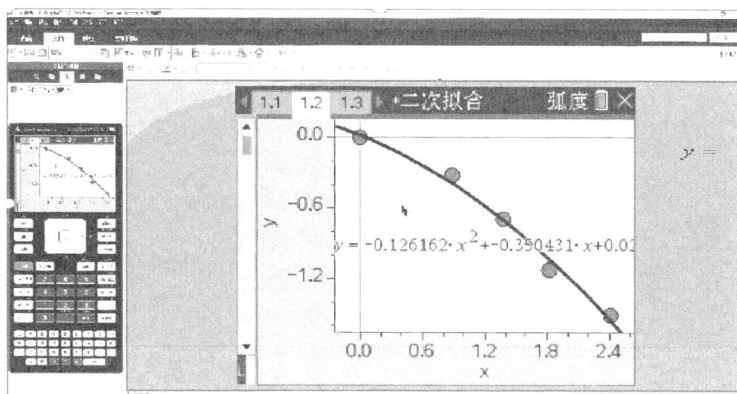

④画散点图；

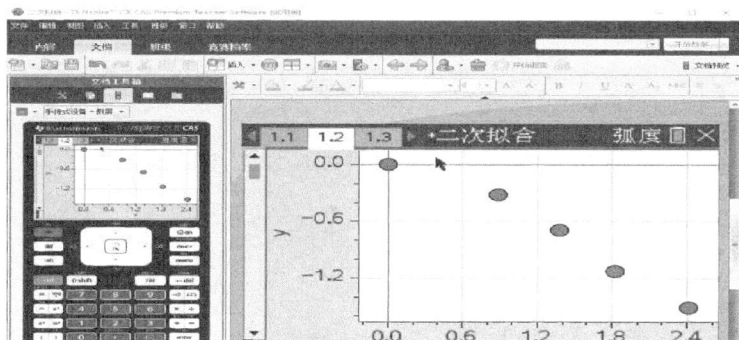

⑤二次拟合输出结果；

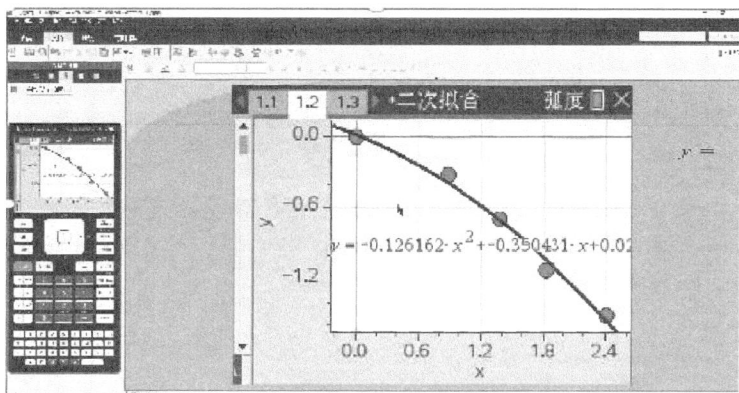

(五)归纳总结

(1)通过实验认识了抛物线,概括了抛物线定义,探索了其标准方程.

(2)理解四种形式标准方程和图象之间的变换关系.

(3)学习了分类讨论、类比归纳和数形结合思想.

(六)作业布置

(1)课本课后习题 A 组 1,2 题.

(2)思考:已知抛物线方程为 $y = ax^2(a \neq 0)$,讨论抛物线的开口方向、焦点坐标和准线方程.

(3)课后拓展:生活中美丽的人工喷泉随处可见,我们知道喷泉喷出的水在空中划过的轨迹是抛物线,请用图形计算器求出下图中一条抛物线的方程.

（芜湖市第十二中学　徐　芹）

案例十四　直线与圆的位置关系探究

一、教学目标

（1）能够运用直线与圆的相关知识,解决最短弦长问题以及圆上到直线距离为定值的点的个数问题.

（2）运用图形的几何性质解决最短弦长问题以及圆上到直线距离为定值的点的个数问题.

（3）在探索过程中,学生逐步形成主动探索的精神,养成良好的合作意识.

二、教学重难点

教学重点:解答直线与圆的位置关系的相关问题.

教学难点:运用几何观点解决运动变化问题.

三、技术准备

图形计算器及多媒体辅助教学.

四、教学过程

(一)引入

我们已经从解析几何的视角学习了直线和圆的基本知识,能够结合平面几何知识判断点与圆、直线与圆的位置关系,会求弦心距、弦长、切线长等.本节课我们继续探究两组关于直线和圆的位置关系的题目.

(二)例题讲解

例1 已知直线 $l:2mx-y-8m-3=0$ 和圆 $C:x^2+y^2-6x+12y+20=0$.

(1)探究直线 l 与圆 C 的位置关系;

(2) m 为何值时,直线 l 被圆 C 截得的弦长最小,并求出这个最小值.

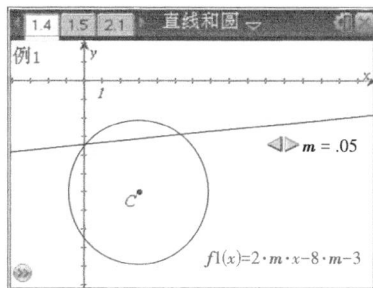

探究过程:

(1)学生在图形计算器中选择不同的 m 值,借助图形计算器观察直线 l 与圆 C 的位置关系,大屏幕展示这一过程.在学生发现"对于输入不同的 m 值,直线 l 均过圆内定点且与圆相交,弦长随 m 值的不同而改变"这一事实后,请学生独立思考,进行数学证明.

(2)引导学生组内交流,组间展示.

(3)教师视学生完成情况点评总结.

【设计意图】

(1)帮助学生构建和深化弦长一半、圆心到弦的距离与圆半径的勾股关系,帮助学生养成综合利用平面几何、解析几何知识解题的良好思维习惯;

(2)借助图形计算器探究过定点的动直线与圆相交问题,为学生创设一个"愤悱"的情境,这样更直观、更符合学生的认知过程,为进一步解决下一组问题提供有效的方法.

练习1:过点 $M(1,2)$ 的直线 l 将圆 $(x-2)^2+y^2=9$ 分成两段弧,当其中的劣弧最短时,直线 l 的方程是_____.

练习2:过点 $M(1,2)$ 的直线 l 与圆 $C:(x-2)^2+y^2=9$ 交于 A, B 两点,当 $\angle ACB$ 最小时,直线的方程为_____.

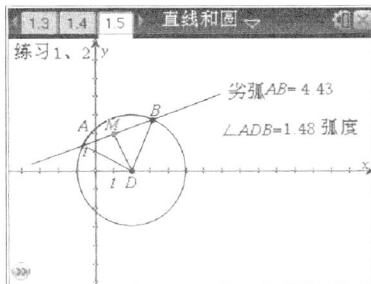

探究过程：

（1）同时给出练习1、2，学生探究求解；

（2）引导学生组内交流；

（3）学生展示，讲解练习1、2；

（4）引导学生发现例1和练习1、2的共同本质；

（5）教师归纳总结：①探究过定点的动直线与圆的位置关系问题，首先要关注定点与圆的位置关系，当动直线与圆相交且与过定点和圆心的直线垂直时，被圆截得的弦长最小，劣弧最短，圆心与两交点连线成角最小；②从特殊到一般，从具体到抽象，从几何直观到理性推理、证明、求解，是探究数学问题的常见过程，图形计算器使这一过程更便捷、更直观．

例2　若圆 $(x-3)^2+(y+5)^2=r^2$ 上有且仅有两个点到直线 $4x-3y-2=0$ 的距离为1，则半径 r 的取值范围是_____．

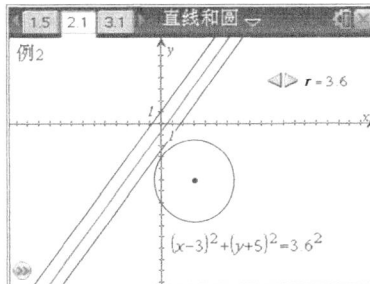

探究过程：

（1）借助图形计算器得到结果后，引导学生理性分析到直线 l 距离为1的点的轨迹是与直线 l 平行且到 l 的距离为1的两条直线 l_1，l_2，把问题转化为两条平行线 l_1，l_2 与圆交点的个数问题；

（2）通过图形计算器的互动系统，关注学生操作情况，进行个别展示；

（3）总结"圆上到直线距离为定值的点的个数问题转化为两条平行线 l_1，l_2 与圆交点的个数问题"这一转化思想，使之成为解决此类问题的有效手段之一．

【设计意图】圆上到直线距离为定值的点的个数问题是学生普遍感到没有解题思路的一类题目，通过例2及练习1、2的讲解，给学生提供解决此类问题的一种有效方法．

练习3：圆 $x^2 + y^2 + 2x + 4y - 3 = 0$ 上到直线 $x + y + 1 = 0$ 的距离为 $\sqrt{2}$ 的点的个数为_____.

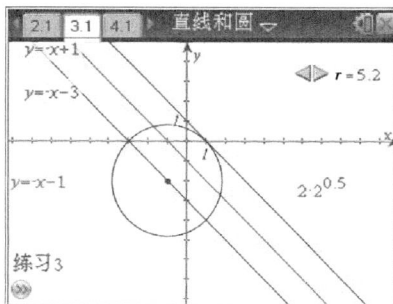

练习4：圆 $x^2 + y^2 + 2x + 4y - 3 = 0$ 上至少有三个不同的点到直线 $ax + by = 0$ 的距离为 $2\sqrt{2}$，求直线倾斜角的取值范围.

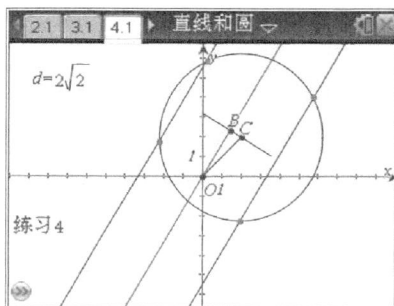

【设计意图】两道练习具有层次性，在掌握例2的基础上，练习3能够较快地解出正确答案，练习4则需要变通使用例2中的方法，有一定难度，但图形计算器对解决练习4提供了很大便利.

（三）课堂小结

本节课，你有哪些收获？
学生先思考，教师再总结.

（四）布置作业

请同学们总结并尝试设计一个圆与直线的问题给同桌做一做.

（芜湖市第十二中学　王春健）

案例十五　线性相关

一、教学目标

(1)利用散点图判断线性相关关系,了解最小二乘法的思想,画出回归直线.

(2)对实际问题进行分析和预测,加强对回归直线的理解.

(3)在探索过程中,学生逐步形成主动探索的精神,养成良好的合作意识.

二、教学重难点

教学重点:利用图形计算器理解变量间的相关关系,理解回归直线.

教学难点:增强应用回归直线方程对实际问题进行分析和预测的意识.

三、技术准备

图形计算器及多媒体辅助教学.

四、教学过程

(一)实例讲解

下表是某班49名学生高三上学期期中考试的英语、数学、物理成绩(分),借助图形计算器回答如下问题:

数 学	英 语	物 理	数 学	英 语	物 理	数 学	英 语	物 理
120	79.5	83.5	112	82	75.5	105	68.5	77
123.5	87	71	106	68	56	114	70.5	64
123.5	67	78.5	119.5	66.5	63.5	134	53	59.5
135.5	86	80	102	74	64	131	79	75.5
124	70	66	103	60.5	52.5	106.5	83.5	60.5
124.5	88	82	105.5	48.5	71	94.5	50.5	64
112.5	89.5	67.5	105.5	98	68	126	57.5	70.5
129.5	74	55.5	108	84	52.5	116.5	72.5	73

续 表

数 学	英 语	物 理	数 学	英 语	物 理	数 学	英 语	物 理
121.5	87	93	123	74	59	111	71	67.5
115.5	78	65	98	55	48	106	62	65
99	67	80.5	115	85	61	87.5	79.5	54.5
142.5	50.5	73.5	102.5	67	55.5	109	85	65
104	65.5	43.5	100	81.5	43	116.5	64	60.5
116.5	75	62	76.5	88	49	117	79	64
115	73	56.5	109.5	64.5	48	116.5	73	75
108	62.5	82.5	81.5	65	46	106	53.5	64
98.5	56.5	52						

(1)分别求数学与物理、数学与英语的回归直线方程;

(2)分别作出数学与物理、数学与英语之间的散点图,直观判断它们之间的相关关系;

(3)求出它们的相关系数.

分析:通过实验,学生能更好地理解回归直线方程、散点图、相关系数等概念,了解数据分析的过程.

技术准备:

(1)熟悉利用TI-nspire CX CAS图形计算器计算平均数、中位数、众数、标准差的方法;

(2)熟悉利用TI-nspire CX CAS图形计算器作散点图、回归直线的图象,求回归直线的方程;

(3)熟悉利用TI-nspire CX CAS图形计算器画残差图,求相关系数.

(二)求解线性方程

第一步:建立数据表.

(1)输入数据;

(2)建立列表与电子表格,并输入数据,定义数组变量shuxue、yingyu、wuli;

(3)图形计算器运用.

第二步:画散点图.

(1)画出"数学"的散点图;

(2)添加"数据与统计"页面,横坐标修改为"shuxue",纵坐标修改为"yingyu";

(3)图形计算器运用.

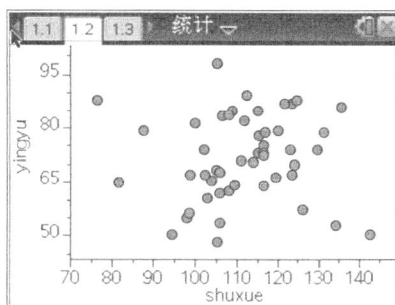

分析:从以上两个图可以看出,数学、物理之间是正相关关系,数学、英语之间的相关性就不是很明显,所以从直观上看,数学、物理之间的相关性明显比数学、英语之间的相关性要强.

第三步:画出回归直线.

(1)画出"数学"的回归直线;

(2)图形计算器处理.

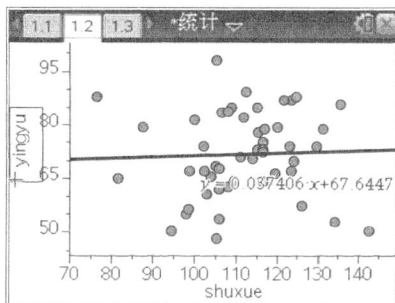

分析:根据求回归直线的公式,已知任意两个变量都可以求出它们之间的回归直线,但相关性的强弱决定回归的意义和作用.

第四步:根据数学、物理的回归直线分析为什么这条直线是最好的.

(1)计算残差的平方和;

（2）得到残差的平方和；

（3）图形计算器运用.

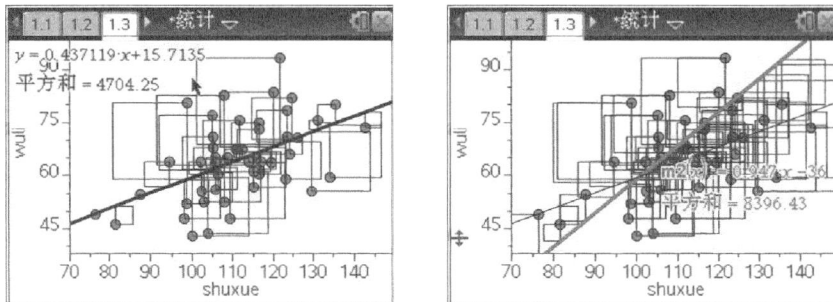

分析:移动可移动直线,残差的平方和也在变化,但是,无论怎样改变,这个值都大于等于回归直线的残差的平方和.由此可见,回归直线是从统计意义上来说距离最短的直线.

第五步:求相关系数.

（1）画出数学的相关系数；

（2）计算出相关系数；

（3）图形计算器运用.

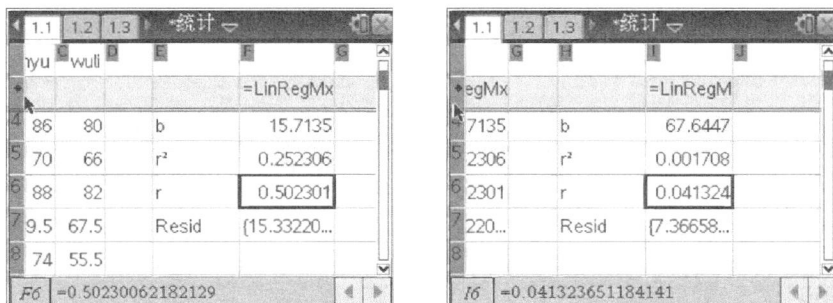

分析:统计学认为,对于变量x, y,如果$r \in [-1, -0.75]$,那么负相关很强;如果$r \in [0.75, 1]$,那么正相关很强;如果$r \in (-0.75, -0.30]$或$r \in [0.3, 0.75)$,那么相关性一般;如果$r \in [-0.25, 0.25]$,那么相关性较弱.由此可见,数学、物理相关性一般,而数学、英语相关性较弱.

操作说明:

输出变量	说　　明
stat.RegEqn	回归方式:$y = m \cdot x + b$
stat.m、stat.b	回归系数
stat.r^2	确定系数
stat.r	相关系数
stat.Resid	回归残差
stat.XReg	被修改后的数组 X List 中的数据点数组,实际用在基于 Freq、Category List 和 Include Category 限制的回归中

输出变量	说　明
stat.YReg	被修改后的数组 Y List 中的数据点数组,实际用在基于 Freq、Category List 和 Include Category 限制的回归中
stat.FreqReg	由对应于 stat.XReg 和 stat.YReg 的频率所组成的数组

（三）课堂小结

（1）回归直线是从统计意义上来说距离最短的直线.

（2）相关系数是表征两个随机变量相关性的指标,如果 $r \in [-1,\ -0.75]$,那么负相关很强；如果 $r \in [0.75,\ 1]$,那么正相关很强；如果 $r \in (-0.75,\ -0.30]$ 或 $r \in [0.3,\ 0.75)$,那么相关性一般；如果 $r \in [-0.25,\ 0.25]$,那么相关性较弱.我们可以通过计算相关系数来判断两个随机变量相关性强弱.

（四）课后作业

设计一个调查实验,在期中考试之后向老师调查高一年级的数学、化学、语文成绩,通过数据分析数学与化学、数学与语文成绩的相关性,并提出学习建议.

（芜湖市第十二中学　金　奎）

第三章
基于数学实验研究的
优秀硕士论文

基于数学实验室的高中数学探究教学模式的研究

一、绪论

(一)研究背景

党中央、国务院在《国家中长期教育改革和发展规划纲要(2010—2020年)》中指出要强化信息技术应用,要求"提高教师应用信息技术水平,更新教学观念,改进教学方法,提高教学成果,鼓励学生利用信息手段主动学习、自主学习,增强运用信息技术分析解决问题能力".《普通高中数学课程标准(2017年版)》中,也提出要重视信息技术的运用,实现信息技术与数学课程的深度融合.当前,利用信息技术进行数学教学和学习已成为一种社会潮流.2017年12月,信息技术与数学教学国际研讨会在江苏召开,从不同角度围绕信息技术与数学教学领域的理论与实践问题展开讨论,体现了新时代环境下教育工作者对于信息技术与数学教学结合的研究投入越来越多的关注.《义务教育数学课程标准(2011年版)》中就首次提出有条件的学校可以建立"数学实验室"供学生使用.近几年来越来越多的学校建立了数学实验室,实验设备和实验室环境也在不断地升级与完善,尤其是图形计算器的应用,为教师与学生能更好地进行教学与学习提供了技术支持与保障.

20世纪50年代,芝加哥大学施瓦布教授在美国教育现代化运动中首次提出了探究性学习的观点,是20世纪初杜威的"做中学"以及"以儿童为中心"的教育观念的延伸.在当今社会,探究性学习模式随着信息技术广泛应用于教育过程以及现代建构主义与人本主义教育思想的发展与传播,越来越受到广大教育工作者的青睐,并且应用于多种学科教学中.

数学探究式教学模式并不是将已有的知识直接灌输给学生,而是学生在教师的引导下以解决某个数学问题为核心内容进行自主探究的学习活动.在这个过程中,学生可以自然地获得数学知识,同时数学探究能力也得以发展.因此,对于数学课程中某些知识应用探究式教学模式进行教授相比于传统教学模式有着事半功倍的效果,学生也会易于接受,印象更深刻.在探究过程中,学生可以自主查询资料或设计实验验证猜想,而不只是单纯地进行逻辑分析,还可以借助一定的工具来解决问题,"数学实验室"就具备这样的条件.因此,如何将信息技术与数学课程很好地结合起来,在数学实验室环境中进行数学探究式教学需要我们进一步研究.

(二)研究意义

对于探究式教学模式以及信息技术应用数学探究教学模式的研究自21世纪以来越

来越受到关注.随着时代的发展,信息技术也在与时俱进,对于数学教学软件来说,几何画板、GeoGebra的应用较为普遍,同时一些新的课堂形式如翻转课堂、Z+Z智能教育平台也与数学探究教学模式相结合.此前由于各方面原因,数学实验室的建设不完善并且普及率也比较低,但近几年来由于手持技术的发展,图形计算器的使用使得数学实验室受到众多数学教育工作者的青睐,然而毕竟是处于发展初期阶段,目前并没有提出一套完整的基于数学实验室的高中数学探究教学模式.

本研究提出了一套基于数学实验室的高中数学探究教学模式,详细论述了该模式的理论基础、教学目标、操作流程、实现条件和教学评价五个基本要素,并在实习学校开展实践研究,检验了该模式的可操作性与有效性,希望能够对一线老师开展基于数学实验室的数学探究教学提供一个可借鉴的模式.

(三)研究问题

本研究关注的是基于数学实验室的高中数学探究教学模式.更具体地说,本研究旨在探讨以下三个问题:

(1)什么是基于数学实验室的高中数学探究教学模式? 即"基于数学实验室的高中数学探究教学模式"的含义以及该模式的基本要素是什么?

(2)基于数学实验室的高中数学探究教学模式能否提高学生的数学学习成绩? 即运用该模式进行实践教学后,学生的数学学习成绩与之前相比是否有所提升? 与同阶段其他未用该模式进行教学的学生相比是否有显著差异?

(3)基于数学实验室的高中数学探究教学模式能否培养学生的数学探究能力? 即运用该模式进行实践教学后,学生的数学探究能力与之前相比是否有所提升? 更进一步,由于数学探究能力是由多方面能力组成的,那么运用该模式进行实践教学后,主要是哪些方面的能力与之前相比有显著差异呢?

二、文献综述

对于探究教学的系统研究最早是在20世纪初期,1906年美国教育家杜威提出了要将探究方法运用于科学教育之中,1933年又提出了具体的探究模式.20世纪50年代,在美国教育现代化运动中,施瓦布首先提出了探究性学习的概念,他认为学生可以借鉴科学家发现和解决问题的探究方法进行学习,在探究过程中达到获取知识、培养能力的目标,尤其是要培养学生的创造能力,学习科学方法,感受科学精神,领悟科学价值观.此后,探究式教学受到广泛关注.目前对于探究式教学模式的含义、原则、基本过程、评价的相关研究已有许多,本文着重阐述基于数学实验室的高中数学探究教学模式的相关研究.

(一)关于数学实验室的相关研究

要了解数学实验室,必须要先了解数学实验的概念以及数学实验室的核心设备——图形计算器.

1.数学实验的概念

(1)数学实验是一种活动.曹一鸣教授认为,数学实验是以获得某种数学理论、检验某个数学猜想或者以解决某类数学问题为目的,在特定的实验环境下经历数学思维活动以及运用一定物质手段进行探索和研究的活动.喻平教授认为,数学实验是学生在数学思维活动的参与下,运用相关工具进行的一种数学验证与探究的操作活动,实质上是一种通过动手动脑"做"数学的学习活动.

(2)数学实验是一类科学研究方法.刘邦奇认为,数学实验是解决数学和科学问题的一类科学研究方法,实验者基于一定数学思想和理论的指导,预先组织设计,并借助一定的仪器和技术手段进行数学化实际操作,包括对客观事物的数量化特性进行观察、抽样、测试、检验、逼近、仿真等活动.

(3)数学实验是一种实验形式.张马彪认为,数学实验是以形成、发展和应用数学知识素材为任务,以一定的数学思想方法作为实验原理,将算具(或空间模型实物)作为实验工具来进行推演(或模拟)的一种实验形式;它的实验对象必须是某一层面的数学知识素材,通过符号演算、图形演示或数值计算等操作或心智活动达到验证数学命题、开展猜想创新的实验目的.

以上对于数学实验的定义虽然说法不同,但是实际上是从不同的角度来看待数学实验的,它们涉及了几个共同要素:即认为数学实验都要有一定的数学思想和教学理论做指导,都是以获得某种数学理论、检验某个数学猜想、解决某类问题为目的,都要采用一定的工具和手段,都强调了数学思维活动的参与.因此,我们沿用以下定义:数学实验是以获得某种数学理论、检验某个数学猜想或者解决某类问题为目的,以一定的数学思想和教学理论做指导,通过动手操作相关实验工具,采用以尝试性与探索性为主的方法进行的数学活动.

2.数学实验室的概念

赵维坤、马敏认为,数学实验室是让学生借助于一定的实物工具或技术手段,并在数学思想方法的指导下进行数学化操作的专有教室.它依据数学学科的特点,注重数学学科内容的呈现方式,形成创新、开放、互动的教学创新载体,是一种新型的数学"课堂".

蒋培杰、曹轩认为,目前对于数学实验室并没有统一的标准,数学实验室最基本的设备应该包括传统教具、交互式白板、桌椅、计算机及多媒体投影、手持学习终端、物理传感器、立体几何模型、存储柜等硬件设备,以及几何画板、超级画板、算法框图辅助教学系统、数学插图、统计分析软件如SPSS、Maple等软件设备.

Sangita R. Bihade认为,数学实验室是学生学习和探索数学概念,并通过使用不同材料的各种活动验证数学事实和定理的地方.这些活动可由教师和学生进行探究、学习、激发兴趣,培养良好的数学态度.也就是说,数学实验室是一个我们可以在那找到智力游戏、教具和其他活动材料的地方.这些知识和材料既可以供学生自己使用,也可以与教师一起使用,探索数学世界,发现、学习和培养对数学的兴趣.虽然数学不是物理学、化学和生物学那样的实验科学,但数学实验室可以极大地促进数学概念和技能的学习.

可见,数学实验室就是进行数学实验的特定环境,它包含一定的软、硬件综合设备,最基本的应包含桌椅、交互式白板、计算机、图形计算器等硬件设备和几何画板、数据分析软件等软件设备.

3.图形计算器

图形计算器最早是在1995年由美国得克萨斯州仪器公司带入中国的,1999年正式进入中国校园.

史炳星认为,图形计算器相当于一种小型掌上电脑,是利用计算机科学专门为学生学习数学而设计研发的一种程序化的数学学习工具.图形计算器有很多种,其中较复杂一些的图形计算器内部设有计算机代数和交互几何系统,它具有数据处理、计算、编程、作图等多种功能.有的图形计算器还可以与计算机相连接,并且具有红外线传输功能,这些功能有利于学生在学习数学的过程中进行合作交流,将数据采集仪与图形计算器以及一些自然科学实验的探头连接起来构成一个小型理科实验室,亲身经历采集、处理数据的过程,进而建立数学模型,找到学习数学的意义所在.

蒋培杰、曹轩认为,图形计算器是一种特殊的计算器,与普通计算器相比它具有函数作图、画动态图形、解方程(组)、处理数据、简单编程以及模拟数理实验等功能.它不仅可以绘制函数图象,还可以画出方程曲线,以及归集跟踪、动态演示这些图象,是一种现代的、具有交互性的手持技术.在目前的高中数学教学过程中,图形计算器主要在教授概念课、实验课和探究课中应用较多.

可见图形计算器是一种新型的计算器,具有作图、计算、数据处理等一系列功能,是专门为学生学习数学而设计的一种小型掌上电脑.教育工作者们普遍认为图形计算器是数学实验室的核心设备.

(二)基于数学实验室的高中数学探究教学模式的相关研究

基于数学实验室的教学并不是一个全新的话题,自数学实验室的理念进入我国以来,许多教育工作者一直在致力于研究如何应用数学实验室进行教学.随着计算机技术的迅速发展,教学模式已从最初的程序教学发展到计算机辅助教学,再到信息技术与数学课程的结合,以至到现在的数学实验室教学.目前,从已有的文献来看,基于数学实验室的探究教学模式的相关研究主要有:基于几何画板的数学探究式教学模式的研究、基于Z+Z智能教育平台的数学探究性教学模式的研究、基于信息技术的高中数学探究式教学模式的研究以及基于 TI 图形计算器的高中数学探究教学模式的研究.

1. 基于几何画板的数学探究式教学模式的研究

几何画板软件自进入中国以来,深受广大中小学数学教师的喜爱,基于几何画板的数学探究教学的研究也随即展开,大量关于几何画板的专著与论文随之发表.如南京师范大学附属中学的特级教师陶维林著有《几何画板课件制作教程》《几何画板实用范例教程》等著作,为广大一线教师学习与应用几何画板进行教学提供了很多帮助.

胡卫华提出了基于几何画板的教学环境下,以创设情境—自主探究—交流研讨—意义构建—应用拓展为活动程序的数学探究式教学模式,并且还详细阐述了建构该种模式的理论基础、功能目标、实现条件及活动程度.

于冬梅提出了几何画板支持下的探究式高中数学实验教学模式,将教学模式的层次结构分为静态教学结构与动态教学流程,分别提出了在两种层次结构下的自主探究式教学模式和小组合作探究式教学模式,具体见图1、图2、图3、图4.

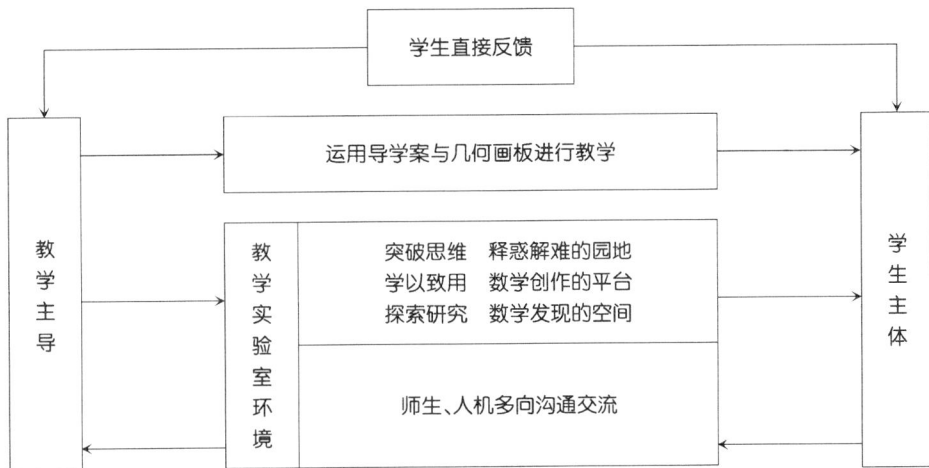

图1　自主探究式教学模式的静态教学结构

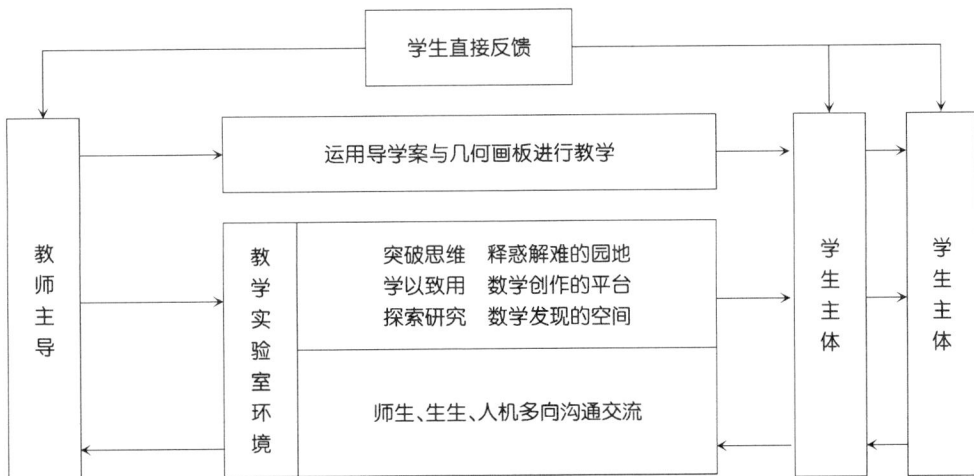

图2　小组合作探究式教学模式的静态教学结构

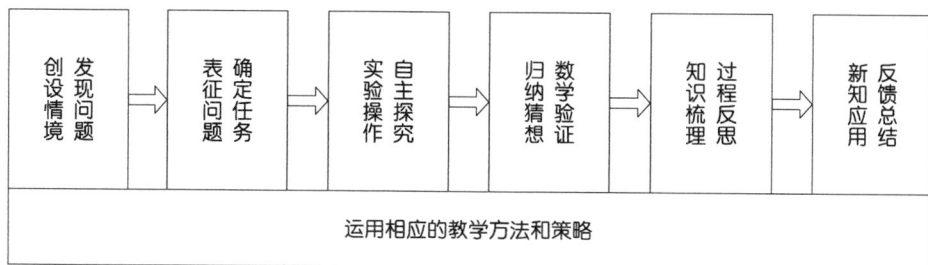

图3　自主探究式教学模式的动态教学结构

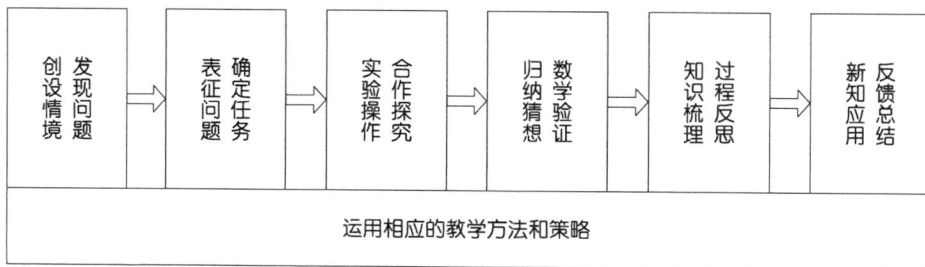

图4　小组合作探究式教学模式的动态教学结构

但是在实际教学过程中,学生自主探究与小组合作探究并不是绝对单独进行的,且该研究中只是给出了构建的教学模式而没有进行教学实践,因此其有效性与可操作性难以确定.

2.基于Z+Z智能教育平台的数学探究性教学模式的研究

Z+Z智能教育平台是一种多功能教育平台,它将知识和智能相结合,配置多种软件,如几何画板、超级画板等.

石磊依托Z+Z智能教育平台提出了基于该平台下的数学探究性学习教学模式,创建了"引导—探究""尝试—探究""合作—探究""自学—探究"四种教学模式.但是这四种模式只是侧重点不同,具体实施过程却很相似,如"尝试—探究"在某种程度上也可以理解成是"引导—探究".

3.基于信息技术的高中数学探究式教学模式的研究

自2003年颁布了《普通高中数学课程标准(实验)》后,信息技术与数学课程相结合的理念在数学教学改革中起到了重要影响.何克抗教授认为,在教学过程中融合信息技术可以创造出信息化的教学环境,教师的主导作用与学生的主体地位都能够充分发挥与体现出来,这种教学方式强调自主、探究、合作,有利于调动学生的积极性、主动性以及创造性.许多学者也相继提出了基于信息技术的高中数学探究式教学模式.

张剑提出的基于信息技术的高中数学探究式教学模式以探究教学为主线,以学生自主探究为核心,教学步骤为创设情境—提出问题—自主探索—合作学习—课堂小结.该教学模式的宗旨是增强学生的数学创新意识,培养学生的数学创新能力以及解决实际问题的能力.

曲玉香构建的基于信息技术的数学探究式教学模式的五个基本环节是情境导入、探究思考、提出假设、验证假设以及归纳小结.

郭佳佳提出了信息技术环境下的高中数学探究式教学模式,简称"技术—探究"教学模式,针对定理探究、概念探究、方法探究的教学将该教学模式分为"技术—探究"教学模式A、"技术—探究"教学模式B、"技术—探究"教学模式C三种,具体操作流程见图5、图6、图7.这种"技术—探究"教学模式主要是从优质公开课案例中汲取经验提出的,没有进行教学实践以及构建评价体系,因此其有效性与可操作性也难以确定.

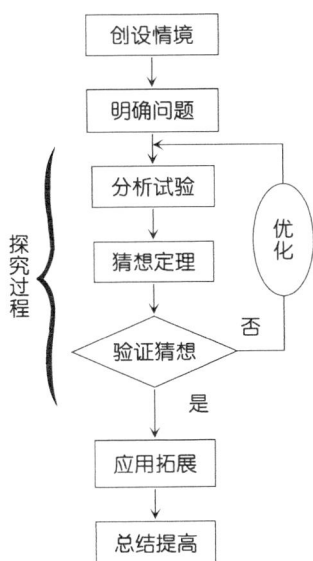

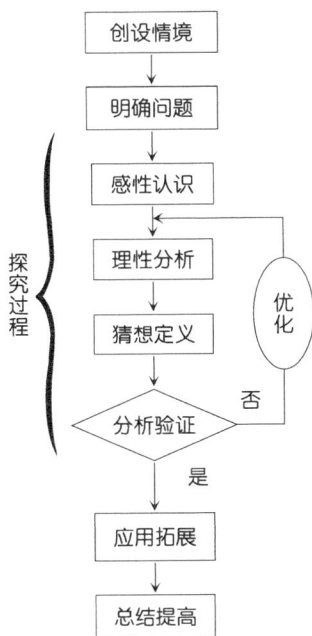

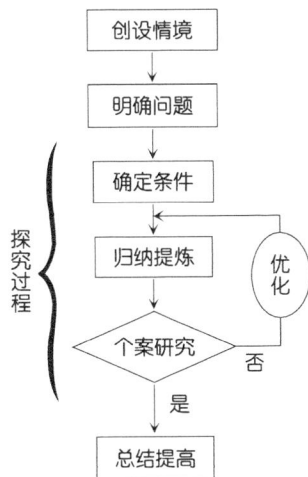

图5　"技术—探究"教学模式A　　图6　"技术—探究"教学模式B　　图7　"技术—探究"教学模式C

4.基于TI图形计算器的高中数学探究教学模式的研究

Alan T.Graham开发了很多图形计算器用于统计教学的案例,也研究了使用图形计算器帮助字母运算的学习.

Jonaki Ghosh通过一系列研究得出了以下结论:(1)学生能根据自己的需要用图形计算器做模拟实验,能体验到数学发现的喜悦;(2)图形计算器辅助教学较传统教室能更好地激发学生的学习热情和兴趣;(3)图形计算器的使用可以增进师生交流,提出比传统课堂更多的问题;(4)图形计算器可以通过大量实验帮助学生估计随机事件的概率,突出频率和概率的区别.

涂荣豹、陶维林、宁连华在其主编的《图形计算器与数学新课程整合教学设计》的"序"中提到,图形计算器是一个适合于学生"学"的工具,完全可以满足中学数学各内容的学习需求,也是一个适用于各种"教"的工具.

　　高雪松、金宝铮认为,鉴于数学学科的特点和客观条件的限制,TI图形计算器功能齐全、小巧便携、操作简单,因此成了现代数学、物理、化学等学科教育教学中一种有效的辅助设备,并且越来越成为教师教学以及学生学习的很好的辅助工具.

　　施洪亮提出了运用TI图形计算器培养学生数学探究能力的"六步探究法",即观察、猜想、解决、检验、变换、回顾与推广.

　　唐绪德提出了两种在TI图形计算器支持下的高中数学探究学习模式,其教学设计方案有两种:第一种是"实验(探究)—归纳—验证"模式的教学设计(见图8);第二种是"问题—探究—推理"探究学习模式的教学设计(见图9).

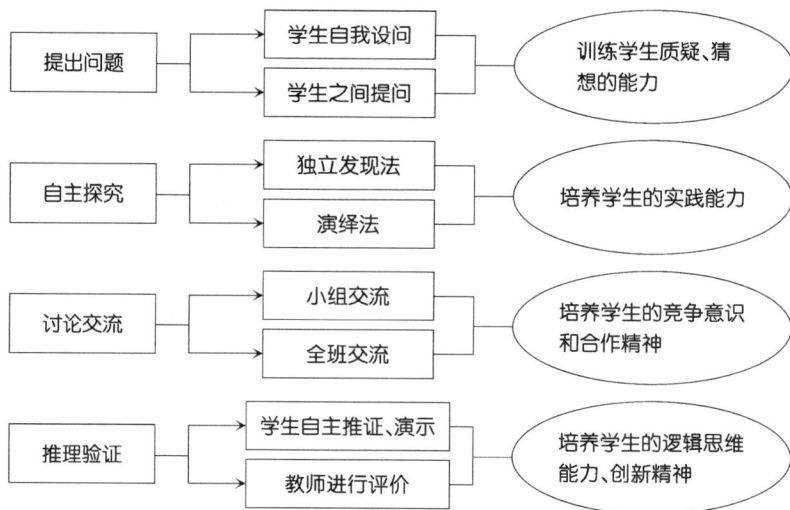

图8　"实验(探究)—归纳—验证"模式的教学设计

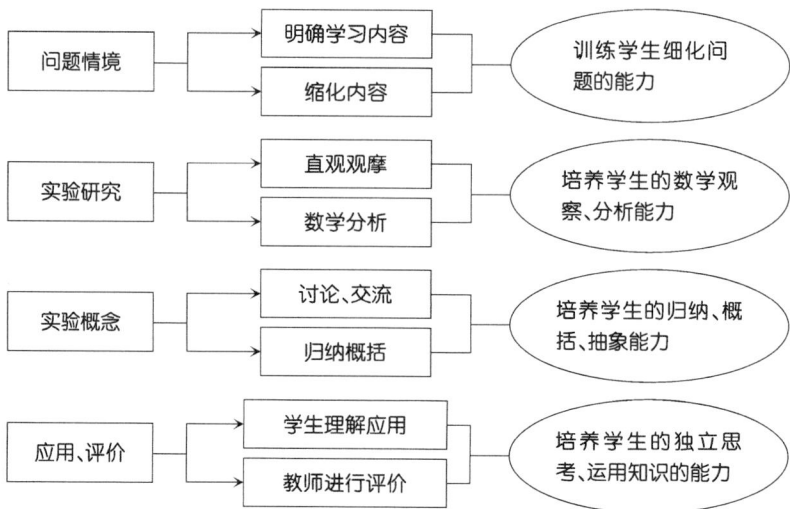

图9　"问题—探究—推理"探究学习模式的教学设计

　　这两种模式是针对概念、原理和问题解决的学习而构建的,并给出了两种模式下的教学设计方案,每一环节都有培养学生能力的目的,但是在该模式中TI图形计算器的特色并未凸显出来.

（三）文献综述小结

经过梳理、分析已有相关文献可以发现:研究者们此前主要是从几何画板、Z+Z智能教育平台、TI图形计算器的角度展开高中数学探究教学模式的研究,Z+Z智能教育平台实际上主要是依托于超级画板,基于信息技术的高中数学探究式教学模式实际上是将已有的计算机技术综合起来,而不单单只是某一种技术支持.由于此前数学实验室的建设并不完善,而且许多学校并没有建设数学实验室的条件,因此许多研究者只是单一地研究几何画板支持下的高中数学探究教学模式.随着计算机技术的发展与普及,Z+Z智能教育平台、TI图形计算器以及信息技术的综合应用环境下的高中数学探究教学模式越来越受到人们的关注,然而目前并未发现基于数学实验室环境下的高中数学探究教学模式的新研究.因此,本文旨在已有相关研究成果的综述上,提出"基于数学实验室的高中数学探究教学模式",并且在实习学校开展该模式的实践研究,收集实验数据,检验该模式的可操作性与有效性,希望能够对一线老师开展基于数学实验室的高中数学探究教学提供一个可借鉴的教学模式.

三、基于数学实验室的高中数学探究教学模式的理论研究

（一）相关概念界定

1.数学实验室

前文已经阐述过数学实验室概念的相关研究综述,本文主要借助于芜湖市第十二中学的数学实验室来展开高中数学探究教学模式的研究.因此本文中的数学实验室是指教师与学生借助于一定的实物工具或技术手段,并在数学思维和数学思想的指导下,进行数学探究、验证数学猜想的实践场所.数学实验室配有桌椅、交互式白板、投影仪、计算机、高中立体几何模型、TI图形计算器、微型铣床、微型车床、3D打印机、物理传感器、器材存储柜等硬件设备,计算机中还装有相关的数学教学软件等.

其中最主要的是学生可以自主手动操作TI图形计算器(TI-Nspire™ CX-C CAS)进行自主探究或合作探究,教师可以通过使用TI图形计算器教师版软件(TI-Nspire™ CAS Teacher)的无线导航系统功能进行操作演示,实时调控学生手中的TI图形计算器.如图10、图11分别是芜湖市第十二中学的数学实验室场景图以及为学生配备的TI图形计算器,图12是数学实验室中配备的各种立体几何模型.

图10 芜湖市第十二中学数学实验室场景(1)

图11 TI图形计算器

图12 数学实验室的立体几何模型

2.教学模式

关于教学模式的定义有很多,主要是因为不同的学者对于教学模式的关注侧重点不同.本文沿用曹一鸣教授的说法,认为教学模式是在一定的教学思想、教学理论、学习理论指导下,在大量的教学实验基础上,为完成特定的教学目标和内容而围绕某个主题形成的稳定、简明的教学结构理论框架及其具体可操作的实践活动方式.一种成熟的教学模式应包括的基本要素有理论基础、教学目标、操作程序、实施条件、教学评价.本文中所提出的基于数学实验室的高中数学探究教学模式也将从这五个基本要素展开阐述.

(二)基于数学实验室的高中数学探究教学模式的构建

1.基于数学实验室的高中数学探究教学模式的提出

笔者之所以提出基于数学实验室来开展高中数学探究式教学主要是基于以下两点考虑:

(1)数学实验室的建设状况完全符合探究式教学模式的实施条件.数学探究式教学需要在教师的指导下,学生依据学习材料,经历数学知识的发生、形成以及发展过程开展探究活动,从而获得数学知识,培养数学探究能力与精神.数学实验室可以满足教师与学生借助实物与计算机软件来进行探究与实践活动,尤其是TI图形计算器的应用为教师展开探究式教学提供了技术方面的支持,学生不再只是传统地运用纸笔来进行逻辑推理以验证猜想.数学实验室丰富了学生探究活动的方式,也使得学生对问题解决有更多的猜想,因此数学实验室的建设状况完全符合探究式教学模式的实施条件.

(2)数学课程标准的提倡.无论是之前颁布的课程标准还是最新颁布的课程标准中都提倡学生的学习方式应多种多样,独立思考、合作交流、自主学习等有利于激发学生的学习兴趣,养成良好学习习惯,发展实践能力和培养创新意识.新课标中还提出了要注重信息技术与数学课程的深度整合,提高教学的实效性.探究式教学本就注重培养学生的探究能力以及发现与解决问题的能力,数学实验室能够很好地满足学生进行数学探究活动的条件.因此在数学实验室环境下开展探究式教学是具有可行性的,它不仅实现了信息技术与数学课程内容的深度整合,也丰富了学生的学习方式.

基于以上考虑,笔者提出的"基于数学实验室的高中数学探究式教学模式"是指在数学实验室环境下,以教师为主导,学生围绕某个问题,通过独立思考或合作交流提出猜想,制订问题的解决方案,并利用数学实验室中的工具设备进行实验,验证猜想直至解决问题,获取知识,培养探究与实践能力.其基本程序为创设实验情境,启情设疑,明确研究问题——依据实验设备,分析猜想,确定探究方案——操作实验工具,观察现象,验证数学猜想——反思实验过程,总结归纳,应用拓展新知.

2.基于数学实验室的高中数学探究教学模式的基本要素

(1)理论基础.

①弗赖登塔尔数学教育理论.弗赖登塔尔认为,数学是系统化了的常识,数学的学习过程就是将常识不断进行系统化的过程.首先,数学教育必须与日常生活实际以及社会现实联系起来,因为数学是源于现实生活的.数学教育应当培养学生从客观现象中找出数学问题的能力,并且可以运用生活中的常识来理解数学问题,同时也可以运用数学知识来解决生活中的问题.其次,要用"再创造"的方式学习数学.学生所要学习的东西应当是自己发现或创造出来的,而教师的任务是引导和帮助学生完成这个过程,反对灌输式和死记硬背式的教育方式.

②建构主义学习理论.建构主义学习观认为学习是一个同化、顺应、平衡的过程,即学习者学习新知识是在已有认知经验的基础上,通过直接获取有关的信息或者改造与重组有关知识经验形成新的知识结构,以此将新知识转变成自己的知识经验.首先,学习必须是学习者主动、有意愿去进行的,因此学生的主观能动性非常重要.其次,每个学习者是以自己的方式来建构对事物的理解,并且学习者之间的合作交流会使这种理解更加丰富,所以学习也是一种社会性活动.最后,知识是存在于具体可感知的情境活动之中的,并且只有在具体情境中应用后才能真正地被理解.

建构主义教学观强调教师在教学过程中要重视学生已有的知识与经验,要以学生为中心,引导学生主动建构新知识.在教学中,教师可以通过提供具有情境性的问题,激发学生的学习兴趣,同时教师与学生之间、学生与学生之间对于问题的合作探索与交流都是至关重要的.

③体验式学习理论.体验式学习理论强调体验在学习中的作用,通过具体体验、反思观察、抽象概括、行动应用,鼓励学生主动设置目标,亲身经历知识的发现过程,这样可以使得知识更有意义,学习效果更好.

在以上理论的指导下,本文提出的"基于数学实验室的高中数学探究教学模式"是以学生为中心的,通过给学生提供具有情境性的问题,激发学生的学习兴趣,在教师的引导下,学生基于自身已有的知识经验,通过独立思考与合作交流来解决问题,获得新知识,从而完成知识的"再创造"过程,培养学生的创新精神与探究能力.

(2)教学目标.

教学目标应该是针对具体教学内容提出的,但总体上应是使学生获得进一步学习以及未来发展必要的"四基""四能",以及在学习过程中培养新课标提出的六大数学核心素养,同时,提高学生学习数学的兴趣,养成良好的学习习惯,培养科学精神与创新意识.

基于数学实验室的高中数学探究教学模式注重培养学生学习数学的兴趣,从而提高学生数学成绩,提高学生数学探究能力水平.由于该种教学模式是在数学实验室环境中进行的,因此除了实现每节课具体的知识与技能目标之外,还应使得学生在教学过程中学会熟练使用各种实验工具,提高动手能力,更重要的是使学生能够根据所面临的具体问题经过分析后学会选择实验工具与正确方法进行实验.

(3)操作程序.

本文提出的"基于数学实验室的高中数学探究教学模式"的操作程序是:创设实验情境,启情设疑,明确研究问题;依据实验设备,分析猜想,确定探究方案;操作实验工具,观察现象,验证数学猜想;反思实验过程,总结归纳,应用拓展新知.这四个环节之间的关系如下图13所示:

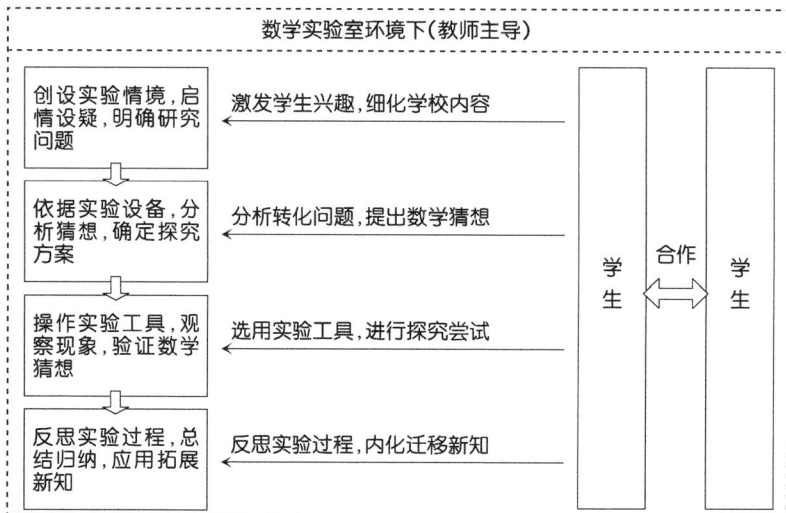

图13 高中数学探究教学模式操作程序关系

下面将对操作程序各个环节进行详细介绍:

①创设实验情境,启情设疑,明确研究问题.

英国著名教育家洛克曾说过,儿童学习任何事情的最合适的时机是当他们兴致高、心里想做的时候.所以良好的开端是成功的一半.本环节是该模式的第一步,"创设实验情境,启情设疑,明确研究问题"就是要创设出一个具体的问题情境,激发学生的学习兴趣,使学生有探究问题的欲望,明确要研究的问题是什么.其实,在解决这个问题的过程中所承载的知识也就是学生所要学习的内容.

对于数学实验室这样一个与传统教室不同的环境,在里面展开教学更容易激发学生的学习兴趣,数学实验室中多种硬件与软件设备的结合使用可以使得所要创造的问题情境更加具体生动,以便吸引学生.由于学生发现问题的来源一般是教材或者教师提供的案例或者背景资料,也有可能是学生学习数学知识技能与方法的过程,因此教师在这一环节中创设情境、明确研究问题时应该注意以下四点:一是教师创设的情境可以使学生在已有知识经验基础上察觉到问题的存在;二是所要探究的内容虽然是未知的,但是学生通过努力是可以掌握的,是在学生的最近发展区之内的;三是该情境能够使学生产生认知冲突,有探究的欲望;四是该问题是可以在数学实验室中通过教师的引导、学生之间的合作,以及利用数学实验室中的工具来解决的.

那么如何创设实验情境? 一方面,教师可以从数学知识之间的关联上创设情境,重现相关知识的形成、发展过程,让学生具有代入感,认识到我们所学知识存在的合理性与必要性,这也是传统教学中常用的引入新知教学法;另一方面,在数学实验室中有着多种实验设备,教师可以带领学生一起动手操作,由操作过程中出现的现象自然而然地引发学生产生疑问,进而明确要研究的问题;此外,教师也可以从数学知识与其他学科、与社会生活关联的角度来展开情境设计,可以以故事、数学建模等多种形式呈现出来.要注意的是:引入新知的方式是多种多样的,教师应该灵活运用数学实验室的特点将传统的新知引入方式与数学实验室结合起来,比如由于 TI 图形计算器教师版软件(TI-Nspire™ CAS Teacher)具有无线导航系统功能,因此教师可以将制作好的实验素材直接输送到学生的手持 TI 图形计算器中,一开始就让学生动手操作,引发学生兴趣.教师也可以在介绍情境背景后,引导学生依靠 TI 图形计算器设备继续创设数学问题情境.总之,该环节的目的是要通过创设实验情境,引发学生产生疑问,明确所要研究问题.实验情境的创设不仅是学生依靠教师,在教师的引导下,学生也可以进行创设,产生思考.

如在数学实验室中进行"函数模型的应用实例"一课的教学时,教师可以以所在城市十年内的 GDP 数据为材料,用函数方法来研究当地经济变化状况.例如对于笔者所在地区——芜湖就可用 TI 图形计算器教师版软件的无线导航系统功能直接将十年内 GDP 表格数据发送到学生的手持 TI 图形计算器中,创设出这样一个实验情境:

2018 年 6 月 22 日,中国社会科学院财经院重大成果《中国城市竞争力报告

NO.16——40年:城市星火已燎原》在京发布,该报告对2017年中国294个城市的综合经济竞争力和289个城市的宜居竞争力、可持续竞争力进行了研究.最终共有四十座城市当选"经济发展最成功的城市",其中安徽省有两座城市入围,分别是合肥市和芜湖市.表1是芜湖市近十年经济总量变化情况.

表1 芜湖市近十年经济总量变化

年份/年	GDP/亿元	同比增量/亿元	名义增速/%
2009	902	——	——
2010	1108.6	206.6	22.90
2011	1658.24	549.64	49.58
2012	1873.63	215.39	12.99
2013	2099.53	225.9	12.06
2014	2307.9	208.37	9.92
2015	2457	149.1	6.46
2016	2699.44	242.44	9.87
2017	3065.52	366.08	13.56

注:①数据源自政府工作报告,年初预估值已修正.

②2011年,芜湖市涉及区划调整,无为县划归芜湖市,和县沈巷镇划归芜湖市鸠江区.

此时,毫无疑问很多学生会对自己的家乡生出一种自豪感,由于这个话题与学生的生活息息相关,所以会比较容易引起他们的注意力.接下来,在教师的引导下,学生会发现表中的数据是到2017年,2018年的数据尚未公布,此时学生产生疑难,教师要善于引导,提出有价值的问题供接下来的研究.例如,根据本节课的教学目标,我们可以确定探究的问题为"能否根据表中的数据预估2018年的GDP?"或者"能够用函数表示出年份与GDP的关系吗?"

②依据实验设备,分析猜想,确定探究方案.

当学生明确所要探究的问题后,就可以开始制订探究方案.学生可以通过小组的形式进行交流,教师可以针对学生的学习水平层次进行分组,要注意每个小组成员人数不要太多,2~4人最适宜,最多不要超过6人,要能够保证每个学生都可以提出自己的见解,分享自己的想法.

在分析猜想的过程中,学生一方面要学会查询资料、收集信息,建立新旧知识之间的联系,另一方面也要凭借自身已有的知识经验进行大胆假设.由于数学实验室中拥有便利的软硬件设备,比如TI图形计算器具有数值运算、图象动态演示、数据处理等功能,因此可以用来制作函数图象、画出方程的曲线、追踪点的轨迹、进行数据处理与分析以及编程等.当TI图形计算器与可匹配的多种物理感受器连接后可以用来分析整个动态过程,如水的温度变化与时间的关系.多种多样的空间立体几何模型可以用来研究空间锥体、柱体的几何特征以及空间构成的各种角,如直线与平面构成的线面角、平面与平面形成的面面角等.因此,在数学实验室中进行教学之前,教师应当保证学生对数学实验室中的基础设备功能以及使用方法有所了解,至少应当了解这些软硬件设备的功能特点,以便于学生可以针对这些设备的功能特点选择合适的实验工具来设计探究方案.

当学生对探究问题进行分析时,首先应该要明确目前面临的问题是什么,最后要达到的目标是什么,然后猜想可以从什么样的角度、应用什么样的原理与方法去解决问题,最终将大问题细化成小问题,找到解决问题的技巧与思路.

如在"函数模型的应用实例"一课中,在此环节学生4人为一个探究小组进行讨论交流,由于研究的问题是"预估2018年芜湖市GDP"以及"用函数关系式表示年份与GDP的关系",因此只有从已给数据出发,借助图象,画出散点图,寻找规律.在教师的引导下,学生应该可以想到利用TI图形计算器中的"数据处理"功能来解决问题.由于表中2009年与2010年的数据是区划调整之前的芜湖市GDP,与后几年的数据标准不同,所以应只取后七年的数据,并制订出如下探究方案:

a.打开TI图形计算器,添加"列表与电子表格",输入表中提供的数据;

b.操作TI图形计算器,画出对应的散点图;

c.选择TI图形计算器中"数据处理"功能中的"函数模型"进行回归分析,得到对应的函数关系式;

d.根据得到的函数关系式,即可估算出任何一年的GDP.

③操作实验工具,观察现象,验证数学猜想.

猜想有可能是错误的,因此必须要对其进行验证.当确定好探究方案后,学生即可开始实验操作以验证数学猜想,解决问题.根据之前教师所分的小组,同学们通过合作交流,观察、分析实验现象,进而得出结论.要注意的是:这一环节与上一环节是可以循环进行的,因为一次探究不一定就能彻底解决问题,所以可能需要根据实验结果对问题的解决方法的合理性进行重新思考,再次提出新的探究方案直至得出正确结论为止.

对于学生初始设计出来的研究方案,很有可能存在一些考虑不全面的问题,或者设备操作上也存在一些困难.该环节不仅需要学生对数学实验室中的各种设备功能有所了解,对于学生的实际动手操作能力更有着较高的要求,因此在以下的实验操作环节中,教师可以在具体的实验操作过程中指出问题,引导学生进行思考以做进一步的改善,而这些要注意的问题正是教学中的重难点.

如在上述的"函数模型的应用实例"教学案例中,学生通过操作TI图形计算器可得散点图(图14),由于散点图中的点呈线性分布,因此选择线性回归,所得函数关系式为 $y = 222.49x + 1418.85$,结果如图15所示.

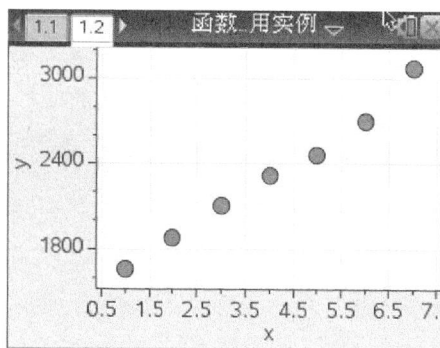

图14

图15

实验进行到这里,很多学生会觉得问题已经得到解决,但是可能也有某些学生会产生疑问,我们只是从散点图中大致判断 x 与 y 呈线性关系,但是也有可能是指数函数或幂函数,哪种模型更加精确呢?若有学生产生这种疑问,教师应抓住这个好时机进行深度探讨;若学生没有产生疑问,教师也应引导学生思考,告诉学生 r^2 表示模型的精确性,r^2 越大模型越精确,回归效果越好.因此,教师应指引学生多选择几种函数模型进行回归分析,结果如图16、17、18、19所示.

图16

图17

图18

图19

经过实验可知,选择指数函数回归效果最好,函数关系式为 $y = 1533.73 \cdot 1.1^x$. 当 $x =$

1时, y 表示2011年的GDP,则2018年的GDP约为3287.69亿元.

④反思实验过程,总结归纳,应用拓展新知.

总结归纳是数学教学中非常重要的一个环节,当学生通过探究活动解决问题之后,教师必须引导学生一起反思整个实验过程,一是明确问题是如何解决的,理清探究活动的主线,构建知识脉络,实行意义建构,即把学习的内容内化成自己的知识,并根据自己的理解构建知识框架;二是要重视在探究过程中发现的规律、得出的结论,学会应用图表、数学术语等加以系统化与概念化,这个过程有利于培养学生的数学抽象核心素养.教师可以让学生自主进行小结,也可以让学生通过讨论确定一位成员进行小结汇报,教师再进行补充,启发学生对知识进行整合,深化学生对新知识的理解.

为了让学生能够从不同角度理解新知,促进学生对新知的迁移,教师可以设计一些正反变式题,或者让学生设计一些题目互相考察,激发学生应用新知的兴趣,感受自身在课堂中的主体性.在数学实验室环境中,学生更容易在问题解决后进行变式拓展,发现新知识.由于数学实验室中研究的很多问题是基于一定条件或背景的,所以当学生变动了某些条件,会发现实验结果发生较大变化,也有可能当背景改变之后,所面临的问题与之前研究的问题是同一类的.当学生意识到这些时,也即说明学生真正掌握了这些知识,获得了问题的解决方法,同时教师也可以对相关内容进行适当拓展,丰富学生的知识面.

如在上述的"函数模型的应用实例"教学案例中,当学生找到最合适的函数模型后,也就相当于解决了情境中的问题,此时教师应再带领学生一起回顾整个探究过程,回忆当时面临了哪些问题,产生了哪些疑惑,又是怎样思考与解决的,最终概括解决类似问题的一般方法,也即数学建模的一般过程.最后,学生可以自行查询资料,收集数据,并利用图形计算器进行数学建模,预测结果,在实际生活中灵活运用数学知识.

(4)实施条件.

基于数学实验室的高中数学探究教学模式的实施条件与传统教学实施条件相比,最特殊的地方就是基于数学实验室这个特殊的环境.因此,首先,学校应该具备数学实验室的建设条件,建立一个完整的数学实验室是实施基于数学实验室的高中数学探究教学模式的前提条件.其次,对于教师而言,教师需要根据教学内容创设一定的问题情境,引导学生分析猜想,合理使用数学实验室中的软硬件设备,解决情境中引入的问题表征和与教学内容有关的数学问题,获得新知.所以教师最重要的不仅是要善于引导学生,还需要拥有扎实的教学技能,对教学内容有深入的掌握,以便能够将课程内容与数学实验室整合起来进行教学.再次,对于学生而言,学生要具有乐于动手探究、勤于思考的品质,在学习过程中不仅要独立思考还要乐于与他人合作交流,表达自己的看法,且能够在教师的引导下积极思考问题,动手操作数学实验室工具去解决问题.

任何一种教学模式都不是万能的,即使是同一种教学模式,在具体的实施过程中在教学策略上也会存在一定的差别.总之,教师的教学风格以及教学水平,学生的学习能力水平以及师生关系、生生关系都对实施教学模式达到的效果起到重要影响作用.

（5）教学评价.

教学评价的目的是为了促进学生的发展,同时也是为了教师更好地教学.学生的发展是多方面的,根据新课标的要求,高中数学学习评价不仅仅是对知识内容的掌握情况,更要关注数学学科核心素养的形成与发展情况,评价既要关注结果,也要关注过程.基于数学实验室的高中数学探究教学模式更加重视在探究过程中促进学生对数学思想方法的掌握,对提出、思考、解决问题的能力、与他人合作交流和进行数学表达能力的提升,教学评价标准与形式要多元化,从多维度视角来评价学生的发展.

本文笔者通过查询分析相关资料最终编制了《中学生数学探究能力评价量表》以评定学生的数学探究能力水平,该量表是在广西师范大学黄璐教授与唐劲军所提出的《中学生科学探究能力评价量表》的基础上根据数学探究的特点进行改编得到的.《中学生科学探究能力评价量表》通过基本要素分析法将科学探究能力分为7个基本要素并赋予权重,分别是提出问题能力(0.1)、猜想与假设能力(0.25)、制定实验方案能力(0.1)、实验操作与观察能力(0.2)、解释与形成结论能力(0.2)、反思与评价能力(0.05)以及表达与交流能力(0.1).

数学本就是一门科学,数学探究能力是在数学探究活动中表现出来的综合能力,也包含上述7个基本要素.由于上文中的量表侧重于化学探究活动,与数学探究活动的侧重点不同,因此修改部分主要集中于赋予基本要素的权重以及一些具体的评价标准上,修改前后权重对比如表2.

表2 能力评价量表修改前后权重对比

基本要素	修改前	修改后
提出问题能力	0.1	0.15
猜想与假设能力	0.25	0.25
制定实验方案能力	0.1	0.1
实验操作与观察能力	0.2	0.1
解释与形成结论能力	0.2	0.25
反思与评价能力	0.05	0.1
表达与交流能力	0.1	0.05

由上表可知,修改后的量表中提出问题能力、解释与形成结论能力、反思与评价能力的权重加大了,而实验操作与观察能力、表达与交流能力权重有所减小.之所以做这样的调整,主要是从以下几点考虑的.

①在数学探究活动中能够依据教师创设的教学情境提出问题是非常重要的.爱因斯坦曾说过,提出问题甚至比解决问题更为重要,因为解决问题可能是数学技巧或实验技

能的问题,而提出新的问题需要创造性的想象力.能够提出什么样的问题也可以体现出学生对于情境中已有条件的整体预判程度,因此提出问题能力的权重有所加大.

②化学是一门以实验为基础的科学,实验现象变化多端,因此对于学生的观察能力以及熟练安全使用实验仪器要求较高.而在数学实验过程中,学生主要是以使用软硬件设备为主,实验现象相较于化学实验来说较简单一些,因此在数学探究能力中实验操作与观察能力权重有所减小.

③在数学探究过程中,解释与形成结论能力如同猜想与假设能力一样都处于核心地位,因为实验只是手段,重要的还是学生的思辨过程.如何对实验现象进行分析解释,进而总结归纳形成结论至关重要.

④反思与评价是数学探究过程的最后一步,也是不可缺少的一步,实验的最后进行反思与评价有助于学生回忆整个问题的解决过程是怎样的,梳理探究思路,这个过程正是学生凝练数学思想与方法的好时机,因此反思与评价能力权重有所加大.

⑤表达与交流能力权重有所减小并不是认为其在数学探究活动中不重要,而是因为其在数学探究能力中不是主要的.

此外,针对原量表中一些具体的评价标准,根据数学探究活动的数学性特点也进行了一定的修改,基于此得到了《中学生数学探究能力评价量表》.

实验期间在实验学校高二年级随机抽取两个班级发放《中学生数学探究能力评价量表》,回收量表,收集数据,选用SPSS 20.0中Cronbach的Alpha系数对量表内部一致性进行检验,总量表可靠性分析如表3.

表3　总量表可靠性统计

Cronbach 的 Alpha 系数	项　　数
0.836	12

由Cronbach的Alpha系数可知,该评价量表信度系数为0.836,信度良好.

再利用SPSS 20.0对评价量表结果进行因子分析,得到总量表KMO和Bartlett的检验结果,如表4.

表4　总量表KMO和Bartlett的检验结果

取样足够度的Kaiser-Olkin度量	0.786
Bartlett的球形度检验近似卡方	368.839
df	66
sig.	0.000

由表4可知,该量表的KMO值为0.786,大于0.7,因此该量表结构效度良好.

因此,本文中得到的《中学生数学探究能力评价量表》是可以用于评定学生的数学探究能力水平的,可为"基于数学实验室的高中数学探究教学模式"的教学评价方式提供一种参考.

四、基于数学实验室的高中数学探究教学模式的实践研究

(一)实验目的

基于前面的研究,本研究的目的在于验证"基于数学实验室的高中数学探究教学模式"的有效性,以期改进与完善该模式.

(二)实验假设

在课堂中开展基于数学实验室的高中数学探究教学模式,可以激发学生学习数学的兴趣,提高学生的数学学业成绩,培养学生的数学探究能力.

(三)实验设计

实验设计方案如表5所示。

表5　实验设计方案

实验时间	2018年9月至2019年1月
实验对象	在芜湖市第十二中学高二年级选取同一授课教师的两个班级,分别编号为班级1、班级2
实验变量	(1)自变量:实验班运用基于数学实验室的高中数学探究教学模式,对照班没有运用该教学模式,基于数学实验室的高中数学探究教学模式是自变量; (2)因变量:学生学习数学的兴趣、学业成绩、数学探究能力; (3)控制变量:被试班级均为普通班,授课教师相同,两班平均成绩差异大不;两个班级所授课时相同,使用教材相同,采用课后练习与测试题相同
试验场所	数学实验室与普通教室
实验材料	人教A版数学必修2与选修2-1教材;芜湖市第十二中学数学组统一命题的入学摸底测试卷;芜湖市统一命题的期末测试卷;《中学生数学探究能力评价量表》;师生访谈提纲相同
实验步骤	(1)前测:实验班与对照班入学摸底数学考试成绩以及填写《中学生数学探究能力评价量表》; (2)实验:实验班运用基于数学实验室的高中数学探究教学模式,对照班没有运用该教学模式; (3)后测:实验班与对照班期末数学考试成绩以及填写《中学生数学探究能力评价量表》
数据处理	运用SPSS 20.0软件进行统计分析

（四）实验过程

本次实验从高二入学开始进行，一直持续到高二上学期期末考试结束，整个过程分为三个阶段：

（1）对实验班学生进行简要的 TI 图形计算器所带功能及使用方法介绍与培训，保证学生对其有基本的了解；

（2）由于并不是所有的数学课程内容都适用于探究教学模式，因此需要整合人教 A 版数学必修 2 与选修 2-1 中适用于基于数学实验室的高中数学探究教学模式的课程内容，如表 6 和表 7 所示.

表6　必修2中基于数学实验室的高中数学探究教学模式的课程内容整合

章 节	课 题	课程内容
第一章 空间几何体	1.1空间几何体的结构	研究锥柱棱台的结构特征
	1.2空间几何体的三视图和直观图	画空间几何体的三视图
第二章 点、直线、平面 之间的位置关系	2.2直线、平面平行的判定及其性质	研究直线、平面平行的判定条件
	2.3直线、平面垂直的判定及其性质	研究线面角、二面角
第三章 直线与方程	3.1直线的倾斜角与斜率	研究直线的倾斜角与斜率的关系 研究两条直线垂直的判定
	3.3直线的交点坐标与距离公式	研究点到直线的距离公式
第四章 圆与方程	4.2直线、圆的位置关系	研究直线与圆的位置关系 研究圆与圆的位置关系 研究圆方程中带参数问题
	4.3空间直角坐标系	研究空间直角坐标系中点的坐标表示

表7　必修2-1中基于数学实验室的高中数学探究教学模式的课程内容整合

章 节	课 题	课程内容
第二章 圆锥曲线与方程	2.1曲线与方程	研究曲线与方程的关系
	2.2椭圆	研究椭圆及其标准方程
		研究椭圆的简单几何性质
	2.3双曲线	研究双曲线及其标准方程
		研究双曲线简单几何性质
	2.4抛物线	研究抛物线及其标准方程
		研究抛物线简单几何性质

（3）实验班运用基于数学实验室的高中数学探究教学模式进行授课,对照班在传统教室进行授课教学.

（五）教学案例

下面以在实验班（班级1）进行的《椭圆及其标准方程》一课的课堂实录分析为教学案例,说明基于数学实验室的高中数学探究教学模式的运用及其产生的影响.

《椭圆及其标准方程》课例

一、教材分析

本节课是人教A版数学选修2-1中的第二章第二节第一课时的内容,主要内容是研究椭圆的定义及其标准方程,属于概念性知识.从知识结构上来讲,本节课是必修2中直线和圆的内容的延续,是曲线与方程的实际应用;从方法上来讲,本节内容为进一步研究其他圆锥曲线如双曲线、抛物线提供了基本模式;从教材编排来讲,每种圆锥曲线均单独成节,体现了其重要性.在研究椭圆的过程中,要将几何直观和代数运算相结合,用数形结合的思想检验自己得到的结论.因此,本节课内容是本章节的重点.

二、学情分析

学生通过对前面知识的学习,已经掌握了曲线的方程与方程的曲线之间的联系和区别,为本节课的教学提供了良好的基础.但是学生除直线和圆外,只知轨迹方程代表着平面中的某条曲线而不知道某特定轨迹方程代表的几何图形是什么.关于椭圆概念的获得,需要教师结合圆的概念进行适当启发,再用精准的数学语言进行描述,类比圆的研究方法根据对称性进行合理建系,但学生已有的知识不能轻易理解这些问题,需要教师进行引导.

三、教学目标

（1）理解椭圆及其标准方程的概念与形式.

（2）能够根据给定的条件求得椭圆的标准方程.

（3）经历椭圆的形成过程以及求得椭圆标准方程的过程,培养学生观察、分析、概括的能力.

（4）通过利用数学实验室这一特殊的教学环境,让学生经历探究活动过程,培养学生发现问题、解决问题的能力,激发学生的求知欲,培养学生的探究精神以及合作精神.

四、教学重、难点

教学重点:掌握椭圆的概念与标准方程形式.

教学难点:推导与化简椭圆的标准方程以及应用坐标法解决问题.

五、教学过程

1.创设实验情境,启情设疑,明确研究问题

师:上节课我们布置了一个任务,要求今天每位同学都带一根细绳,长度不限.同学们都带了吗?

生:带了!

师:非常好! 今天我们要进行一个有趣的小游戏.现在请同学们拿出一张白纸,还有你们带来的细绳,如同PPT上展示的这张图(如右图),请同学们将细绳的两端固定在纸的两定点处,手握铅笔将绳子拉紧,使得笔尖靠紧绳子移动.同学一起动手画一画,看看你们画出来的图象有什么特点?

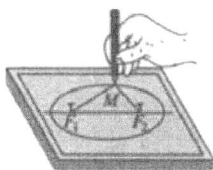

(学生活动:两个同学一起合作,移动笔尖,画出图象)

学生议论:画出来的曲线好像是一个椭圆! 可惜这样在纸上画出来的图形效果不太好.

师:有很多同学说他画出了一个形似椭圆的曲线,但是图象效果不好.同学们,这真的是椭圆吗? 能不能通过TI图形计算器将其画出来呢?

生:应该可以! 老师,如何真的画出来的曲线是椭圆,我们是不是也可以将这个曲线的方程写出来呢?

师:同学们提出的问题很好! 这样将我们研究的问题的深度又推进了一步,接下来同学们不妨利用手中的TI图形计算器动手试一试吧!

【分析】通过自己动手画图象,调动学生学习兴趣,活跃课堂氛围.先让学生自己在纸上画,获得一个直观感受,但是这样也使得画出的曲线效果并不好,因此需要再通过TI图形计算器来研究,使学生深刻感受到在数学实验室中研究问题的便利性与实用性,也使学生更加乐于参与到数学活动中去.

2.依据实验设备,分析猜想,确定探究方案

学生按照之前所分的数学小组展开探究活动,进行讨论交流,教师可以对其进行指导,引导学生确定探究方案.在讨论交流中,学生认为目前最为主要的问题是怎样利用TI图形计算器来进行实验,实质上就是一个如何数学建模的问题.

师:怎样在TI图形计算器中体现将绳子的两端固定,移动笔尖这个过程呢?

生:在这个过程中绳子的长度是不变的,因此可以将其抽象成一个动点到两个定点

的距离之和等于绳子长度,即这是一个定值,我们的问题就是探究和刻画动点的轨迹.在之前活动中,我们猜想得到的轨迹是椭圆,接下来我们可以利用TI图形计算器进行验证.如果真的是椭圆,根据我们上节课所学的求曲线方程的方法,还能将其放在直角坐标系中构建它的方程.

师:非常好! 那你们确定好探究方案了吗?

生:根据小组讨论的结果,我们确定了以下探究方案:

①打开TI图形计算器,添加"几何"页面,确定两定点,再任意取一点,测量两线段长度之和,并设置成定值;

②移动动点,追踪其轨迹,观察轨迹图象;

③构建直角坐标系,设两定点分别为F_1,F_2,动点为M,写出其坐标;

④根据三点满足的几何意义转化成数学关系式,并进行化简、整理,得到轨迹方程.

师:很好! 同学们赶紧动手试试吧! 遇到问题我们再继续解决.

【分析】学生获得直观感受形成猜想后,就要进行探究活动以验证猜想,因此要对所探究的问题进行充分分析,将具体实际问题转化成数学问题,培养学生的数学抽象素养.然后要求学生制定出探究方案,将一个大问题分解成一个个具体的小问题,以便把握研究方向.

3.操作实验工具,观察现象,验证数学猜想

【学生操作步骤】

(1)打开TI图形计算器开机键 [⌂开机] [1] [3] ,添加"几何"页面;按菜单键 [菜单] [4] [5] ,构造两个有公共端点的线段;

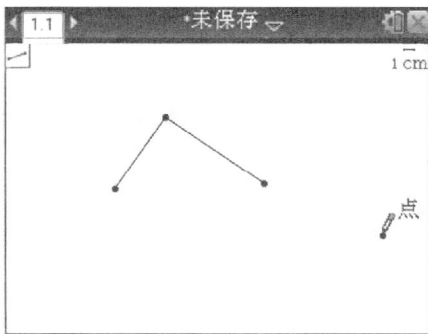

(2)按菜单键 [菜单] [6] [1] ,测量两线段的长度;再按菜单键 [菜单] [1] [7] ,输入文本 $a + b$;按菜单键 [菜单] [1] [8] ,点击两线段,计算 $a + b$ 的值;再按菜单键 [菜单] [1] [4] ,点击线段之和得15.5 cm,将其锁定,即数值保持不变.

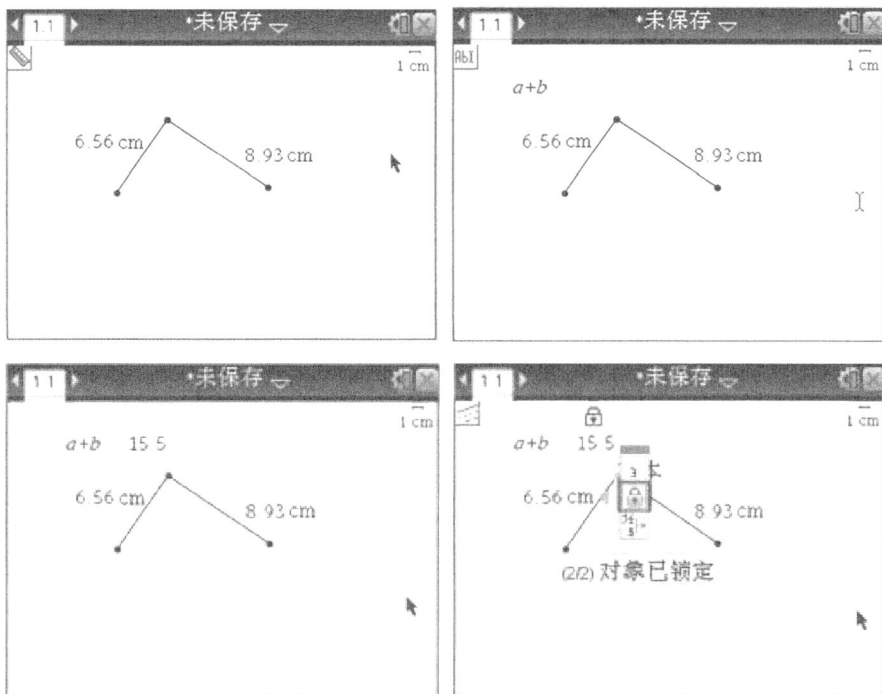

(3)按菜单键 菜单 3 1 ,选择几何追踪,记录动点运动轨迹,得到轨迹曲线.

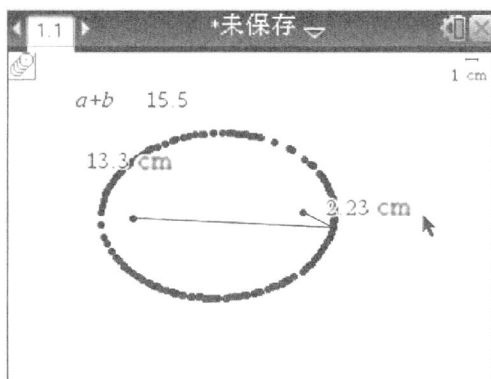

　　教师活动:在学生进行TI图形计算器操作过程中,教师可观察学生的实验进展情况,给予适当的提示与指导,并利用TI图形计算器教师版软件的无线导航系统功能调取个别学生手中TI图形计算器的操作页面一起交流.

　　师:大家看看得到的曲线轨迹,是不是椭圆?

　　生:是!

　　师:那么大家能不能根据刚才的实验过程,依照自己的理解试着给椭圆下一个定义?

　　生:我认为如果一个动点到两个定点的距离之和是一个不变的数,那么这个动点运动所形成的轨迹是椭圆.

　　师:很好,那么这样的动点形成的轨迹就一定是椭圆吗?

　　生:不一定,如果动点到两个定点的距离之和等于两定点的距离,那么这个动点的轨迹就是一条直线．

师：很好，那么要满足什么样的条件，这个动点形成的轨迹才是椭圆呢？

生：应该要保证两个定点之间的距离小于动点到两个定点的距离之和．

师：非常好！在这个过程中，我们把这两个定点叫做焦点，通常用 F_1，F_2 表示，两焦点之间的距离称为焦距．那么根据我们上节课所学的求曲线方程的方法，同学们试一试能不能求出椭圆的方程？

教师活动：引导学生将问题特殊化、简单化．假设椭圆焦点 F_1，F_2 在 x 轴上，焦距为8，动点到两个定点的距离之和为10，求椭圆方程．

学生活动：通过画图，建坐标系，设椭圆上任一点为 $P(x,y)$，则 $|PF_1|+|PF_2|=10$，由两点间距离公式可得 $\sqrt{(x+4)^2+y^2}+\sqrt{(x-4)^2+y^2}=10$，化简可得椭圆方程为 $\dfrac{x^2}{25}+\dfrac{y^2}{9}=1$．

师：有了解决具体椭圆方程的经验，能不能求出一般的椭圆方程呢？假设椭圆焦点为 F_1，F_2，且 $|F_1F_2|=2c$，椭圆上任一点到两个定点的距离之和等于 $2a$（$a>c>0$），求椭圆方程．

学生活动：通过画图，建坐标系，设椭圆上任一点为 $P(x,y)$，焦点为 $F_1(-c,0)$，$F_2(c,0)$，则 $|PF_1|+|PF_2|=2a$，由两点间距离公式可得 $\sqrt{(x+c)^2+y^2}+\sqrt{(x-c)^2+y^2}=2a$，化简可得椭圆方程为 $\dfrac{x^2}{a^2}+\dfrac{y^2}{a^2-c^2}=1$．

教师活动：指导学生化简过程，尤其要注意两次平方的过程．

师：可令 $b^2=a^2-c^2$，那么焦点在 x 轴上的椭圆标准方程为 $\dfrac{x^2}{a^2}+\dfrac{y^2}{b^2}=1$（$a>b>0$），那么如果椭圆焦点在 y 轴上，标准方程又是怎么样的呢？

生：$\dfrac{y^2}{a^2}+\dfrac{x^2}{b^2}=1$（$a>b>0$）．

师：如果已知一个椭圆的标准方程，怎么判断其焦点是在 x 轴上还是在 y 轴上呢？

生：只要比较 x^2 与 y^2 项分母的大小就好了，若 x^2 项分母大，则焦点在 x 轴上，若 y^2 项分母大，则焦点在 y 轴上．

生：椭圆标准方程中 a 与 b 表示什么呢？对椭圆图象又有什么影响？

师：为什么不用TI图形计算器来研究一下呢？

【学生操作步骤】

(1)打开TI图形计算器开机键 [开机] [1] [2]，添加"图形"页面；按菜单键 [菜单] [1] [B]，设置游标 a，重复该操作，设置游标 b；

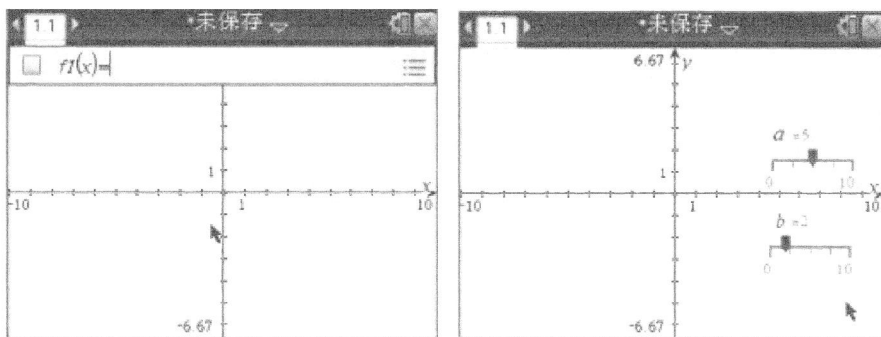

（2）按菜单键 <菜单> 3 2 4，输入椭圆的标准方程 $\dfrac{x^2}{a^2}+\dfrac{y^2}{b^2}=1$；

（3）移动游标，观察椭圆图象的变化.

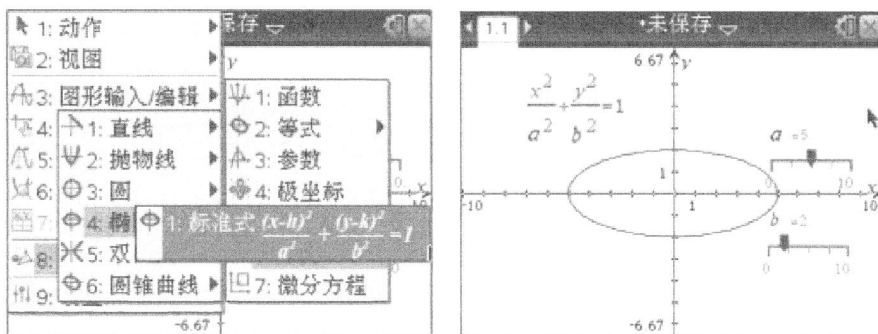

生：可以发现 a 与 b 分别表示椭圆与 x 轴、y 轴交点的横、纵坐标，当 $a>b$ 时，椭圆焦点在 x 轴上，当 $a<b$ 时，椭圆焦点在 y 轴上，当 $a=b$ 时，图象是圆并且由图可知，c 是椭圆交 x 轴的点到交 y 轴的点的距离，也是椭圆焦距的一半.

师：很好！实质上 a 叫做长半轴长，b 叫做短半轴长.

【分析】学生亲自操作TI图形计算器，切身感受椭圆的形成过程，验证猜想，并且在教师引导下，利用求曲线方程的一般方法求得椭圆方程，经历由特殊到一般的过程，熟悉坐标法的应用，培养数形结合思想.此外，学生在实验过程中也会继续提出一些新的问题，教师要善于抓住时机，鼓励学生进一步探究.

4.反思实验过程，总结归纳，应用拓展新知

（教师活动：要求学生以小组为单位，交流今天的收获，不仅仅是知识上的收获还有思想方法上的感悟，并且派出代表发言，小组之间可以相互补充.）

（学生活动：讨论交流，采用表格的方式将椭圆焦点在 x 轴与在 y 轴上两类相关知识进行整理，如下表.）

标准方程	$\dfrac{x^2}{a^2}+\dfrac{y^2}{b^2}=1\,(a>b>0)$	$\dfrac{y^2}{a^2}+\dfrac{x^2}{b^2}=1\,(a>b>0)$
图　形		
焦　点	$(\pm c,\,0)$	$(0,\,\pm c)$
焦点位置	x轴	y轴
a，b，c关系	$b^2=a^2-c^2$	$b^2=a^2-c^2$

生:这里我们研究的是到两个定点的距离之和为定值的点的运动轨迹是椭圆,除此之外,我们还发现了符合其他条件的运动轨迹,如到两个定点的距离之差为常数的点的运动轨迹,到两个定点的距离之比为常数(常数不为1)的点的运动轨迹,到两个定点的距离之积为常数的点的运动轨迹.

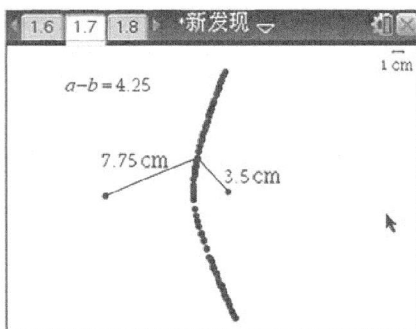

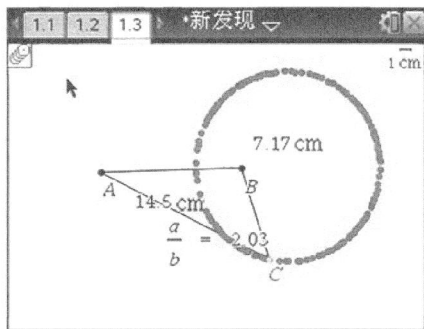

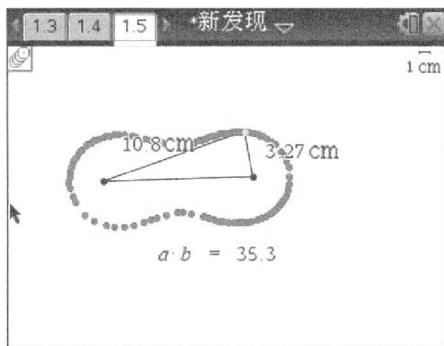

师:非常好! 同学们得到了很多有意思的曲线,其实这里的三条曲线也有特殊的名字,第一条曲线实际上是双曲线的一支,也是我们后面所要学习的内容,第二条曲线叫做阿波罗尼斯圆,第三条曲线叫做卡西尼卵形线.同学们不妨也可以像我们研究椭圆那样

去研究这些曲线,一定会有很多的发现!

【分析】学生自主进行知识总结,教师再进行补充,可以使学生在本节课即将结束时再梳理一遍实验过程,回顾知识的获得过程,有利于巩固新知.此外,由于TI图形计算器的使用使得学生更易于发散思维,举一反三,而教师对于学生的发现要及时予以鼓励,并适当拓展知识,这样才能培养学生的探究精神,探索兴趣.

(六)实验数据分析

1.前后测数学成绩差异分析

(1)前测数学成绩差异性分析.

以实验班与对照班入学摸底数学考试成绩为前测成绩,将结果录入SPSS 20.0软件进行差异性分析,结果如表8、表9所示.

表8　前测成绩组统计量

班　　级		N	均　　值	标准差	均值的标准误
成　绩	实验班	50	62.20	9.276	1.312
	对照班	52	62.12	8.924	1.238

表9　前测成绩独立样本检验

		方差方程的Levene检验		均值方程的t检验						
		F	sig.	t	df	sig.（双侧）	均值差值	标准误差值	差分的95%置信区间	
									下限	上限
成　绩	假设方差相等	0.102	0.750	0.047	100	0.963	0.085	1.802	-3.491	3.660
	假设方差不相等			0.04	99.391	0.963	0.085	1.803	-3.494	3.663

由表8可知,在入学摸底数学考试中实验班与对照班的平均分分别62.20与62.12,标准差分别为9.276与8.924,因此可以认为两班数学成绩基本处于同一水平;由表9可知,在独立样本t检验结果中,F检验的sig值为$0.750 > 0.05$,取假设方差相等,sig(双侧)值为$0.963 > 0.05$,因此可以认为两班前测数学成绩无显著性差异.

(2)后测数学成绩差异性分析.

将实验班与对照班期末数学考试成绩录入SPSS 20.0系统进行差异性分析,各项指标如表10、表11所示.

表10　后测成绩组统计量

班　　级		N	均　　值	标准差	均值的标准误
成　　绩	实验班	50	66.58	6.603	0.934
	对照班	52	62.94	9.932	1.377

表11　后测成绩独立样本检验

		方差方程的 Levene检验		均值方程的 t 检验						
		F	sig.	t	df	sig. （双侧）	均值 差值	标准误 差值	差分的95% 置信区间	
									下限	上限
成　　绩	假设方差 相等	8.915	0.004	2.169	100	0.032	3.638	1.677	0.311	6.964
	假设方差 不相等			2.186	89.071	0.031	3.638	1.664	0.331	6.944

由表10可知,在期末数学考试中实验班与对照班的平均分分别66.58与62.94,标准差分别为6.603与9.932,有较大差异;由表11可知,在独立样本 t 检验中, F 检验的sig值为 $0.004 < 0.05$,取假设方差不相等,sig(双侧)值为 $0.031 < 0.05$,因此可以认为两班后测数学成绩有显著性差异.

（3）前后测数学成绩差异性分析小结.

对前测数学成绩进行独立样本 t 检验分析可知,实验前实验班与对照班数学成绩无显著差异,因此这两个班可以作为实验班与对照班实施该模式进行实践研究.再由对后测数学成绩进行独立样本 t 检验分析可知,实验班与对照班数学成绩有显著差异,实验班数学平均成绩高于对照班数学平均成绩,且标准差小于对照班的,说明实验班数学成绩对比对照班的更稳定,因此"基于数学实验室的高中数学探究教学模式"有利于提高学生的数学成绩.

2.学生数学探究能力差异性分析

（1）实验前后学生数学探究能力差异性分析.

实验开始前,在班级1(实验班)发放《中学生数学探究能力评价量表》进行前测,共发放评价量表50份,经整理回收42份有效,回收率为84%;实验后再进行测评一次,共发放评价量表50份,经整理回收50份有效,回收率为100%.将实验前后两次结果录入SPSS 20.0系统进行分析,实验前后量表项统计量分别如表12、表13所示,实验前后标度统计量分别如表14、表15所示(分析时将七个基本能力要素所对应的12个选项分别记为 A、B1、B2、B3、C、D1、D2、E1、E2、F、G1、G2）.

表12 实验前量表项统计量

选 项	均 值	标准偏差	N
A	12.50	1.979	42
B1	5.62	1.752	42
B2	3.36	0.656	42
B3	6.79	1.586	42
C	6.26	1.609	42
D1	3.93	0.712	42
D2	4.17	0.730	42
E1	7.02	1.199	42
E2	10.38	1.378	42
F	5.48	0.943	42
G1	3.43	0.703	42
G2	3.33	0.650	42

表13 实验后量表项统计量

选 项	均 值	标准偏差	N
A	12.66	1.636	50
B1	6.10	1.619	50
B2	3.48	0.762	50
B3	6.90	1.374	50
C	7.72	1.278	50
D1	4.18	0.661	50
D2	4.20	0.670	50
E1	7.12	1.154	50
E2	11.74	1.291	50
F	6.98	0.979	50
G1	3.48	0.707	50
G2	3.32	0.621	50

表14 实验前标度统计量

均 值	方 差	标准偏差	项 数
72.26	69.759	8.352	12

表15 实验后标度统计量

均 值	方 差	标准偏差	项 数
77.88	49.087	7.006	12

由表14和表15可知,实验前后实验班的有效成绩均值分别为72.26与77.88,标准差分别为8.352与7.006.再将实验前与实验后两次结果进行独立 t 检验,显著性分析结果整合见表16.

表16 显著性分析结果整合

		方差方程的 Levene检验		均值方程的 t 检验					差分的95% 置信区间	
		F	sig.	t	df	sig.（双侧）	均值差值	标准误差值	下限	上限
A	假设方差相等	0.121	0.728	-0.425	90	0.672	-0.160	0.377	-0.909	0.589
	假设方差不相等			-0.418	79.651	0.677	-0.160	0.383	-0.922	0.602
B1	假设方差相等	2.220	0.140	-1.367	90	0.175	-0.481	0.352	-1.180	0.218
	假设方差不相等			-1.357	84.526	0.178	-0.481	0.354	-1.186	0.224
B2	假设方差相等	1.078	0.302	-0.820	90	0.414	-0.123	0.150	-0.421	0.175
	假设方差不相等			-0.831	89.939	0.408	-0.123	0.148	-0.417	0.171
B3	假设方差相等	1.054	0.307	-0.370	90	0.712	-0.114	0.309	-0.727	0.499
	假设方差不相等			-0.366	81.803	0.715	-0.114	0.312	-0.736	0.507
C	假设方差相等	2.488	0.118	-4.843	90	0.000	-1.458	0.301	-2.056	-0.860
	假设方差不相等			-4.748	77.730	0.000	-1.458	0.307	-2.070	-0.847
D1	假设方差相等	0.176	0.676	-1.755	90	0.083	-0.251	0.143	-0.536	0.033
	假设方差不相等			-1.743	84.679	0.085	-0.251	0.144	-0.538	0.035
D2	假设方差相等	0.219	0.641	-0.228	90	0.820	-0.033	0.146	-0.324	0.257
	假设方差不相等			-0.226	84.271	0.821	-0.033	0.147	-0.326	0.259

续　表

		方差方程的Levene检验		均值方程的 t 检验						
									差分的95%置信区间	
		F	sig.	t	df	sig.（双侧）	均值差值	标准误差值	下限	上限
E1	假设方差相等	0.208	0.650	-0.287	89	0.775	-0.071	0.248	-0.564	0.421
	假设方差不相等			-0.286	84.069	0.775	-0.071	0.249	-0.566	0.424
E2	假设方差相等	0.523	0.471	-4.877	90	0.000	-1.359	0.279	-1.913	-0.805
	假设方差不相等			-4.849	85.034	0.000	-1.359	0.280	-1.916	-0.802
F	假设方差相等	0.373	0.543	-7.461	90	0.000	-1.504	0.202	-1.904	-1.103
	假设方差不相等			-7.486	88.290	0.000	-1.504	0.201	-1.903	-1.105
G1	假设方差相等	0.003	0.958	-0.348	90	0.728	-0.051	0.148	-0.345	0.242
	假设方差不相等			-0.349	87.422	0.728	-0.051	0.148	-0.345	0.242
G2	假设方差相等	0.150	0.699	0.100	90	0.920	0.013	0.133	-0.250	0.277
	假设方差不相等			0.100	85.753	0.921	0.013	0.133	-0.252	0.278

由表16可知,实验前后两次评价中C、E2、F分别所对应的制定实验方案的能力、解释与形成结论的能力以及反思与评价能力成绩的sig值小于0.05,因此出现显著性差异,而其他方面未达到显著性差异.

（2）实验前后学生数学探究能力差异性分析小结.

对实验班实验前后两次评价成绩进行分析,可知平均成绩有所提高,标准差有所减小,且在七个基本能力要素中制定实验方案的能力、解释与形成结论的能力以及反思与评价能力相比于其他四个有显著性提高.根据该量表的等级评定标准（A.强:90分以上;B.较强:75~89分;C.一般:60~74分;D.弱:60分以下）可知,该班数学探究能力水平实验前一般,实验后处于较强水平.

(七)师生访谈

为了更好地了解基于数学实验室的高中数学探究教学模式下数学教学的实际情况,在实习期间与实验班部分学生和授课教师关于该模式下的学习与教学感受进行了访谈,并记录整理了访谈内容.

学生访谈

访谈者:同学们好! 非常感谢你们能够愿意和我交流对于目前我们正在实施的这种教学模式的感受.首先,我想问一下,你们喜欢我们这学期实施的这种在数学实验室环境中开展的探究式教学模式吗?

被访者:我觉得蛮有意思的! 我们之前一直都是在班级教室里上课,从来没有去过数学实验室.

访谈者:那你觉得在班级教室里上课与在数学实验室里上课有什么不同吗?

被访者:在教室里上课,虽然老师有时也会使用几何画板等一些教学软件,但都是老师操作,我们只能看着;在数学实验室里上课,这里有各种软硬件设备,还有几何模型,我们每个人都可以动手操作TI图形计算器,老师还可以实时调控.

被访者:在数学实验室里,我们的座位也并不像在班级教室中那样坐成一排排的,而是这种形似三叶草的桌子,方便同学们之间交流,上课时的课堂气氛也比较活跃,不像以前那样枯燥乏味.

被访者:我觉得在数学实验室里上课,我会有更多的热情去思考问题,也会有更多的想法,因为我可以动手验证自己的猜想,而不只是凭空猜想.

访谈者:那你们在数学实验室里上课时遇到过什么困难吗?

被访者:刚开始的时候对TI图形计算器并不熟悉,所以在操作上有过一些困惑,但是时间久了我发现其实也没有那么难.

被访者:我觉得最大的困难在于分析猜想然后提出探究方案,因为我们必须对面临的问题经过反复思考与分析,找出突破点,将大问题转化成一个个小问题,其次就是在实验过程中对于一些细节问题我们经常不能做到全面考虑.

被访者:我之前数学成绩不是很好,但是在数学实验室里需要我们能够表达自己的想法,所以刚开始有些不好意思,担心自己会说错或者自己的观点在其他同学看来比较浅显.

访谈者:在这种模式下的课堂学习过程中,你们最希望老师给你们提供哪些帮助?

被访者:我希望老师能够多教一些难题的思考思路,对于我们不能解决的问题,多给我们一些时间去思考,适时引导一下,还希望当我们解决问题后,能够得到老师的鼓励和表扬.

教师访谈

访谈者:王老师您好! 非常感谢您能够接受我的访谈.首先我想问一下您认为"基于数学实验室的高中数学探究教学模式"与以往的探究教学模式有什么不同?

被访者:最大的不同是在实验班实施的这种探究教学模式是在数学实验室这一特殊的环境下进行的,实验室有许多软硬件设备,例如TI图形计算器、3D打印机、各种模型,尤其是TI图形计算器的使用极大地激发了学生的学习兴趣,以往我们实施探究式教学实际上主要还是以教师介绍问题的解决方法为主,受设备条件限制,只能直接告诉学生问题结果或者只是列举几个例子,并不能真正地让学生进行实验探究过程.

访谈者:TI图形计算器的应用的确对这种探究教学模式的实施有着重要影响,比如在图象与函数问题的处理上,它拥有许多几何画板与GeoGebra都不拥有的功能,那么您认为在实施"基于数学实验室的高中数学探究教学模式"过程中有哪些困难?

被访者:首先,最大的困难应该是备课,由于这是探究课,因此首先必须对适用于探究课的课程内容进行整合设计,要创设出吸引人的问题情境,让学生觉得学数学并不只是抽象的,而是与实际生活息息相关的.其次,在进行教学设计时,要预设许多种情形,因为在实际上课过程中,学生对于同一个问题会有很多种不同的想法,教师要能够善于引导,帮助学生找到正确解决问题的方法.此外,由于刚开始时不论是老师还是学生对TI图形计算器的接触时间都不长,因此在一些功能与操作方法上还不是很了解,但是经过几次培训、研讨会还有教师之间的交流后,他们对这套设备有了更多的了解.

访谈者:其实我觉得观念也是一个问题,受应试教育的影响,很多人观念上并不能接受这种探究式教学,可能会觉得把课堂的主体交给学生有些浪费时间.

被访者:是的,但是这种在实验室环境下的探究式教学对提升学生"发现、思考、解决问题"的能力有很大益处.

访谈者:那么老师您认为以后在教学中想要更好地实施"基于数学实验室的高中数学探究教学模式",我们还应进行哪些努力?

被访者:我们要做的努力还有很多,对于我们教师自身来说要不断地提高自身的教学素养,提高对于数学课程内容的理解与整合程度,以及对于软硬件设备的操作熟练程度.只有熟悉这些设备的特点与功能,才能更好地整合适合用其进行实验探究的内容,更好地进行教学设计.对于学生来说也需要他们愿意去动手尝试、愿意去交流自己的想法.还有刚刚讲到的观念问题,树立正确的教学与学习观念都是非常重要的.目前我们学校也开展了关于数学实验室在培养学生核心素养方面的课题研究,学校也在更好地完善我们的数学实验室建设,希望我们能将这个好的学习资源利用起来,助力于数学教学.

从与学生的交流来看,学生对于"基于数学实验室的高中数学探究教学模式"下的学习还是感很兴趣的,他们喜欢这种"生动的数学课",课堂上不再只是被动地听教师讲,自己可以动手做实验,与教师同学交流,表达自己的想法,提高了学习数学的兴趣.从与教师的访谈中可以看出,教师对于"基于数学实验室的高中数学探究教学模式"是持积极态度的,即使实施这种模式对教师备课有挑战,并且对于教师使用TI图形计算器也有较高的要求,但是教师乐于提高自己.此外,学校方面也对在数学实验室环境下的教学研究特别关注和重视,因此,"基于数学实验室的高中数学探究教学模式"能更好地被实施离不开学生、教师、学校的共同努力.

五、结论、反思与展望

(一) 研究结论

本文通过文献分析法、实验法、问卷调查法和访谈法展开了"基于数学实验室的高中数探究教学模式"的研究,得到以下结论:

(1)本文提出的"基于数学实验室的高中数学探究教学模式"是指在数学实验室环境下,以教师为主导,学生围绕某个问题,通过独立思考或合作交流提出猜想,制订问题解决方案,并利用数学实验室中的工具设备进行实验,验证猜想直至解决问题,获取知识,培养探究与实践能力.其基本程序为:创设实验情境,启情设疑,明确研究问题——依据实验设备,分析猜想,确定探究方案——操作实验工具,观察现象,验证数学猜想——反思实验过程,总结归纳,应用拓展新知.这四个环节之间的关系如图20所示.

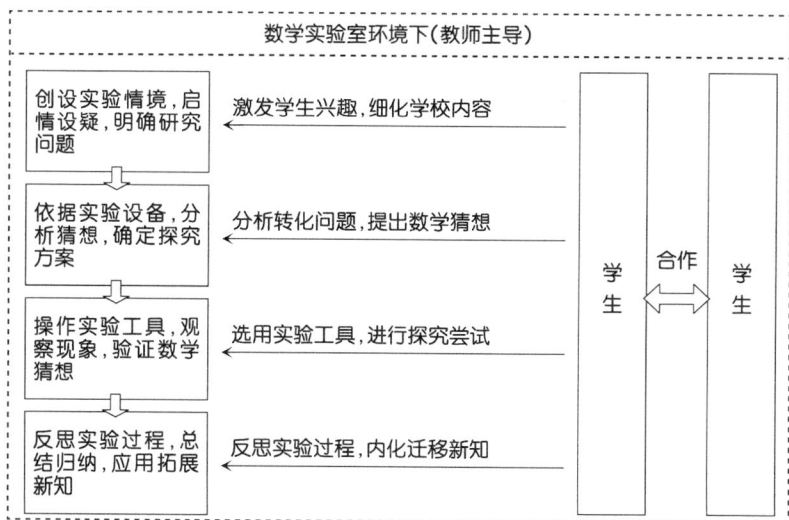

图20 高中数学探究教学模式操作程序关系

(2)本文提出的"基于数学实验室的高中数学探究教学模式"提高了学生的数学成绩.为验证该模式是否有效,笔者进行了实践研究,结果表明:在入学摸底数学考试中实验班与对照班平均数学成绩基本处于同一水平,经独立样本t检验无显著性差异;在实验班开展该教学模式后,实验班的期末数学平均成绩(66.58分)明显优于对照班(62.94

分),标准差低于对照班,独立样本 t 检验结果显示差异性显著,因此该模式提高了学生的数学成绩.

(3)本文提出的"基于数学实验室的高中数学探究教学模式"对培养学生探究能力是有利的,能够提高学生学习数学的兴趣.在《中学生数学探究能力评价量表》的结果分析中显示实验前后实验班学生测评成绩有所提高,在探究能力的七个基本能力要素中制定实验方案的能力、解释与形成结论的能力以及反思与评价能力相比于其他四个基本能力有显著性提高.根据该量表的等级评定标准可知学生的数学探究能力水平由一般提高到较强水平,且根据师生访谈分析结果可知基于数学实验室的探究式教学有利于学生表达自己的想法,提高学生学习数学的兴趣.

(4)本文提出的"基于数学实验室的高中数学探究教学模式"在实际教学中并不意味着该模式操作程序的每一环节都必须具备,也可根据实际情况与传统教学相结合灵活运用其中某一个环节或某两个环节,以最大限度地实现教育目标.

(二)研究反思

构建出一套成熟的教学模式是一项长期而复杂的任务,需要扎实的理论基础和长期的教学实践检验,限于相关条件和个人能力的原因,本研究还存在许多不足和需要改进的地方.

(1)本研究的主题是"基于数学实验室的高中数学探究教学模式",是在数学实验室中开展的教学,由于受客观因素的影响,实践研究仅选取一个班作为实验班,实验范围不大,没有对不同层次的学生进行实践研究,若条件允许,应跨学校、跨地区来进行实践研究.

(2)本研究主要应用了数学实验室中的TI图形计算器进行探究教学,但并未对数学实验室中的其他设备,如微型铣床、微型车床、3D打印机等应用数学探究式教学展开研究,因此内容不够全面.

(3)本文中《中学生数学探究能力评价量表》是在已有量表基础上进行修改得到的,且是以实验班与对照班两个班级的测评成绩结果作为样本进行信度与效度分析的,因此可能由于样本容量过小,分析结果不够准确,建议扩大样本容量以得到更为全面成熟的评价中学生数学探究能力水平的量表.

(4)本次实践研究时间较短,在最后的数学探究能力测评结果中只有制定实验方案的能力、解释与形成结论的能力以及反思与评价能力有显著性差异,其他方面差异不明显,且后测成绩中能力水平虽达到较强,但只是略高于标准的最低分数线,因此此模式的操作程序以及实际操作中的细节问题还有待完善.

(三)研究展望

本文提出了一套基于数学实验室的高中数学探究教学模式,探讨了该模式的理论基础、教学目标、操作流程、实现条件和教学评价五个基本要素,并对该模式的有效性进行了实践研究.但本文仅从学生的学业成绩、探究能力和学习兴趣方面来考察,更多的诸如能否提升学生的合作能力、创新能力等方面没有进行研究,同时,适合于该模式的数学课程内容有怎样的特点呢? 对于教师来说,基于数学实验室的探究教学评价标准是什么样的? 这些问题都需进一步研究.

(杜 蕾)

基于数学实验室的高中生数据分析能力的培养研究

一、绪论

(一)研究背景

统计与概率思想已经渗入到社会生活的方方面面,在我们的日常生活和工作中起到越来越重要的作用.自20世纪80年代,统计与概率作为数学的一种基本素养进入中小学数学课程体系,成为国际数学课程改革的一大趋势.

20世纪90年代,随着义务教育的广泛实施,在关注统计知识技能之外也开始重视培养学生的思想方法.2001年颁发的《全日制义务教育数学课程标准(实验稿)》将"统计与概率"作为数学课程学习的四大板块之一,明确"统计观念"是统计内容的核心.《义务教育数学课程标准(2011年版)》中将"统计观念"改为"数据分析观念","数据分析"成为统计课程的核心.

2003年颁布的《普通高中数学课程标准(实验)》中指出,统计与概率的基础知识已经成为一个未来公民的必备常识.《普通高中数学课程标准(2017年版)》中将"数据分析"与"数学运算""逻辑推理""直观想象""数学抽象""数学建模"并列为六大数学核心素养,强调学生通过数据分析,提升获取有用信息并进行定量分析的意识和能力,增强基于数据来表达现实问题的意识,形成通过数据认识事物的思维品质,积累借助数据探索事物本质、关联和规律的活动经验.

数据分析能力作为一种基本能力受到越来越多的关注,如何培养学生的数据分析能力成为广大教育工作者关心的问题.随着信息技术的迅速发展,可将数据分析能力的培养与现代信息技术相结合.因此根据高中生数据分析能力的发展状况,基于数学实验室,提出了培养高中生数据分析能力的途径.

(二)研究意义

统计学以数据为研究对象,通过数据收集、整理、推断,做出合理决策,对我们现实工作与生活提出具有建设性的建议.掌握统计与概率知识已成为个体适应社会生活的必备条件.当前我们处于大数据时代,科技迅猛发展,如何使教育与时俱进,寻找培养学生数据分析能力的新途径成为教育工作者不断探索与实践的目标.为此,在核心素养和新课程理念的指导下,我们要了解学生数据分析能力的发展现状以及培养的时代性变化,利用中学数学实验室探讨学生培养数据分析能力的新途径,使学生适应数字化学习.

(三)研究问题

本文是对基于数学实验室的高中生数据分析能力的培养展开实践调查研究的.研究的问题是:如何结合数学实验室培养高中生的数据分析能力? 更具体地说,本研究旨在探讨以下两个问题:

(1)如何基于数学实验室培养高中生的数据分析能力? 培养途径是什么?
(2)基于数学实验室培养高中生数据分析能力的途径是否有效?

二、文献综述

数据分析是当今大数据和信息技术迅猛发展时代数学应用的主要方法,国内外对公民数据分析能力的培养愈发重视,对学生数据分析学习的研究也愈加深入.从国内外已有文献来看,主要研究统计素养、统计思维、数据分析观念等方面,而对数据分析能力培养的研究不是很多,已有的关于数据分析能力培养的研究也多倾向于理论研究.本文借鉴统计素养、统计思维和数据分析观念等方面的研究,探索基于数学实验室的高中生数据分析能力的培养.

(一)国外关于数据分析的研究现状

国外关于数据分析的相关研究成果主要集中在统计素养、统计思维和统计概念三个方面.

1.关于统计素养的相关研究
(1)统计素养的内涵和教学建议.
GAISE 2016修订版重新阐述了"统计素养"的内涵:阅读和解释与消费者和决策者有关的统计数据的能力,和学生在多元思考和混杂两方面需要达到的具体要求,并且强调培养学生的统计素养应该关注实验和观察研究之间的差异,教导学生"警惕潜在的变量".

Schield提出统计素养分为基于随机的、基于谬误的和基于相关的三类,并且认为基于相关的中学统计素养课本中应该包含三个主题:第一,教学生如何用英语准确描述百分比或比率,比如Is"death rate of males"different from the "males" rate of death?;第二,教学生如何阅读和理解包含比率或百分比的图表;第三,教学生如何比较比率和百分比,比如从5%到10%是增长了5%?Schield还强调,应以日常生活中的问题为基础,注重系统变异,减少ASA的量化读写方法与基于数学的量化读写方法之间的距离.

(2)统计素养包含的四种能力和三个层次.

Chick和Pierce认为,统计素养包括读写能力、数值计算能力、统计能力和数据表示能力,其中数据表示能力包括用图形和表格表示信息进行推理的能力.

Watson提出,统计素养包含理解基本的统计问题和术语,能够在现实世界中使用基本知识,并质疑统计结论和结果三个层次.

(3)统计素养培养的三个方面.

Smith在培养九年级学生统计素养的研究项目中发现,学生在计算和阅读图表方面很擅长,能够解释和批判性地评价统计信息和数据相关的论点,以及能够与他人讨论和交流自己的理解和意见.Smith还提出应从以下三个方面培养学生的统计素养:第一,读写能力,要求学生口头和书面均能清楚地表达自己的观点;第二,课堂探讨,引导学生在小组或全班讨论中学习,比如如何同意或不同意他人观点、如何在课堂上发言、如何以尊重的方式提问和挑战以及多角度思考问题;第三,结合语境,与环境的接触有助于培养学生更高层次的思维技能,可以从熟悉到不熟悉的语境,或者学生感兴趣的上下文,也可以将一些课程计划分享给学生.

(4)统计素养的评估表.

Laura和Joan以BLIS为基础构建大专学生统计素养评估表(如表1),实验表明难度较高的项目越多,对成绩较好的学生的能力评估的准确性越高.

表1 大专学生统计素养评估

主 题	学习成果样例
数据产生	理解样本和总体之间的差异
图 表	描述和解释点图的能力
描述性统计	能在数据背景下解释标准偏差
经验抽样分布	理解经验抽样分布是如何表明样本统计量的变化趋势
置信区间	理解置信区间提供的总体参数的似是而非的值
随机分布	理解随机分布后样本统计信息是反对零假设的证据

主　题	学习成果样例
假设检验	理解假设检验的目的
结论范围	理解使数据样本推广到总体的因素
回归分析和相关性分析	将散点图与二元关系的口头描述相匹配的能力

虽然统计素养培养的措施不尽相同,但可以看出都比较重视结合语境教学、注重学生描述和解释统计图表的能力以及推理能力三个方面.

2.关于统计思维的相关研究

(1)统计思维的五个要素及培养措施.

Wild 和 Pfannkuch 认为统计思维是一个较复杂的活动,包含五个要素:认识到需要数据、转译、考虑变化、用模型进行推理及将统计和实际情境两者结合.他们还提出应从以下五个方面发展学生的统计思维:第一,提高学生统计思维倾向,激发学生参与课堂活动的积极性,引导学生以不同方式分析数据;第二,学生经历实证调查的所有阶段,从提出给定数据的问题、分析数据到得出结论;第三,结合实际情境,绘制多种图表,建立情节之间的联系,而非选择一个图表来分析数据,学生学会分析从图表中获取的信息以及使用多变量数据;第四,吸引学生的注意力,集中在比较数据的差异和多种表示方式上,在数据的变化中找到规律;第五,认识到对数据的需要,从数据分析中得到结论,而非倾向于根据经验或者背景知识.

(2)中学生统计思维框架和统计思维的四个过程.

Mooney 基于文献和观察分析学生在面试环境中的思维综合表现,提出了中学生统计思维框架,他认为统计思维包含描述数据、组织和减少数据、表示数据、分析和解释数据四个过程,具体内容如表2.

表2　中学生统计思维框架

层　面	子过程
描述数据	意识到数据特点;在不同数据中识别出相同数据; 评估数据显示;表示数据的有效性; 识别有数据价值的部分
组织和减少数据	对数据进行分组或排序;描述数据的散度; 使用中心度量描述数据
表示数据	用某种形式展示给定的数据集;完善残缺的统计图表; 用不同的方式表示给定的数据
分析和解释数据	一个数据集中数据间的比较;数据集之间的比较; 从给定的数据集做出推论

3.关于统计概念的相关研究

统计是指对某一现象有关的数据进行收集、整理、计算、分析、解释、表述等活动,分为统计图表、统计量和样本的研究.

(1)关于统计图表的相关研究.

学生对统计图认识的三个水平.Curcio将学生对统计图的认识分为三个水平:第一,读取数据自身,从图表中提取信息,回答图表中明确显示的问题,比如哪个盒子中的葡萄干最少? 第二,数据间的读取,找到图表中数据之间的关系,并且比较数据,比如每个盒子里的葡萄干数量相同吗? 你怎么知道? 第三,超过数据自身的读取,依据数据进行推理、判断和预测,进而回答隐含的问题,比如如果学生再打开一盒葡萄干,他们可能会找到多少粒葡萄干? 你为什么会这样想?

学生对统计图理解的四个方面.Wu Ying Kang在测验学生对统计图的理解时,依据学生对统计图理解的不同,将统计图的理解分为四个方面:图的阅读(直接提取图中数据)、图的解释(从图表中形成观点)、图的构造(以统计图呈现数据)及图的评价(评估统计图表的正确性或有效性).同时根据实验提出四个教学建议:第一,帮助学生纠正图表中出现的错误;第二,发展学生解决统计图表问题的能力;第三,学生应正确运用情境知识解决图表的相关问题;第四,引导学生清楚地表达数学思想.

(2)关于统计量的研究.

Mokros和Russell使用了七个开放式问题,考察了学生对平均数的理解.他的研究旨在解决学生对平均数理解的两个问题:第一,如何在数据集背景下构建和理解代表性? 第二,如何把平均数看作特殊的数学定义和关系? 通过查找文献和分析访谈记录,本文确定了学生用来构建和描述平均数的五种方法,即平均数可作为一种算法、模式、中点、平衡点和"合理的数值".

(3)关于样本的研究.

Schwartz等人提出从四个方面认识抽样过程:第一,抽样目的,间接地获取与事件相关的有用信息;第二,抽样方法,从总体中直接随机产生一个子集,而且子集的信息与总体相似;第三,样本与总体之间的关系,样本在一定程度上可以代表总体;第四,推断,能够把从样本中获取的信息推广到总体.

(二)国内关于数据分析的研究现状

国内关于数据分析的相关研究成果主要集中在数据分析观念和数据分析能力两个方面.

1.数据分析观念

(1)数据分析观念的内涵.

数据分析观念是一种综合性认识.童莉等人提出数据分析观念是学生在数据统计活

动中建立的对数据分析的领悟,是关于数据分析内涵、应用价值以及思想方法的综合性认识,包括对数据、数据处理方法和现实中现象随机性三方面的意识与感悟.

李红梅认为,数据分析观念不与作图、计算等简单技能等同,而是学生在经历整个统计活动过程后,对数据分析的认识与用数据分析问题的觉悟,是在实践活动中形成的通过分析数据推断结论、解决问题的总体性综合认识.

小学生数据分析观念表现在三个方面.刘福林结合小学生认知水平和年龄特征,提出数据分析观念表现在三个方面:第一,经历统计的全过程,初步认识数据包含的信息;第二,认识到数据分析方法的特点,会依据问题背景选择适当的方法;第三,初步理解数据的随机性.

由此可知,数据分析观念是一种认识,是在经历整个统计分析活动后对数据、数据中蕴含的信息、数据分析内涵和思想方法,以及其应用价值的综合性认识.

(2)数据分析观念的培养.

小学数学教材统计内容编排的五条建议.刘福林从小学数学教材统计内容的编排出发,提出五个方面的建议.第一,体现数据分析过程,例题的设计要便于课上开展活动,设计既要与学生实际生活相接近又要是有意义的调查统计活动;第二,体现数据分析预测与决策的作用,加强图表及统计量的分析与解读;第三,体现利用数据分析方法解决问题时数据分析方法所具有的特性,以及数据分析方法选择的灵活性;第四,引导学生分析数据,体验数据的随机性;第五,强化知识之间的横向联系.

培养初中学生数据分析观念的三个措施.付巍依据初中阶段数据统计内容,结合数据分析观念的内涵,提出培养数据分析观念的三个措施.首先,培养学生从统计角度思考与数据有关的问题,体会数据蕴含的信息;其次,学会根据不同问题背景选择恰当的数据分析方法,体会统计思想;最后,通过数据分析体验数据随机性,了解统计思想与确定性思维的差异.

培养初中生数据分析观念的五条教学建议.李红梅通过对七年级学生数据分析观念现状的调查分析,提出了五条教学建议.第一,教学中的案例与问题要来源于学生实际生活,而且设计的问题要符合"用数据解决问题具有优越性"和"必须用数据才可解决"两个原则;第二,设计来自不同问题背景的一组数据,让学生认识到同一组数据蕴含的信息不同,体会数据意义;第三,教学过程中鼓励学生自主制定标准或原则,认识到不同标准下进行的数据分析均可解决问题,但满意度不同,提升学生对统计方法的欣赏力;第四,通过数学实验,展现数据的随机性;第五,通过实际生活中的问题,引导学生认识数据分析结论的或然性,而非用可靠与不可靠对统计结论进行二分法判别.

培养学生数据分析观念设计的四类实践活动.黎灿明在"构建数学'综合与实践'有效活动模式的研究"的课题研究中,提出培养学生数据分析观念应适当地在教学过程中设计四类实践活动.第一类,注重数据分析过程,结合学生实际生活设计调查活动,并通过问题引领的形式,使学生自主参与统计活动的全过程;第二类,体现数据分析方法,教师通过一组数据设置不同问题背景,引导学生在探究活动中择取恰当的数据分析方法;

第三类,凸显数据随机性,教师设计能引发学生兴趣的游戏型、实验型随机试验,学生亲历原始随机环境,认识随机现象的特点,体会数据随机性;第四类,重视培养应用意识,开展社会或者综合型活动,学生应用所学知识尝试分析解决生活事件.

虽然数据分析观念的培养建议各不相同,但是有几个共同点:第一,都建议从实际生活出发设计统计调查活动;第二,都培养学生根据问题背景的不同选择适当的数据分析方法的能力;第三,都强调学生在亲历整个统计活动后认识到数据的随机性.

2.数据分析能力

(1)数据分析能力的内涵.

数据分析是一种能力.周东明认为,数据分析是指经过收集和整理数据、择取数据分析方法和工具、获得结论等一系列步骤,是过程性的.而观念是一种结论的形式,不具有过程性,因此数据分析是一种能力而非观念.数据分析过程不仅是体现能力的过程,而且反映能力的层次性.

数据分析能力是一种高层次的思维品质.王林全提出,数据分析能力是一种高层次的思维品质,由认识数据的能力、收集数据的能力、整理数据的能力、表述数据的能力和探究数据的能力五个方面构成.

高中生数据分析能力构成的两个方面.刘其右提出,高中生数据分析能力由两个方面构成:其一,在用统计方法收集整理数据时,通过对数据描述解释和计算推断,获取有用信息解决现实问题的过程中所体现的能力;其二,运用概率模型对随机事件发生可能性的大小进行预测的能力.

(2)数据分析能力的培养.

基于问题解决培养学生数据分析能力.王林全认为,学生的数据分析能力唯有在解决实际问题的过程中、在动手实践和探索中才能充分发展.因此,他提出从以下六个方面培养学生数据分析能力:第一,帮助学生理解中位数、平均数等描述数据集合集中趋势的度量之间的联系与区别,思考并比较优劣;第二,接近学生的实际生活,增加学习趣味;第三,通过实验培养学生根据不同的目的选择不同的方法收集整理数据的能力,提高学生的动手能力;第四,通过散点图和线性回归方法探究蕴含的规律,发展学生的科学精神;第五,使学生联系多种问题情境,并从中领悟用样本估计总体的统计原理;第六,沟通已有知识,增强综合能力.

基于学生数据分析能力现状,培养数据分析能力的三条建议.张定强等人从对高中生数据处理能力现状调查的研究出发,提出三点教学建议.第一,关注学生数据处理能力形成的过程,培养学生对数据的直观感受,掌握收集、整理、描述、抽取运用数据的方法,让学生从实际操作中理解数据处理对生活的重要性;第二,重视学生数据处理能力的养成,让学生学会用计算器、计算机等现代技术处理数据,促进数据处理能力的发展;第三,关注学生个体差异,因材施教.

课堂教学实施方面提出的建议.范明明在课堂教学的实施上提出要注意两点:第一,以学生数据分析能力的三层次结构为依据,结合学生自身发展特点,进行针对性的培养;第二,重视在样例教学中优化.

关于数据分析能力的培养建议不同,但这些建议有如下几点共性:第一,强调学生参与数据分析的全过程;第二,掌握数据分析的方法;第三,在实际操作中,体会数据的重要性;第四,结合学生发展特点,因材施教.

(三)关于数学实验的相关研究

1.数学实验的内涵

(1)数学实验是一种数学建构过程和数学探索活动.

孙延洲认为,数学实验是指在特定的实验环境和数学思维活动参与中,借助实验设备,采用一定的方法,为了培养理性思维、验证数学猜想、归纳数学规律、获得数学知识以及解决数学问题而进行的一种数学建构过程和数学探索活动.

(2)数学实验是一种以"做"为支架的教与学的活动.

董林伟将数学实验界定为:数学实验是一种以"做"为支架的教与学的活动,是在教师的引领下,学生借助有关工具,通过实际动手操作,在非认知和认知因素参与下的一种发现数学结论、理解数学知识以及验证数学结论的思维活动.

2.数学实验的教育功能

(1)数学实验有利于发展学生的创造力.

刘艳云通过个案研究发现,数学实验可以调动学生学习的主动性,提高反省认知水平,以及发展学生创造力.

董林伟认为在数学实验教学中,学生在绘图、观察等动手操作中,丰富了自己的感知,建立了生动的数学表象,并且在设计、思考、想象等活动中发展了自己的想象力、创造力.

Shieh通过初中生创造功能船这一例数学实验,研究发现实践学习有助于学生提高创造力和解决问题的能力.

(2)数学实验有利于发展学生的数感.

董林伟认为数感是一种对数的感悟,数感的培养需要将直接经验和理性思考有机结合.而数学实验所拥有的情境、体验与思考,有利于学生感悟数的意义、数的大小、数量关系和估算方法,发展学生的数感.

(3)数学实验的学理价值和对学生数学学力有反哺作用.

孙朝仁提出了数学实验的学理价值以及对学力的反哺作用.其学理价值主要体现在直观做、抽象思及科学学三方面,反映了数学实验"做数学"的本质特征和"做、思、学"三位一体的内在联系.其对数学学力的反哺作用表现在可以促进问题解决产生式的关联和变通,激发学生隐性变式建模力的动机和形成内源创造素养力的机制.

(4)折纸教学增强学生的几何知识和空间能力.

Norma Boakes以中学生和大学生为研究对象,研究了折纸教学对学生几何知识和空间可视化能力的影响,研究发现中学生的几何知识和空间能力有所提高,但是不明显,而大学生提高显著,说明折纸是一种有效的教学工具,能够增强学生的数学和空间能力.

Agah等人在折纸教学对学生几何记忆的影响研究中发现,初中生的几何记忆有明显提高,男女生记忆力没有统计学上的差异,而性别与教学材料之间存在交互作用,对所学概念的理解记忆有显著影响.

(四)小结

一些研究认为"数据分析"是一种观念,是统计的一个基本思想.也有一些研究认为"数据分析"是过程性的,是一种能力的体现,而观念是一种结论的形式.笔者的理解是:数据分析是由数据收集、数据整理和描述、数据分析和推断、获得结论构成的,是过程性的,是一种能力.数据分析能力是数据分析观念的高层次表达.因此,本文沿用如下定义:数据分析能力是指个体在对原始数据进行整理、描述、推理、质疑,了解其本质、规律和意义的活动过程中产生和发展起来的较稳定的心理特征,直接影响个体进行数据分析的有效性.

国内外的有关文献中有很多关于统计素养、数据分析观念等的研究,尤其是对义务教育阶段学生数据分析观念的培养研究,而对于学生数据分析能力培养的研究不是很多.目前关于高中阶段学生数据分析能力培养的已有研究,也比较倾向于理论层面,具体的培养措施如何实施还待深究.现如今计算机科学迅速发展,如何紧跟时代,结合先进的科学技术手段辅助教学,培养学生数据分析能力还需继续探索.本研究主要借助数学实验室,尤其是图形计算器,进一步探索研究高中生数据分析能力的培养途径.

三、理论研究

(一)概念界定

1.数据分析能力内涵

数据分析是由数据收集、数据整理和描述、数据分析和推断、获得结论构成的,是过程性的,是一种能力.数据分析能力是指个体在对原始数据进行整理、描述、推理、质疑,了解其本质、规律和意义的活动过程中产生和发展起来的较稳定的心理特征,直接影响个体进行数据分析的有效性,它是数据分析观念的高层次表达.

2.数据分析能力评价框架

刘其右将高中生数据分析能力分为统计模块中的数据分析能力和概率模块中的数据分析能力两个维度,并指出统计模块中的数据分析具有过程性,可进行水平划分,而概率模块中的数据分析不具有过程性,不可进行水平划分.本文借鉴了刘其右关于高中生统计模块数据分析能力水平的划分标准,如表3.

表3　高中生统计模块数据分析能力水平的划分标准

水　平	标　准
水平0(0分)	未掌握任一种随机抽样方法,完全不清楚统计基础知识
水平1(1~15分)	初步了解随机抽样,但未完全掌握三种随机抽样方法,不能继续进行数据分析过程
水平2(16~31分)	明晰三种抽样方法,可以大致描绘整理后的数据,未掌握所有统计图表的制作和统计量的计算,继而不能通过统计图表推断总体特征
水平3(32~44分)	能择取恰当的方法从总体中抽取样本,掌握描绘数据的方法,未完全正确地由样本数字特征估计总体,无法认识到数据背后的价值,无法完成数据分析全过程,不能用回归分析或独立性检验进行统计决策
水平4(45~60分)	可以正确地抽取样本数据,掌握各种统计图表的绘制,能用样本估计总体,会用回归分析或独立性检验进行统计决策,体会回归分析方法的应用,了解独立性检验思想

(二)数学实验室概况

1.数学实验室

根据数学知识内容、学生自身发展,数学实验也需要实验室.20世纪,弗赖登塔尔说过,要想实现真正的数学教育,只能从根本上以不同方式组织教学,这就需要有个数学实验室,学生可以独自或者小组活动.数学实验室就是学生在数学思维、思想的指导下,借助实物或者信息技术进行数学化操作的专有教室.

芜湖市第十二中学数学实验室配备了60台手持图形计算器、TI-Nspire CX教师版软件、TI-Nspire CX无线导航控制系统软件、投影机、互动白板、教学一体机、实验桌凳等.图1是芜湖市第十二中学数学实验室场景.

图1　芜湖市第十二中学数学实验室场景(2)

2.TI手持图形计算器

TI图形计算器具有处理数据、计算数值、演示图象等功能,集几何、代数、数据处理等模块于一体,丰富了教师教与学生学的方式,营造了一个即时互动、合作学习的实验研究环境.

在统计与概率的教学中,存在大量的模拟实验和烦琐重复的运算,这就需要技术手段的支持,不仅能模拟实验,让学生更加直观地观察学习,而且可以减少学生不必要的繁杂运算,有更多的时间和精力去观察、探究.

图2是芜湖市第十二中学数学实验室为学生配备的手持图形计算器设备,图3是此设备的操作键盘和操作界面.

  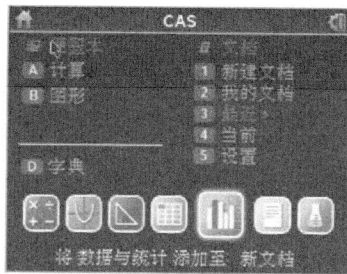

图2   图3

(三)高中生数据分析能力的培养途径

迈克凯伊和欧得弗德曾给出解决统计与概率问题的四维框架,其中第一维度是探究:提出问题、根据问题拟定研究计划、实验收集数据、分析数据、得到结论、交流产生新的问题,如图4.

图4　思维框架

结合具体的教学实验,提出高中生数据分析能力的培养途径:设疑实验,择取样本,培养数据收集能力;操作TI图形计算器,分类处理,培养数据整理描述能力;解读数据,分析归纳,培养数据推断能力;藏息相辅,统计实践,发展数据分析能力.

1.设疑实验,择取样本,培养数据收集能力

特级教师张乃达先生曾说:初始问题设计的好就相当于从根本上设计好了一堂课,因为学生解决初始问题的活动是按照一定规律开展的.统计与概率问题的解决过程是提出问题、根据问题拟定研究计划、实验收集数据、分析数据、获得结论,因此设计好的初始

问题是首要条件.

数据分析过程仿若数据和模型两者之间的对话,特别重视数据的真实性、解释、交流,并且数据分析研究的不仅仅是数据本身,更重要的是数据所蕴含的实际意义以及通过对数据的分析与判断去解决实际问题.在具体的实际问题情境中,学生可以收集真实的数据,而不是仅仅分析现成的数据,因为现成的数据可能会导致学生在进行数据分析、推理时仅把数据视为数字,缺乏对问题背景和实际价值的考虑.

《普通高中数学课程标准(2017年版)》中对学生在收集数据方面提出了学业要求:能根据实际问题的需求,选择合适的抽样方法获得样本数据.教学中设置不同的问题背景,让学生在获取样本数据的过程中认识到不同的问题背景应该选择不同的收集数据方法、不同的收集数据方法会影响数据的分析,这样可以更好地掌握三种抽样方法,理解样本数据的意义,还能缔造出一种学习热情高涨、课堂氛围活跃的环境.

概率是一种定量地描述不确定性的工具,概率课程主要是为了培养高中生分析随机现象的能力.在这一阶段,学生对随机现象的认识主要是在生活中累积的关于"可能性"的认识和初中学习的概率知识,鉴于随机现象的高度复杂性,学生对认识、理解随机现象还存在一定困难,因此在概率教学中,更应该从学生已有的知识经验入手,将情境融入教学中,使学生在熟悉的生活实例中认识随机现象,了解概率模型特征.

因此借助学生的实际经验,将数据分析中的问题、概念等与学生熟悉的情境结合就显得尤为重要.实际问题的引入是统计与概率实验教学的前提条件,在统计与概率实验教学的引入实际问题这一环节中,要注意三点:第一,引入的实例要贴合学生日常生活,可以激发学生学习兴趣,引起共鸣;第二,学生可以收集到数据,活动可以在课上或课下开展,具有可操作性;第三,探究内容是未知的或者是与已有认知冲突的,但是学生可以在已有经验的基础上解决.

在此,下面通过"两个变量的线性相关"和"几何概型"两个课例中的教学片段来说明如何创设问题情境、开展实验、收集数据.

教学片段1　两个变量的线性相关

师:人的身高和体重是生活中最常见的相关关系之一.现在需选取20名同学,输入自己的身高和体重,应该如何选取?

生1:按班级学号,选取学号最后一位数是4,6,8,0的学生.

生2:我们班男女生人数分别是32人、20人,因此选取13名男生,7名女生.

生3:取同学们学号的后两位,制成随机数表,抽取20个号码.

经讨论交流,采取生2的建议.

教师将收集到的数据传输给学生,并要求学生利用图形计算器作出散点图.

设计说明:教师以身高与体重存在相关关系为引,随机选取20名学生,输入他们自己的身高与体重,在这一过程中,活跃了课堂氛围,激起了学生学习兴趣,而且学生可以亲历收集数据的过程,更好地掌握获取样本数据的方法,培养数据收集能力.在建立回归方程进行预测估计时,比如身高180 cm的学生体重一定是67.5 kg吗?学生可以和真实的数据做对比,认识到样本具有随机性,理解用样本估计总体的统计思想.

教学片段2 几何概型

问题1 某花店在情人节当天,为吸引顾客购买花束,举行了一次有奖活动,活动有三种方案.

方案一:顾客随意掷两枚骰子,若点数之和大于7,则顾客可享受购买花束七折优惠;

方案二:顾客旋转转盘①,当转盘指针指向B区域时,顾客可享受七折优惠;反之,不可享受;

方案三:顾客旋转转盘②,当转盘指针指向C区域时,顾客可享受七折优惠;反之,不可享受.

明明选择哪个方案时,获得奖励的可能性最大?

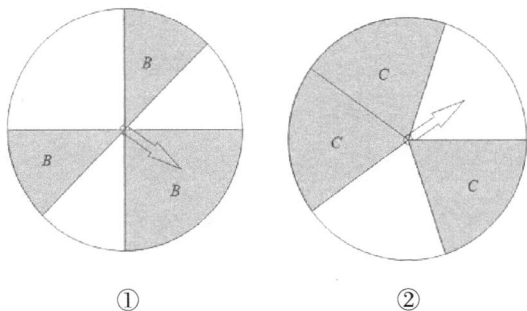

① ②

学生分为10个小组,先讨论并说出问题1中三个方案的获奖概率分别是多少(猜想方案二和方案三的概率),然后用课前已制作好的转盘,课上模拟实验,记录每组的频数,计算频率并汇报结果,要求每组同学采用方案二和方案三各转20次.教师将所有数据汇总并交给学生,学生利用手持图形计算器计算频率的平均值,并与之前猜想的概率作比较,最后选择出最佳方案.

问题2 工人师傅要将一块长为12 m的长方形木板截为两个小长方形,请问截得的两个小长方形木板的长度均不小于4 m的概率有多大?

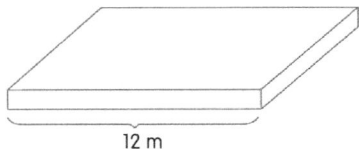

12 m

问题3 明明订了一份早餐,送餐人可能在早上6:30~7:30把早餐送到,明明离家上班的时间在早上7:00~8:00,问明明在离家前能拿到早餐的概率是多少?

问题4 如图所示,已知正方体$ABCD-A_1B_1C_1D_1$,棱长为3,$AE=1$,且平面$EFGH$平行于底面,在正方体内随机取一点P,求点P与平面$ABCD$的距离大于1的概率.

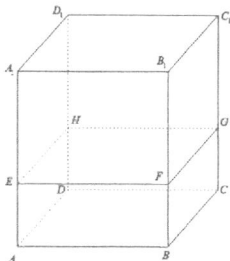

设计说明:设置不同实际问题,使学生体会"无限"的概念,归纳出不同实例的共同特征,可以辨识出几何概型并且认识到其与古典概型的异同之处;学生通过转盘实验,不仅可以收集数据,为进一步分析数据、获得结论做准备,而且可以激发学生热情,活跃课堂气氛.

2.操作TI图形计算器,分类处理,培养数据整理描述能力

数据整理是将实验所获得的数据进行分组、处理,使零散的原始数据条理化、系统化,为进一步描述、分析数据做准备.整理数据是从对数据个体实际表现的认识过渡到对总体数量表现的认识,从对现象的感性认识过渡到规律性认识,是整个数据分析的重要环节.

数据描述是指选择恰当的统计量或统计图表将整理后的数据表现出来,可以很好地描述数据的波动程度、数量间的相关性等特征.统计量表示的是数字特征,中学阶段学习的统计量主要有平均数、众数、中位数、极差、方差和标准差,其中平均数、众数和中位数属于集中量数,反映数据的平均水平、集中趋势;极差、方差和标准差属于离中量数,反映数据的离散程度.统计图表表示的是数据相关统计指标及数量关系,可以将数据特征形象、直观地表现出来.列宁认为统计图表是一种具有综合性和总结性的准确方法,查看图表可以比阅读任何文章更快速、清晰地获取信息,由此可见统计图表在数据分析过程中的重要性.常见的统计图表有折线图、条形图、茎叶图、饼状图、频率分布直方图和散点图.饼状图主要表现总体的各个部分以及部分所占比重;折线图比较直观地体现事物的发展趋势;条形图可以直观地显现出统计指标数值的大小;茎叶图可以保留原始数据并展现分布情况;频率分布直方图则侧重表现事物发生的频率;散点图表示的是因变量随自变量变化的趋势.

学生首先对数据进行筛选、分类、处理,然后依据整理好的数据,结合实际问题的需求,择取恰当的统计图表或统计量描述数据.在这一过程中,要求学生掌握统计图表的制作方法、统计量的计算公式,并能理解各个统计量的意义,以及不同统计图表侧重表达的统计指标和特征.

统计图表的制作、统计量的计算是比较繁杂的工作,常常占用教学的大部分时间,而

TI图形计算器不仅具有较强的数据处理功能,还易于操作、携带.因此在教学中借助图形计算器计算相关统计量、绘制统计图表,可以使学生有更多的时间和精力投注于数据分析和推断过程,使教学从关注运算的技巧转向关注问题解决的能力.

数据的整理和描述是数据分析的重要环节,为了使教学更加优化,在教学过程中加入了图形计算器,所以在设计教学时要注意以下三点:第一,注意培养学生筛选数据、分类整理的能力;第二,要有统计量、统计图表意义的理论分析,使学生不仅掌握统计量的计算公式、统计图表的绘制方法,更要理解其内涵;第三,在应用TI图形计算器时,要把握好使用的度,注意时机、时间.这里要注意,图形计算器是辅助教学,是为了更好地开展教学,而不是教学"辅助"图形计算器.

下面用"用样本估计总体的数字特征""两个变量的线性相关"和"几何概型"三个教学片段来进一步阐述.

教学片段1　用样本估计总体的数字特征

课堂小练习　甲、乙两名射击运动员在一次射击测试中各射靶10次,每次命中的环数如下:

甲　　7　8　7　10　5　4　9　10　7　4

乙　　9　5　7　8　7　7　8　6　7　7

现在要选择一名运动员参加比赛,问:

(1)若是和临市学校进行比赛,且临市学校的选手实力一般,应该选择谁参加比赛?

(2)若是参加全省比赛,且部分学校选手实力很强,则应选择谁参加比赛?

师:选择恰当的方式评价甲、乙两人的成绩,并做出选择.

生:可以计算平均量、方差等统计量,比较甲、乙的平均成绩,以及成绩的波动程度.

学生动手操作图形计算器,计算相关统计量.

学生操作:

(1)添加计算器,输入甲的成绩;

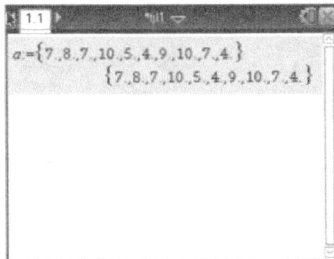

（2）选择"菜单""统计""数组计算""平均数"命令；

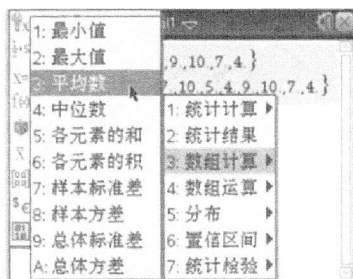

（3）输入"a"，按Enter键，即可计算平均值.

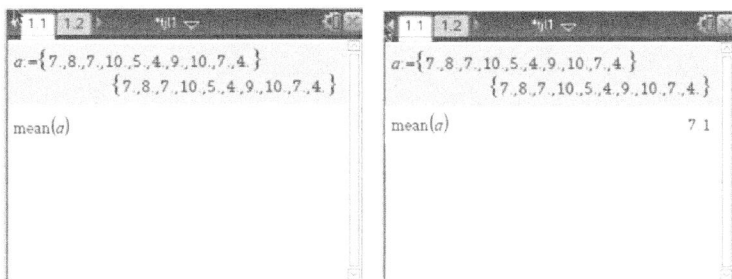

（4）依次计算甲成绩的"方差""最大值""最小值".

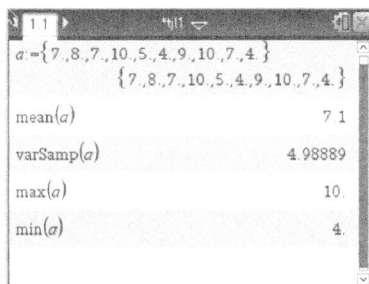

（5）选择"文档""插入""计算器"命令，打开新的页面，输入乙的成绩，以同样的方法计算乙成绩的平均数、方差、最大值和最小值.

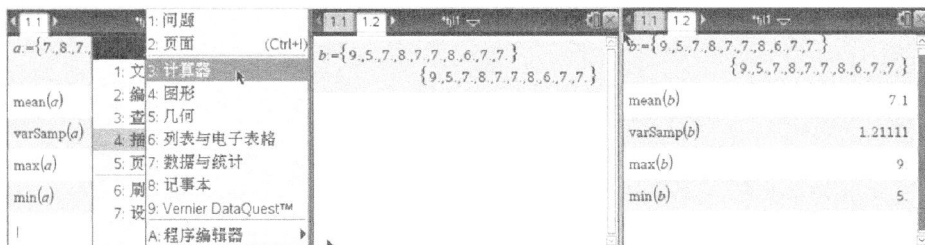

生：可以得到甲成绩的平均值为7.1，方差为4.98889，极差为6；乙成绩的平均值为7.1，方差为1.21111，极差为4.

设计说明：引入贴近学生生活的问题，让学生理解了各个统计量的实际意义，认识到平均数反映总体的平均水平，极差和方差反映离散程度；在学生理解统计量意义的基础上，借助图形计算器计算甲、乙成绩的平均数、极差、方差，减少了冗难的计算过程，让学生有更多的时间置于分析推理之上,培养学生数据整理和描述能力.

教学片段2　两个变量的线性相关

教师将收集到的数据传输给学生,并要求学生利用图形计算器作出散点图.

学生操作:

(1)按开机键,选择"添加列表与电子表格",输入数据;

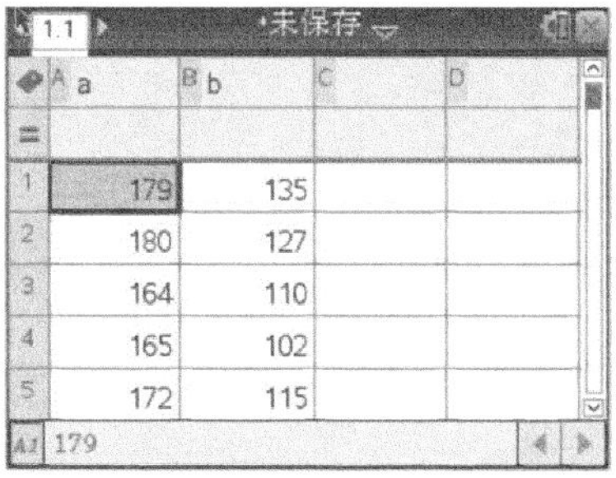

(2)按Ctrl+文档键,选择"添加数据与统计";

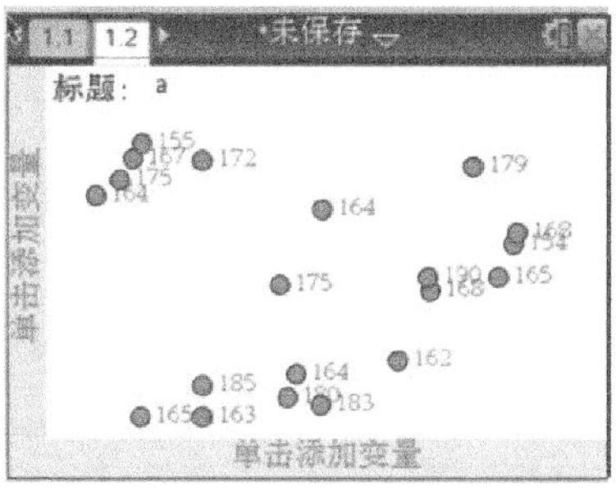

(3)横坐标设为a,纵坐标设为b;

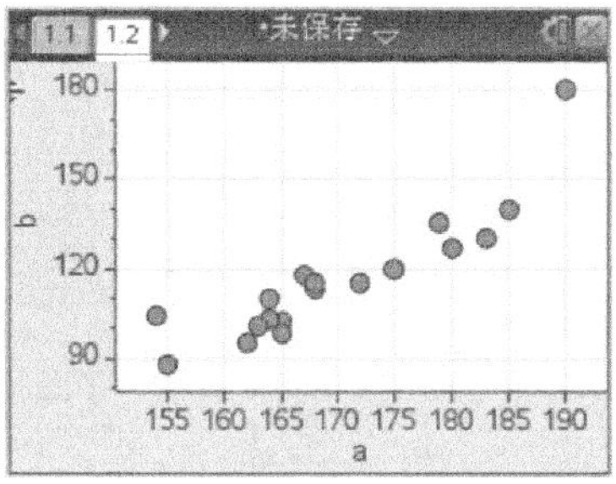

问题1:通过观察散点图,你发现了什么?

生:从整体上看,随着身高的增加,体重也在增加,体重与身高是正相关关系.

问题2:若用函数模型近似刻画两个变量之间的相关关系,你会选择哪个函数模型?

生:一次函数模型.

问题3:假设知道一名学生身高为$180\ cm$,能否根据样本数据推断出其大致体重?

生:只要求出直线方程就可以大致估算出体重.

师生从理论层面探讨如何建立回归方程,然后用图形计算器求回归方程.

学生操作：

(1)在之前的散点图中,选择"菜单""分析""回归""显示线性回归",得到线性回归方程 $\hat{y} = 1.87991x - 203.547$；

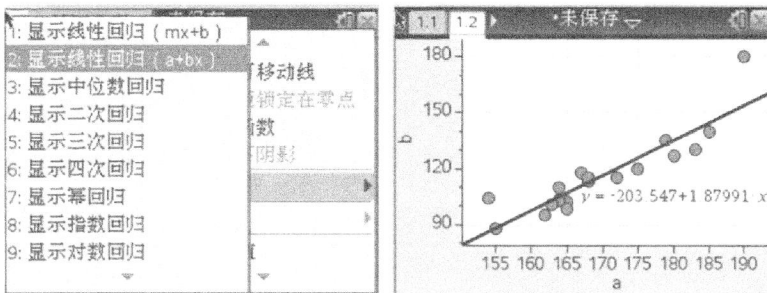

(2)回到页面1.1,选择"菜单""统计""统计计算""显示线性回归",填对话框,回归方程即保存在 $f_1(x)$ 中；

(3)按 Ctrl+文档键,选择"添加图形",按 Ctrl+G 键,打开输入行,按"▲"键,打开 $f_1(x)$,按 Enter 键,再调整窗口；

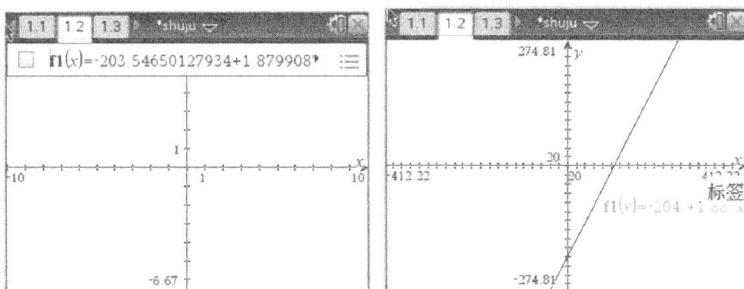

(4)选择"菜单""跟踪""图形跟踪",输入180,按 Enter 键,得到 $x = 180$ 时 y 的数值, $y = 135$.

设计说明:学生操作图形计算器作出散点图,减少了烦琐的手工作图,可以更加直观地观察两个变量间的关系;在理解建立线性回归方程原理的基础上,通过手持图形计算器建立回归方程,使学生有更多的时间理解回归直线与观察数据之间的关系,以及用样本数据估计总体的统计思想,使其不仅知其然,更知其所以然.

教学片段3　几何概型

学生动手操作,模拟实验,记录、汇报数据,教师将数据汇总并发送给学生,数据如下表;学生利用图形计算器计算频率的平均数,并与猜想对比.

序　号	转盘①		转盘②	
	频　数	频　率	频　数	频　率
1	8	0.4	9	0.45
2	11	0.55	12	0.6
3	10	0.5	14	0.7
4	12	0.6	11	0.55
5	9	0.45	10	0.5
6	8	0.4	12	0.6
7	10	0.5	13	0.65
8	10	0.5	13	0.65
9	11	0.55	12	0.6
10	13	0.65	11	0.55

学生操作:

(1)按开机键,添加"列表与电子表格",输入数据;

(2)按菜单按钮,选择"数据""数组计算""平均数",按Enter键;输入变量a,按Enter键,即可求出平均数;

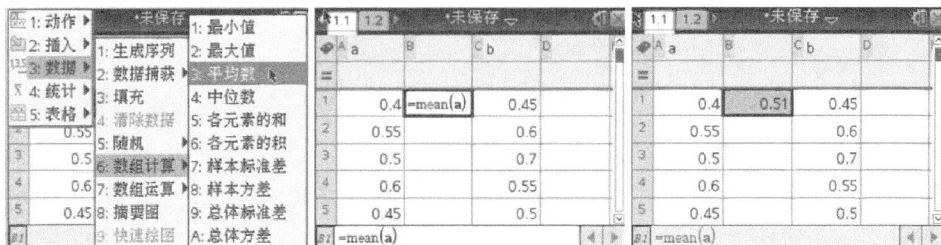

（3）按相同方法，求另一组数据的平均数.

方案二每组实验的频率都接近0.5，所有实验频率的平均数也接近0.5；方案三每组实验的频率都接近0.6，所有实验频率的平均数也接近0.6，因此可验证猜想正确.

设计说明：学生动手实验，操作图形计算器，计算实验频率、实验频率的均值，并与猜想作比较，进一步体会频率与概率之间的关系，认识到可以用频率近似估计概率.

3.解读数据，分析归纳，培养数据推断能力

数据分析推断是指经过数据整理描述后，通过科学的分析研究，从统计量或统计图表中提取有用信息，发现事物的变化规律以及现象，并对事物的本质作出正确的判断，获得结论，这在数据分析过程中占有重要地位.《普通高中数学课程标准（2017年版）》中针对这一模块提出：能够根据实际问题的需求，选择恰当的抽样方法获取样本数据，并从中提取需要的数字特征推断总体，能够正确运用数据分析的方法解决简单的实际问题.能够区别统计思维与确定性思维的差异、归纳推断与演绎证明的差异.能结合具体问题，理解统计推断结果的或然性，正确运用统计结果解释实际问题.

用样本估计总体是用样本的实际数据资料计算样本的相关指标，并以此作为依据推断总体相对应的数量特征，做出合理的判断.在中学阶段，学生能用样本估计总体是指可以用样本的频率分布估计总体的分布和用样本的数字特征估计总体的数字特征.用样本估计总体的数学思想是数据分析中一种非常重要的思想.

一元线性回归分析是运用数学的方法，将两个具有相关关系的变量加以模型化，建立回归方程，依此进行估计推算.在中学阶段，学生能观察到具有数量依存关系的两个变量，可以依据散点图择取合适的函数模型，建立回归方程，并能做出合理正确的推断.

波利亚说过：学习任何东西的最佳途径就是自己去发现.学生自我探究的过程，不仅是学习新知的过程，也是运用已有知识经验的过程，还是一个自我完善认知结构的过程.学生在探究中，提取数据信息，发现数学特征，做出判断，获得结论，在讨论交流中思维发生碰撞，能更好地培养学生分析数据、推断结论的能力.

这一环节的教学设计要注意三点：第一，教师作为引导者，应适时解惑，给学生留有充裕的自主探究时间，发挥学生的主体能动性；第二，吸引学生的注意力，使学生比较数据差异和在多种数据表示方式上建立联系，在数据变化中发现规律；第三，学生可以较直

观地体会到样本与总体之间的关系,认识到随机事件具有随机性、规律性.

下面用"用样本估计总体的数字特征""两个变量的线性相关"和"几何概型"三个教学片段来进一步说明.

教学片段1　用样本估计总体的数字特征

生1:可以得到甲成绩的平均值为7.1,方差为4.98889,极差为6;乙成绩的平均值为7.1,方差为1.21111,极差为4.

生2:甲、乙成绩的平均值一样,说明甲、乙的平均水平一样,但是由于甲成绩的方差和极差均大于乙的,所以乙成绩更加稳定.

师:应该选择谁参加比赛呢?

生1:都选择乙,甲、乙的平均水平一样,但是乙的成绩更加稳定,更容易拿到好的名次.

生2:选择乙参加与临市学校的比赛,选甲参加省赛.乙的成绩较稳定,只要发挥平均水平可以拿到好的名次;甲更加有爆发力,可以选甲冲一下,拿到名次的可能性较大.

设计说明:学生借助图形计算器求出甲、乙成绩的平均值、方差、极差.在实际问题的解决过程中,进一步认识了统计量的内涵,体会到了数据分析对统计决策的重要意义.

教学片段2　两个变量的线性相关

生:通过图形计算器算出当 $x = 180$ 时, $y = 135$.因此当身高为 180 cm 时,体重为 67.5 kg.

师:当身高为 180 cm 时,体重一定为 67.5 kg 吗?

生:不是,线性回归方程是由样本数据得到的,具有一定的随机性,因此不一定为 67.5 kg.

师:既然体重不一定为 67.5 kg,那么以"当身高为 180 cm 时,体重大约为 67.5 kg"作为结论合理吗?

生:合理,这个结论出现的可能性很大.

师:身高与体重的回归方程一定是 $\hat{y} = 1.87991x - 203.547$ 吗?

学生改变样本数据,重新建立回归方程.

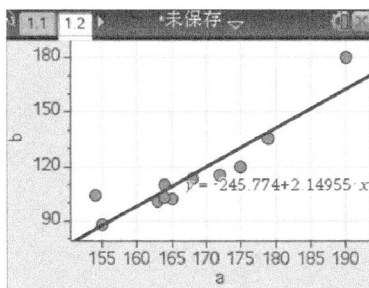

生:在原来的样本数据基础上减少10组,得到的回归直线方程为$\hat{y} = 2.14955x - 245.774$,与之前建立的回归方程不一样.

设计说明:"身高为180 cm时,体重一定为67.5 kg吗?"这一问题与实际认知经验产生冲突,在分析交流中使学生对相关关系有了更深的认识:相关关系是一种不确定的具体关系.在先改变样本数据,再建立回归方程的过程中,随着样本数据的改变回归方程也相应地发生变化,学生可以更好地理解样本与总体之间的关系,体会随机思想和统计思想.

教学片段3　几何概型

练习2　在图中的正方形内随机扔一粒绿豆,求绿豆落入圆中的概率是多少?如果扔一把绿豆,能不能用随机模拟的方法估计出圆周率的值?

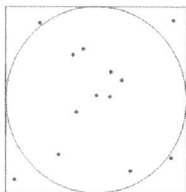

生:绿豆落入正方形内任意一点是等可能的,基本事件是无限多个.记绿豆落入圆中为事件A,则事件A发生的概率即为圆与正方形的面积之比.设正方形的边长为2,则$P(A) = \dfrac{\pi}{4}$.落入正方形和圆内的绿豆是可以数出来的,而且$\dfrac{\text{落入圆内的豆子数}}{\text{落入正方形内的豆子数}} \approx \dfrac{\text{圆的面积}}{\text{正方形的面积}} \approx \dfrac{\pi}{4}$,则$\pi \approx \dfrac{4 \times \text{落入圆内的豆子数}}{\text{落入正方形内的豆子数}}$.可以用图形计算器做随机模拟试验,假设落入正方形内的豆子数为N,落入圆内的豆子数为S,则$\pi \approx \dfrac{4S}{N}$.

学生操作:

(1)新建文档,添加计算器;按菜单键,选择"函数与程序",打开程序编辑器,新建,输入名称montecarlo1;按文档键,选择"页面布局",取消组合,将一个页面分为两个页面;输入语句,编制程序,保存文档.

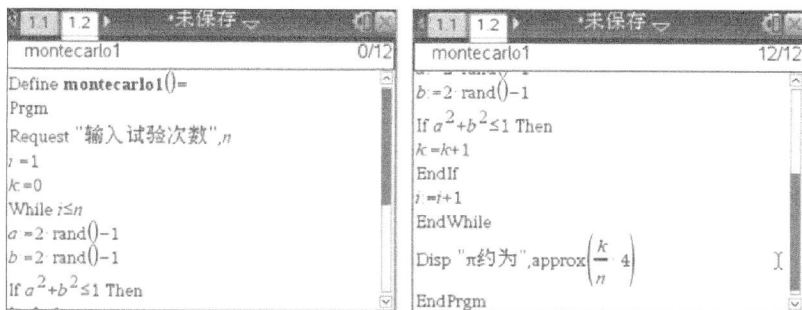

(2)按文档键,选择"页面布局",组合,重新组合在一个页面;将指针移至页面左侧,

按var键,选择montecarlo1,按Enter键运行程序;

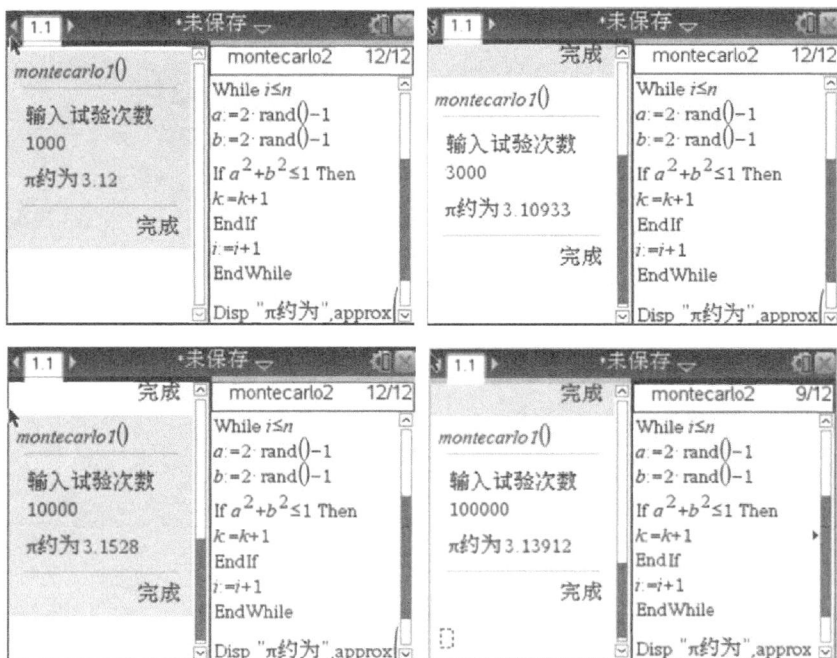

生:随着试验次数的增加,π的值越来越接近于3.14.但是输入次数为1000时,π的值约为3.12,而当输入次数为3000时,π的值约为3.10933,随着试验次数的增加反而远离3.14,说明绿豆落入圆内具有随机性.

设计说明:学生在随机模拟实验中,发现随着试验次数的增加,频率越接近于概率,认识到能用频率近似地估计概率,而且当试验次数增大时,频率值也不一定愈接近于概率,又认识到随机事件具有随机性、规律性.通过探讨交流,师生、生生之间碰撞出思想的火花,感受到概率思想,从感性认识上升到理性认识.

4.藏息相辅,统计实践,发展数据分析能力

培养学生的数据分析能力最为重要的目的是:让身处于大数据时代的人们具有数据意识,可以根据数据进行推断、决策.中学阶段比较注重在实际问题的解决中,学生可以亲历、独立完成数据分析的全过程,体会统计蕴藏的丰富思想,培养数据分析能力.

《学记》中记载:大学之教也,时教必有正业,退息必有居学.统计与概率的教学也必须课内外兼顾,两者相结合,相互补充.因此,教师可以在"用样本估计总体""变量间的相关关系"等章节内容授课结束后,布置课题作业,然后以小组为单位,让学生将研究结果以课题报告形式呈现,进行汇报交流.中学阶段学生的课题研究是指基于学生的实际生活、学习兴趣,以具体问题为研究对象,以问题解决为研究目的,而开展的具有科学研究性质的课外学习活动,能满足学生学习和发展的需求.在这一过程中,不仅培养了学生团队合作的精神、数据分析和解决问题的能力,还让学生在交流中发现更多问题,学会多角

度思考问题.

在设计课题研究时要注意几个问题:第一,布置的研究课题要有实际意义,学生可以体会到统计决策在生活中的作用;第二,研究课题具有可操作性,符合学生现阶段的能力水平;第三,研究课题的时间跨度较小时,容易使学生丧失学习热情;第四,在形成研究报告之后,一定要开展讨论交流.

下面以"频率分布直方图"和"两个变量间的相关关系"两个研究课题加以说明.

调查课题:

调查学校1500名同学其家庭同一个月的用水量,对所在地区的用水情况进行估计;并确定居民用水标准,为市政府试行的居民用水定额管理提出建议.自行分为10个小组,每组收集150组数据,小组研究成果以课题报告形式呈现.

课题报告表:

课　题:	
成员姓名:	分工与完成情况:
抽样方案	
样本数据	
统计图表	
统计量	
结果分析	
建　议	

调查课题:

利用温度传感器调查沸水温度变化与时间之间的关系,以及水温达到喝水最适温度(　　　),所有时间与室温的关系自行分为10个小组,每组收集适量的数据,小组研究成果以课题报告形式呈现.

课题报告表:

课　题:	
成员姓名:	分工与完成情况:
样本数据	
统计图表	
相关关系	
回归方程	
结果分析	

设计说明：学生通过统计实践活动，较为系统地经历收集、整理、描述、推断整个数据的分析活动，有助于数据分析能力的发展.

四、研究过程

(一)研究对象

本研究旨在探索基于数学实验室的高中生数据分析能力的培养途径，根据高中课程安排，统计与概率知识的学习在高二上学期进行，因此只能选择高二学生为研究对象，并且测试题目涉及的知识点也只能来源于高二上学期的教材必修3.

本研究选取芜湖市第十二中学高二年级两个普通班作为研究对象，并且实验之前两个普通班学生的数据分析能力水平相当.

(二)研究方法

本研究主要采用文献研究法、实验法和访谈法等三种方法.

1.文献研究法

通过收集国内外关于数据分析观念、数据分析能力、统计素养、统计思维等内容的相关文献，掌握研究现状，从而发现研究的不足，进而提出本研究的创新点.

2.实验法

选取两个学生数据分析能力基本处于同一水平的班级，作为对照班和实验班，对照班在普通教室采用常规教学模式进行教学，实验班在数学实验室采用实验教学模式进行教学，一段时间后，再次测量两个班级学生的数据分析能力水平，得到研究结论.

3.访谈法

对教师与学生进行个案访谈，以期进一步了解基于数学实验室的学生数据分析能力发展的状况，丰富研究结论.

(三)测试卷的编制

1.测试内容

(1)统计与概率模块测试卷一.

本研究需要测试高二年级学生在学习高中统计与概率知识之前的数据分析能力水平，因此选取人教版初中数学七年级下册、八年级下册和九年级上册教材中统计与概率的知识点，具体分布如表4.

91112131415161718

21222324252627282930313233343536373839404546474849505152535455565758596061626364656667686970717273747576777879808182838485868788899091929394959697989910010110210310410510610710810911011111211311411511611711811912012112212312412512612712812913013113213313413513613713813914014114214314414514614714814915015115215315415515615715815916016116216316416516616716816917017117217317417517617717817918018118218318418518618718818919019119219319419519619719819920020120220320420520620720820921021121221321421521621721821922022122222322422522622722822923023123223323423523623723823924024124224324424524624724824925025125225325425525625725825926026126226326426526626726826927027127227327427527627727827928028128228328428528628728828929029129229329429529629729829930030130230330430530630730830931031131231331431531631731831932032132232332432532632732832933033133233333433533633733833934034134234334434534634734834935035135235335435535635735835936036136236336436536636736836937037137237337437537637737837938038138238338438538638738838939039139239339439539639739839940040140240340440540640740840941041141241341441541641741841942042142242342442542642742842943043143243343443543643743843944044144244344444544644744844945045145245345445545645745845946046146246346446546646746846947047147247347447547647747847948048148248348448548648748848949049149249349449549649749849950050150250350450550650750850951051151251351451551651751851952052152252352452552652752852953053153253353453553653753853954054154254354454554654754854955055155255355455555655755855956056156256356456556656756856957057157257357457557657757857958058158258358458558658758858959059159259359459559659759859960060160260360460560660760860961061161261361461561661761861962062162262362462562662762862963063163263363463563663763863964064164264364464564664764864965065165265365465565665765865966066166266366466566666766866967067167267367467567667767867968068168268368468568668768868969069169269369469569669769869970070170270370470570670770870971071171271371471571671771871972072172272372472572672772872973073173273373473573673773873974074174274374474574674774874975075175275375475575675775875976076176276376476576676776876977077177277377477577677777877978078178278378478578678778878979079179279379479579679779879980080180280380480580680780880981081181281381481581681781881982082182282382482582682782882983083183283383483583683783883984084184284384484584684784884985085185285385485585685785885986086186286386486586686786886987087187287387487587687787887988088188288388488588688788888989089189289389489589689789889990090190290390490590690790890991091191291391491591691791891992092192292392492592692792892993093193293393493593693793893994094194294394494594694794894995095195295395495595695795895996096196296396496596696796896997097197297397497597697797897998098198298398498598698798898999099199299399499599699799899910001001100210031004100510061007100810091010101110121013101410151016101710181019102010211022102310241025102610271028102910301031103210331034103510361037103810391040104110421043104410451046104710481049105010511052105310541055105610571058105910601061106210631064106510661067106810691070107110721073107410751076107710781079108010811082108310841085108610871088108910901091109210931094109510961097109810991100110111021103110411051106110711081109111011111112111311141115111611171118111911201121112211231124112511261127112811291130113111321133113411351136113711381139114011411142114311441145114611471148114911501151115211531154115511561157115811591160116111621163116411651166116711681169117011711172117311741175117611771178117911801181118211831184118511861187118811891190119111921193119411951196119711981199120012011202120312041205120612071208120912101211121212131214121512161217121812191220122112221223122412251226122712281229123012311232123312341235123612371238123912401241124212431244124512461247124812491250125112521253125412551256125712581259126012611262126312641265126612671268126912701271127212731274127512761277127812791280128112821283128412851286128712881289129012911292129312941295129612971298129913001301130213031304130513061307130813091310131113121313131413151316131713181319132013211322132313241325132613271328132913301331133213331334133513361337133813391340134113421343134413451346134713481349135013511352135313541355135613571358135913601361136213631364136513661367136813691370137113721373137413751376137713781379138013811382138313841385138613871388138913901391139213931394139513961397139813991400140114021403140414051406140714081409141014111412141314141415141614171418141914201421142214231424142514261427142814291430143114321433143414351436143714381439144014411442144314441445144614471448144914501451145214531454145514561457145814591460146114621463146414651466146714681469147014711472147314741475147614771478147914801481148214831484148514861487148814891490149114921493149414951496149714981499150015011502150315041505150615071508150915101511151215131514151515161517151815191520152115221523152415251526152715281529153015311532153315341535153615371538153915401541154215431544154515461547154815491550155115521553155415551556155715581559156015611562156315641565156615671568156915701571157215731574157515761577157815791580158115821583158415851586158715881589159015911592159315941595159615971598159916001601160216031604160516061607160816091610161116121613161416151616161716181619162016211622162316241625162616271628162916301631163216331634163516361637163816391640164116421643164416451646164716481649165016511652165316541655165616571658165916601661166216631664166516661667166816691670167116721673167416751676167716781679168016811682168316841685168616871688168916901691169216931694169516961697169816991700170117021703170417051706170717081709171017111712171317141715171617171718171917201721172217231724172517261727172817291730173117321733173417351736173717381739174017411742174317441745174617471748174917501751175217531754175517561757175817591760176117621763176417651766176717681769177017711772177317741775177617771778177917801781178217831784178517861787178817891790179117921793179417951796179717981799180018011802180318041805180618071808180918101811181218131814181518161817181818191820182118221823182418251826182718281829183018311832183318341835183618371838183918401841184218431844184518461847184818491850185118521853185418551856185718581859186018611862186318641865186618671868186918701871187218731874187518761877187818791880188118821883188418851886188718881889189018911892189318941895189618971898189919001901190219031904190519061907190819091910191119121913191419151916191719181919192019211922192319241925192619271928192919301931193219331934193519361937193819391940194119421943194419451946194719481949195019511952195319541955195619571958195919601961196219631964196519661967196819691970197119721973197419751976197719781979198019811982198319841985198619871988198919901991199219931994199519961997199819992000

续　表

知识点题号	统计调查方式	制作统计图	计算统计量	用样本估计总体特征	随机事件	列举法求概率	频率估计概率
19		√	√	√			
20		√		√			
21						√	
22						√	

(2)统计与概率模块测试卷二.

高中统计与概率的知识主要分布在教材必修3、选修1-2和选修2-3中,本研究选取的是人教版高中数学教材必修3统计与概率知识点,具体知识点如表6.

表6　人教版高中数学教材必修3统计与概率知识点

教　材	统计与概率知识点
必修3	随机抽样:简单随机抽样、分层抽样、系统抽样; 用样本估计总体:统计图表(频率分布表、频率分布直方图、频率分布折线图、茎叶图)、统计量(平均数、众数、中位数、方差、标准差); 变量间的相关关系:变量之间的相关关系、回归方程、回归分析; 随机事件、频率与概率的关系、概率的基本性质、古典概型、几何概型

根据刘其右划分的高中生数据分析能力的两个维度,借鉴刘其右已有研究和历年高考中的题目编制了高二学生数据分析能力测试卷二试题的双向细目表,如表7.

表7　高二学生数据分析能力测试卷二试题双向细目

知识点题号	随机抽样	制作统计表	计算统计量	用样本估计总体	两变量间的相关关系	回归方程	随机事件	频率与概率的关系	概率的基本性质	古典概型	几何概型	回归分析
1							√					
2	√											
3										√		
4	√											
5					√							
6	√											
7											√	
8												√
9											√	

知识点题号	随机抽样	制作统计表	计算统计量	用样本估计总体	两变量间的相关关系	回归方程	随机事件	频率与概率的关系	概率的基本性质	古典概型	几何概型	回归分析
10				√								
11	√											
12		√	√									
13											√	
14										√		
15		√	√	√								
16		√		√								
17	√			√					√	√		
18			√					√	√	√		
19		√		√				√				
20					√	√						√

2.测试卷分值分配

根据高中生数据分析能力维度的划分编制两份测试卷,两份测试卷均包括统计与概率知识.测试卷一中统计模块知识70分,概率模块知识30分,总分100分;测试卷一包括10道选择题、4道问答题和8道解答题.测试卷二中统计模块知识60分,概率模块知识共40分,总分100分;测试卷二包括10道选择题、4道填空题和6道解答题.

3.测试卷的信度和效度检验

对照班和实验班测试之前,随机选取芜湖市第十二中学高一年级中的某个班级进行两次预测.第一次测试,共发放试卷49份,整理有效试卷40份,有效率81.6%;第二次测试,共发放试卷49份,整理有效试卷41份,有效率83.7%.应用SPSS 20.0计算Cronbach's Alapha信度系数和进行KMO与Bartlett检验.

(1)测试卷一的信度和效度分析.

由表8可知,测试卷一的Cronbach's Alapha系数为0.811,测试卷一的内容一致性较高,具有较好的信度.

表8　测试卷一可靠性统计量

Cronbach's Alapha 系数	项　　数
0.811	22

由表9知,测试卷一的KMO值为0.801,Bartlett球形检验的P值小于0.05,测试卷一的内容效度良好.

表9　测试卷一KMO和Bartlett的检验

取样足够度的Kaiser-Meyer-Olkin度量		0.081
Bartlett的球形度检验	近似卡方	390.291
	df	231
	sig.	0.000

（2）测试卷二的信度和效度分析.

由表10可知,测试卷二的Cronbach's Alapha系数为0.808,测试卷二的内容一致性较高,有较好的信度.

表10　测试卷2可靠性统计量

Cronbach's Alapha系数	项　数
0.808	20

由表11知,测试卷二的KMO值为0.815,Bartlett球形检验的 P 值小于0.05,测试卷二的内容效度良好.

表11　测试卷测试卷二KMO和Bartlett的检验

取样足够度的Kaiser-Meyer-Olkin度量		0.815
Bartlett的球形度检验	近似卡方	408.291
	df	190
	sig.	0.000

（四）实验过程和教学案例展示

1.实验过程

（1）实验目的.通过实验教学,研究基于数学实验室的高中生数据分析能力的培养途径,并验证其有效性.

（2）实验假设.通过实验教学,培养学生的数据分析能力.

（3）实验设计.实验设计方案如表12.

表12　实验设计方案

实验时间	2018年9月至2019年1月
实验对象	芜湖市第十二中学高二两个班级 （对照班记为班级1,实验班记为班级2）

实验变量	自变量:教学方式不同(班级1在普通教室进行常规教学,班级2在数学实验室进行实验教学); 因变量:学生的数学成绩、动手能力、自主探究、知识的理解与应用; 无关变量:被试学生关于统计与概率模块的数学成绩无差异;教学所用教材相同,教学课时一致,同一位数学教师担任教学课程;数学测试内容、时间、评分标准一致
实验场所	芜湖市第十二中学数学实验室和普通教室
实验材料	人教版高中数学必修3;初中关于统计与概率模块知识的测试卷;高中关于统计与概率模块知识的测试卷
实验步骤	前测:对照班与实验班关于初中统计与概率知识的测试成绩; 实验:对照班在普通教室,采用常规教学方式进行教学;实验班在数学实验室,采用实验教学方式进行教学; 后测:对照班与实验班关于高中统计与概率知识的测试成绩
收集、整理数据	收集并整理两次测试成绩,并用SPSS 20.0软件分析数据; 记录学生动手操作的时间、自主探究的次数和解决问题的个数; 实验后,对教师和学生进行访谈,做进一步分析

(4)实验教学内容.具体教学内容如表13.

表13 教学内容

章 节	课 题	实验教学内容
第二章 统计	2.1 随机抽样 2.2 用样本估计总体 2.3 变量间的相关关系	1.用样本估计总体 2.变量间的相关关系
第三章 概率	2.1 随机事件的概率 2.2 古典概型 2.3 几何概型	1.古典概型 2.几何概型

2.教学案例展示

教学案例1 两个变量的线性相关

一、教材分析

"变量间的相关关系"是人教版高中数学必修3第2章第3节第2课时的内容,教材对第3节内容的研究是先定性、后定量,先理解变量间的相关关系的概念,通过散点图可以直观地描述两个变量,再用一条直线近似代表相关关系,建立回归方程,并进行预测估计.因此本节课的主要内容是理解最小二乘法思想,学会求回归直线方程,并能进行简单的回归分析.

二、学情分析

学生在前几个课时已经学习了用样本估计总体、相关关系等知识,而且也较好地掌握了数据的收集、整理、描述和分析推断,有了一定的统计分析基础.但是学生在找到"最小二乘法"上还存在一定困难,因此重要的是让学生体会最小二乘法思想,理解建立回归方程的原理.

三、教学目标

(1)能理解和运用数学符号刻画"从整体上看,各点与此直线的距离最小";

(2)能正确处理样本数据,建立回归方程,进行预测和估计,体会用确定关系研究相关关系的统计回归思想;

(3)能理解样本数据的选择不同,建立的回归方程也不同,体会随机思想.

四、教学重难点

教学重点:掌握直线方程的选择标准,以及回归方程的建立,了解最小二乘法思想;

教学难点:用样本数据建立回归方程并能进行推断和预测,掌握回归思想.

五、教学材料

(1)TI-Nspire CX教师版软件;

(2)TI-Nspire CX-C CAS手持图形计算器;

(3)TI-Nspire CX无线导航控制系统软件;

(4)人教版高中数学教材必修3.

六、教学过程

1.设疑实验,收集数据

师:人的身高和体重是生活中常见的相关关系.现在选取20名同学,输入自己的身高和体重,应该如何选取?

生1:按班级学号,选取学号最后一位数是4、6、8、0的学生.

生2:我们班男女生人数分别是32人、20人,因此选取13名男生、7名女生.

生3:取同学们学号的后两位,制成随机数表,抽取20个号码.

经讨论交流,采取生2的建议.

教师将收集到的数据传输给学生,并要求学生利用图形计算器作出散点图.

学生操作:

(1)按开机键,选择"添加列表与电子表格",输入数据;

(2)按Ctrl+文档键,选择"添加数据与统计";

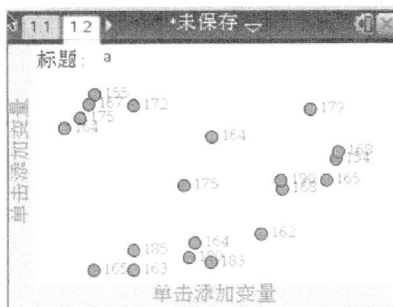

(3)横坐标设为a,纵坐标设为b;

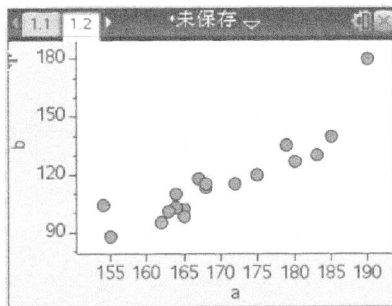

问题1:通过观察散点图,你发现了什么?

生:从整体上看,随着身高的增加,体重也在增加,说明体重与身高是正相关关系.

问题2:若用函数模型近似刻画两个变量之间的相关关系,你会选择哪个函数模型?

生:一次函数模型.

问题3:假设知道一名学生身高为180 cm,能否根据样本数据大致推断出他的体重?

生:只要求出直线方程,就可以估算出体重.

设计说明:创设贴合学生生活的问题情境,根据实际问题选择抽样方法,培养学生数据收集能力;利用图形计算器作出散点图,减少烦琐的手工作图过程,可以有更多的时间观察发现规律、建构数学知识.

2. 操作 TI, 处理数据, 分析推断

问题 4: 如何选择这条直线, 标准是什么?

学生分小组讨论, 提出四种方法: ①各点与直线的距离之和最小的直线; ②点在直线两侧的个数基本相同的直线; ③经过的点最多的直线; ④各点到直线的偏差之和最小的直线. 教师引导学生分析理解"从整体上看, 各点与此直线的距离最小"的含义; 经过讨论分析, 最终选择第四种方法.

师: 如何用代数式刻画"从整体上看, 各点与直线的偏差之和最小"?

设直线方程为 $y = bx + a$, 用 (x_i, y_i) 表示第 i 个样本点.

学生经过小组讨论后, 总结有三种代数式: ①直接相加, $Q = (y_1 - bx_1 - a) + (y_2 - bx_2 - a) + \cdots + (y_n - bx_n - a)$; ②绝对值相加, $Q = |y_1 - bx_1 - a| + |y_2 - bx_2 - a| + \cdots + |y_n - bx_n - a|$; ③偏差平方和相加, $Q = (y_1 - bx_1 - a)^2 + (y_2 - bx_2 - a)^2 + \cdots + (y_n - bx_n - a)^2$. 第一个代数式有可能出现正负相抵消的情况, 第二个代数式不好去绝对值符号, 因此选用第三个代数式.

问题 5: a, b 的值为多少时, 才可以使 Q 值最小?

教师指出 $(\bar{x}, \bar{y})$ 为样本中心点, 并且直线一定经过样本中心点, 并让学生课下讨论原因.

生: 可以先求出 $\hat{a} = \bar{y} - b\bar{x}$, 将 Q 看作 b 的二次函数, 再推导出 b 的计算公式.

$$Q = b^2(x_1^2 + x_2^2 + \cdots + x_n^2) + b(2ax_1 + 2ax_2 + \cdots + 2ax_n) + b(2x_1y_1 + 2x_2y_2 + \cdots + 2x_ny_n) + na^2 + n(y_1^2 + y_2^2 + \cdots + y_n^2) - 2a(y_1 + y_2 + \cdots + y_n),$$

$$\hat{a} = \frac{x_1y_1 + x_2y_2 + \cdots + x_ny_n - (ax_1 + ax_2 + \cdots + ax_n)}{x_1^2 + x_2^2 + \cdots + x_n^2},$$

$$\hat{b} = \frac{\sum_{i=1}^{n} x_iy_i - n\bar{x}\bar{y}}{\sum_{i=1}^{n} x_i^2 - nx^{-2}}.$$

师: 非常棒! 这样记 $\hat{b}$, $\hat{a}$ 为回归方程的斜率、截距, 回归方程为 $\hat{y} = \hat{b}x + \hat{a}$. 同学们利用图形计算器求出回归直线方程, 并估计身高为 180 cm 的学生的体重.

学生操作:

(1) 在之前的散点图中, 选择"菜单""分析""回归""显示线性回归", 得到线性回归方程 $\hat{y} = 1.87991x - 203.547$;

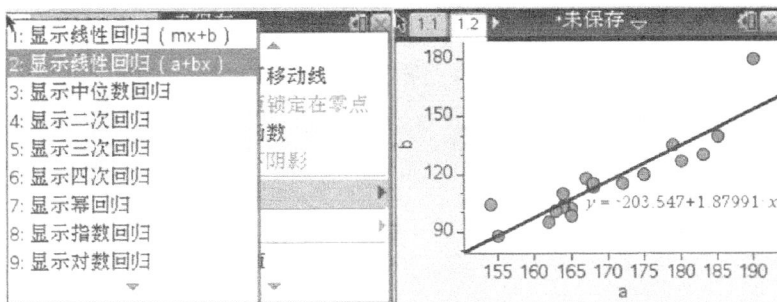

（2）回到页面 1.1，选择"菜单""统计""统计计算""显示线性回归"，填对话框，回归方程即保存在 $f_1(x)$ 中；

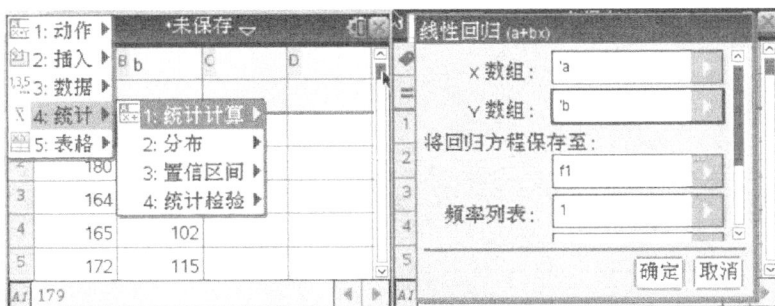

（3）按 Ctrl＋文档键，选择"添加图形"，按 Ctrl＋G 键，打开输入行，按"▲"键，打开 $f_1(x)$，按 Enter 键，再调整窗口；

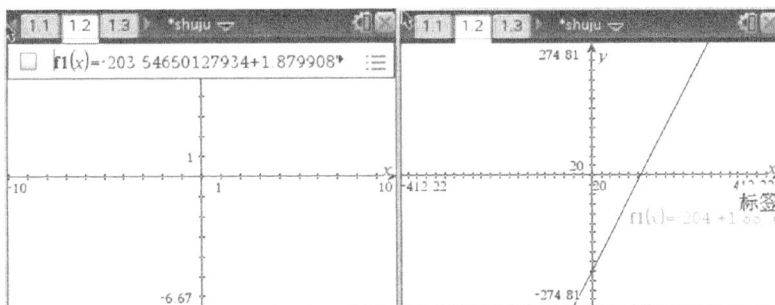

（4）选择"菜单""跟踪""图形跟踪"，输入 180，按 Enter 键，得到 $x=180$ 时 y 的数值，$y=135$.

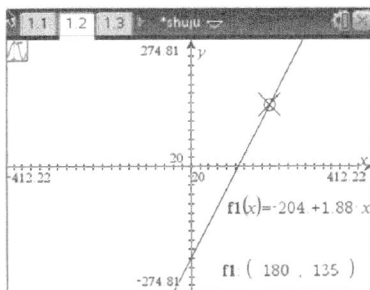

生：当身高为 180 cm 时，体重大约为 67.5 kg.

设计说明:教师进行适当引导,学生在讨论交流中体会用样本数据估计总体的统计思想,而且在直线方程选择标准和计算中体会最小二乘法思想.学生在理解线性回归方程的原理后,通过手持图形计算器,建立回归方程,解决问题3.使用手持图形计算器使得学生有更多的时间理解回归直线,观察数据之间的关系,以及体会用样本数据估计总体的统计思想.

3. 质疑解惑,拓展思维

师:当身高为180 cm时,体重一定为67.5 kg吗?

生:不是,线性回归方程是由样本数据得到的,具有一定的随机性,因此不一定为67.5 kg.

师:既然体重不一定为67.5 kg,那么以"当身高为180 cm时,体重大约为67.5 kg"作为结论合理吗?

生:合理,这个结论出现的可能性很大.

师:身高与体重的回归方程一定是 $\hat{y} = 1.87991x - 203.547$ 吗?

学生改变样本数据,重新建立回归方程.

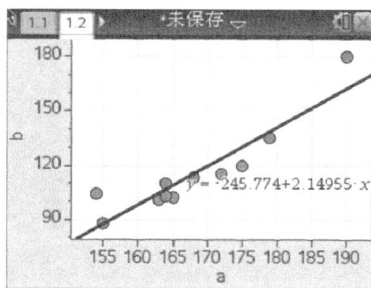

生:在原来的样本数据基础上减少10组,得到的回归直线方程为 $\hat{y} = 2.14955x - 245.774$,与之前建立的回归方程不一样.

设计说明:通过问答,学生可更深刻地体会统计思想和随机思想,以及思考问题的严谨性.

4. 解决问题,知识深化

问题6:明明家里新开了商店,为了研究温度对热饮售出的影响,经过统计,获得售出的热饮杯数与当天温度的对比情况如下表.

温度/℃	−5	0	4	7	12	15	19	23	27	31	36
热饮杯数/杯	156	150	132	128	130	116	104	89	93	76	54

(1)画出散点图;

(2)从散点图中能发现什么规律?

(3)求回归方程;

(4)若当天温度是10℃,估计售出的热饮杯数.

学生操作:

(1)新建文档,选择"添加列表与电子表格",输入数据;

(2)按Ctrl+文档键,选择"添加数据与统计";横坐标设为a,纵坐标设为b;

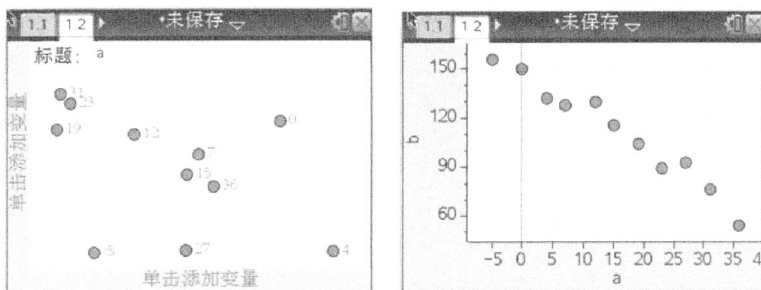

(3)选择"菜单""分析""回归""显示线性回归",得到线性回归方程$\hat{y} = -2.3517x + 147.767$;

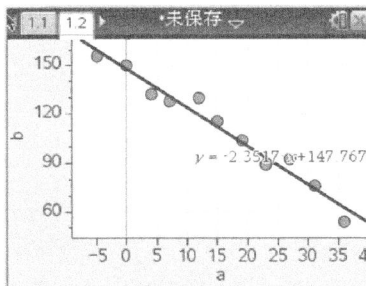

(4)回到页面1.1,选择"菜单""统计""统计计算""显示线性回归",填对话框,回归方程即保存在$f_1(x)$中;

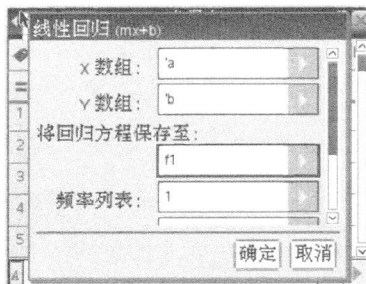

(5)按Ctrl+文档键,选择"添加图形",按Ctrl+G键,打开输入行,按"▲"键,打开▲,按Enter键,再调整窗口;

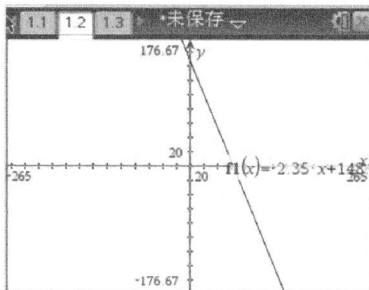

(6)选择"菜单""跟踪""图形跟踪",输入10,按Enter键,得到$x = 0$时y的数值,$y = 124$.

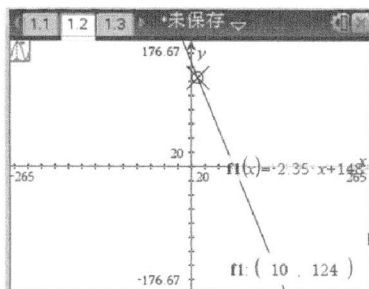

生:从散点图可知,温度与热饮售出杯数之间为负相关关系,随着温度的升高,热饮杯数售出越少;而且当温度为10摄氏度时,售出的热饮杯数大约为124杯.

设计说明:通过问题的解决,学生完整地经历发现问题、画散点图、选择函数模型、求回归方程、推断预测整个过程,强化对相关关系的认识.

5.归纳总结

生:这节课我们不仅学习了选择回归直线的标准,如何建立回归方程,以及回归方程的应用,还学会了用样本估计总体的新方法.

七、课后作业

(1)教材习题2.3;

(2)探究题:用第一种、第三种方案抽取样本数据,进行分析.

教学案例2 几何概型

一、教材分析

"几何概型"是人教版高中数学必修3第3章第3节的内容,安排在"随机事件的概率""古典概型"之后,是对等可能事件个数从有限到无限的过渡,是将概率问题与几何问题的结合.教材中还设计了随机模拟实验,学生可以进一步体会随机事件的随机性、规律性.

二、学情分析

经过学习,学生对事件的随机性有了一定的认识与了解,而且在古典概型之后,学生更加深了对等可能事件与有限个基本事件的了解.但对如何辨识几何概型、几何概型中的"测度",如何理解基本事件个数从有限到无限,还存在一定困难.

三、教学目标

(1)通过具体情境,了解几何概型的基本特征;

(2)在实际问题的解决过程中,掌握简单的几何概率计算;

(3)利用 TI-Nspire CX-C CAS 图形计算器,通过随机模拟实验,体会事件的随机性,并且能够用随机模拟方法估计概率;

(4)学生分小组合同协作,在合作交流中,提高动手操作和自主探究能力.

四、教学重难点

教学重点:了解几何概型的基本特征,能辨析出几何概型,并能进行简单的几何概率计算.

教学难点:在随机模拟实验中,了解随机数的意义,体会概率思想.

五、教学材料

(1)TI-Nspire CX 教师版软件;

(2)TI-Nspire CX-C CAS 手持图形计算器;

(3)TI-Nspire CX 无线导航控制系统软件;

(4)人教版高中数学教材必修3;

(5)学生提前制作的转盘.

六、教学过程

1.创设情境,引入问题

问题1:某花店在情人节当天,为吸引顾客购买花束,举行了一次优惠活动,活动有三种方案:

方案一:顾客随意掷两枚骰子,若点数之和大于7,则顾客可享受购买花束七折优惠;

方案二:顾客旋转转盘①,当转盘指针指向B区域时,顾客可享受七折优惠;反之,不可享受;

方案三:顾客旋转转盘②,当转盘指针指向C区域时,顾客可享受七折优惠;反之,不可享受;

明明选择哪个方案时,享受优惠的可能性最大?

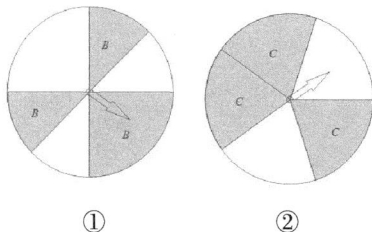

①   ②

设计说明:在具体问题情境中,激发学生求知欲,让学生认识到几何概型和古典概型之间的差异,初步了解几何概型的特点.

2.动手操作,模拟验证

学生分为10个小组,先讨论并说出问题1中三个方案可享受优惠的概率分别是多少(猜想方案二和方案三的概率),然后用课前已制作好的转盘,课上模拟实验,记录每组的频数,计算频率并汇报结果,要求每组同学采用方案二和方案三各转20次.教师将所有数据汇总并给学生,学生利用手持图形计算器计算频率的平均值,并与之前猜想的概率作比较,然后选择出最佳方案.

生:方案一、二、三可享受优惠的概率分别是 $\frac{5}{12}, \frac{1}{2}, \frac{3}{5}$.

学生动手操作,模拟实验,记录、汇报数据,教师将数据汇总并发送给学生,数据如下表;学生利用图形计算器计算频率的平均数,并与猜想对比.

序　号	转盘①		转盘②	
	频　数	频　率	频　数	频　率
1	8	0.4	9	0.45
2	11	0.55	12	0.6
3	10	0.5	14	0.7
4	12	0.6	11	0.55
5	9	0.45	10	0.5
6	8	0.4	12	0.6
7	10	0.5	13	0.65
8	10	0.5	13	0.65
9	11	0.55	12	0.6
10	13	0.65	11	0.55

学生操作:

(1)按开机键,添加"列表与电子表格",输入数据;

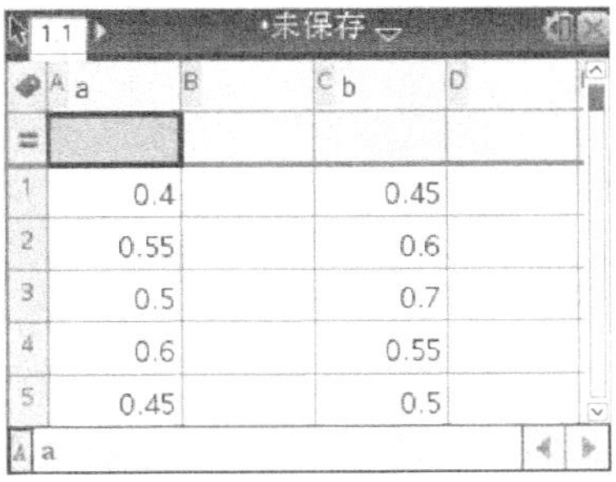

（2）按"菜单"按钮，选择"数据""数组计算""平均数"，按 Enter 键；输入变量 a，按 Enter 键，即可求出平均数；

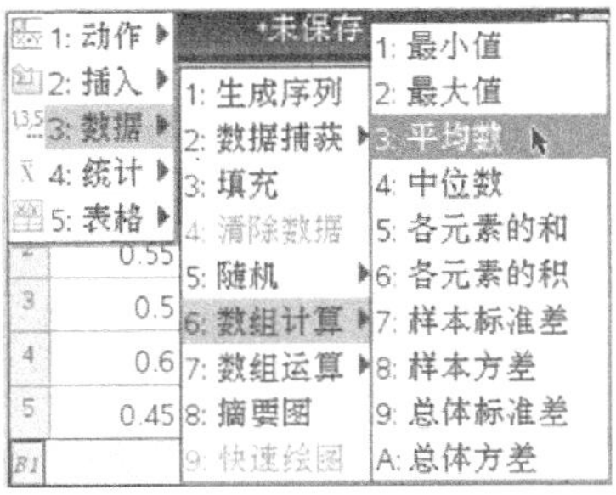

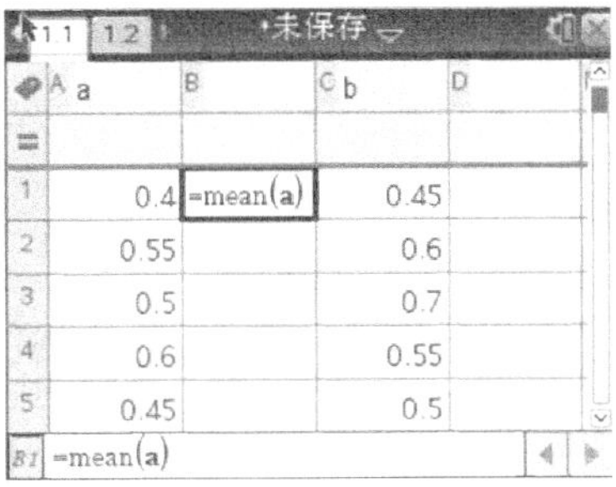

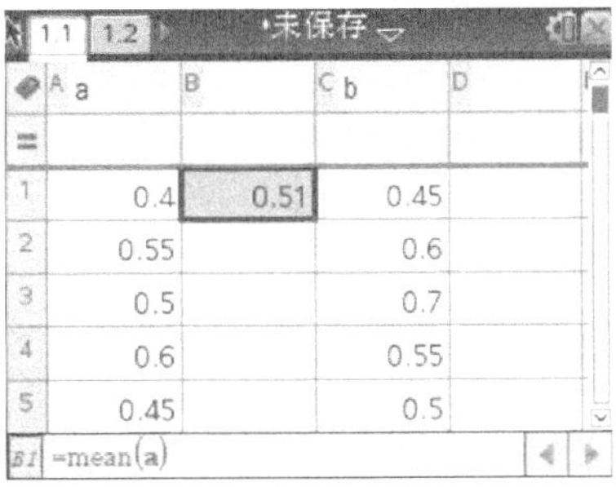

（3）按相同方法，求另一组数据的平均数．

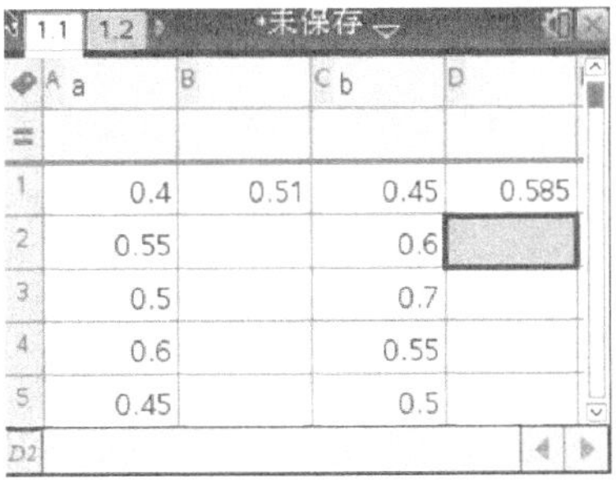

生：方案二每组实验的频率都接近于 0.5，所有实验频率的平均数也接近于 0.5；方案三每组实验的频率都接近于 0.6，所有实验频率的平均数也接近于 0.6，因此可验证猜想正确．

设计说明：学生亲历实验过程，更能体会频率结果的随机性和规律性，理解在实践中可以用频率近似估计概率，巩固用随机模拟试验估计概率的统计思想．

3. 自主探究，建构新知

问题 2：工人师傅要将一块长为 12 m 的长方形木板截为两个小长方形（如图），请问截得的两个小长方形木板的长度均不小于 4 m 的概率有多大?

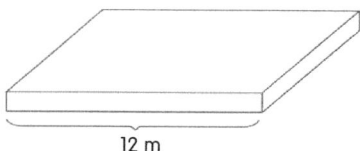

12 m

生:从木板长边的每个位置裁剪均为一个基本事件,而且截取的位置可以是长边上的任意一点,因此基本事件是无限多的.把长边三等分,记"截取的木板长度均不小于 4 m"为事件 A,则当截取位置处于中间段时,事件 A 发生,且发生的概率为 $P(A)=\dfrac{1}{3}$.

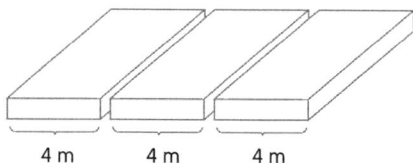

4 m   4 m   4 m

问题3:明明订了一份早餐,送餐人可能在早上 6:30~7:30 之间把早餐送到,明明离家上班的时间在早上 7:00~8:00,问明明在离家前能拿到早餐的概率是多少?

师:同学们按小组讨论,找到问题的解决方法.

生:有两种方法.

方法一:设送餐人到家的时间为 x,明明离家的时间为 y,将 (x,y) 看成平面上一点(如下图),则事件发生的全部结果所构成的区域为 $D=\left\{(x,y)\,\middle|\,6.5\leqslant x\leqslant 7.5,\ 7\leqslant y\leqslant 8\right\}$,$S_D=1$;用事件 A 表示明明离家前能拿到早餐,则事件 A 发生所构成的区域为 $A=\left\{(x,y)\,\middle|\,y\geqslant x,\ 6.5\leqslant x\leqslant 7.5,\ 7\leqslant y\leqslant 8\right\}$,$S_A=\dfrac{7}{8}$,所以 $P(A)=\dfrac{S_A}{S_D}=\dfrac{7}{8}$.

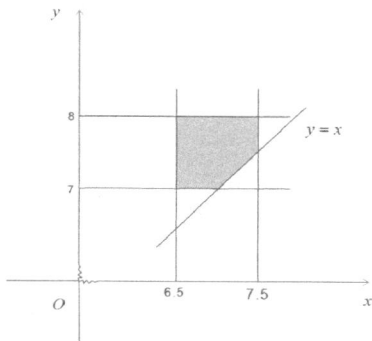

方法二:用 X 表示"送餐人到家时间",用 Y 表示"明明离家时间",X,Y 都是随机变量,其中 $X\in[6.5,7.5]$,$Y\in[7,8]$,则"明明离家前能拿到早餐"的概率即为 $Y\geqslant X$ 的概率.

学生操作:

(1)新建文档,添加计算器;按菜单键,选择"函数与程序",打开程序编辑器,新建页面,输入名称 geoprobability1;按文档键,选择"页面布局""取消组合",将一个页面分为两个页面;输入语句,编制程序,保存文档.

（2）按文档键，选择"页面布局""组合"，重新组合在一个页面；将指针移至页面左侧，按 var 键，选择 geoprobability1，按 Enter 键运行程序；输入一个正整数，按 Enter 键，可得到明明离家前能拿到早餐的概率.

生：使用图形计算器计算，试验次数越多，概率越接近 0.875；将基本事件转化为平面上的点，事件的发生转化为点所在区域，通过面积之比求得事件发生的概率为 0.875. 两种方法求得的概率相似.

问题 4：如图所示，已知正方体 $ABCD-A_1B_1C_1D_1$，棱长为 3，$AE=1$，且平面 $EFGH$ 平行于底面，在正方体内随机取一点 P，求点 P 与平面 $ABCD$ 的距离大于 1 的概率.

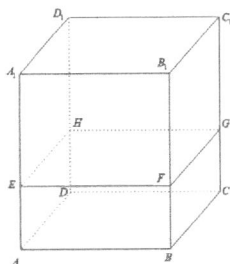

生:在正方体内任意取一点都是一个基本事件,而且基本事件的个数是无限的.记点 P 与平面 $ABCD$ 的距离大于1为事件 C.在正方体 $A_1B_1C_1D_1-EFGH$ 内取点 P,则事件 C 发生,且发生的概率为 $P(C)=\dfrac{\frac{2}{3}\times3\times3\times3}{3\times3\times3}=\dfrac{2}{3}$.

师:问题2、问题3和问题4有什么共同特征? 和之前学习的古典概型有什么异同之处?

生:三个问题中的基本事件个数是无限的,且每个基本事件是等可能发生的,都可以用几何中的点表示一个基本事件,用线、面、体表示基本事件的集合,用长度、面积及体积之比计算事件发生的概率.

师:能否类比古典概型中事件发生的概率计算公式给出几何概型的概率计算公式?

生:在几何概型中,事件 A 发生的概率计算公式为

$$P(A)=\dfrac{\text{构成事件}A\text{的区域长度(面积、体积)}}{\text{实验的全部结果所构成的区域长度(面积、体积)}}.$$

设计说明:学生通过动手操作、合作探究,认识到不同实例的共同特征:基本事件是无限多个,每个基本事件的发生是等可能的,对几何概型的特点有了更深的认识;教师引导学生类比古典概型的计算公式,归纳总结几何概型的计算公式.学生亲历实验过程,自己总结概括,对知识的理解和掌握也更加深刻.

4.运用新知,解决问题

练习1:小夏和磊磊准备下午出去逛街,约定在下午3点至4点之间磊磊去小夏家,小夏3点午休醒来之后,求她等待磊磊到她家的时间不多于10分钟的概率.

生:磊磊在 $0\sim60$ 分钟任何一个时刻到小夏家是等可能的,且基本事件的个数是无限的,而且他在哪个时间段到达小夏家的概率只与该时间段的长度有关,因此记等待的时间不多于10分钟的概率为事件 A,则事件 A 所在的区域为 $[0,10]$,事件 A 发生的概率为 $P(A)=\dfrac{10}{60}=\dfrac{1}{6}$.

练习2:在图中的正方形内随机扔一粒绿豆,求绿豆落入圆中的概率是多少? 如果扔一把绿豆,能不能用随机模拟的方法估计出圆周率的值?

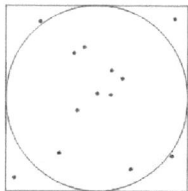

生:绿豆落入正方形内任意一点是等可能的,基本事件有无限多个,记绿豆落入圆中为事件 A,则事件 A 发生的概率即为圆与正方形的面积之比.设正方形的边长为2,则 $P(A)=\dfrac{\pi}{4}$.落在正方形和圆内的绿豆是可以数出来的,而且 $\dfrac{\text{落入圆内的豆子数}}{\text{落入正方形内的豆子数}}\approx$

$\dfrac{\text{圆的面积}}{\text{正方形的面积}} = \dfrac{\pi}{4}$, 则 $\pi \approx \dfrac{4 \times \text{落入圆内的豆子数}}{\text{落入正方形内的豆子数}}$. 可以用图形计算器做随机模拟试验, 假设落入到正方形内的豆子数为 N, 落入圆内的豆子数为 S, 则 $\pi \approx \dfrac{4S}{N}$.

学生操作:

(1)新建文档, 添加计算器; 按菜单键, 选择"函数与程序", 打开程序编辑器, 新建, 输入名称 montecarlo1; 按文档键, 选择"页面布局""取消组合", 将一个页面分为两个页面; 输入语句, 编制程序, 保存文档.

(2)按文档键, 选择"页面布局""组合", 重新组合在一个页面; 将指针移至页面左侧, 按 var 键, 选择 montecarlo1, 按 Enter 键运行程序.

生: 随着试验次数的增加, π 的值越来越接近于 3.14.

设计说明: 在解决问题的过程中, 加深学生对知识的理解与运用, 拓展学生思维. 同时, 教师可以了解到学生掌握知识的程度, 以及学生存在的问题.

5. 归纳小结

生: 这节课我们学习了新的概率模型, 不同于古典概型的是, 它的基本事件有无限多个, 通常用事件发生所在区域的长度、面积、体积与试验全部结果所在区域的长度、面积、体积之比来求事件发生的概率,我们称之为几何概型;同时,我们还学习了用随机模拟试验求概率的方法.

七、课堂测试

(1)每隔15 min,212公交车发车,乘客到达公交站的任一时刻是等可能的,求乘客候车不超过5 min的概率.

(2)某人往下面的靶子上投飞镖,最容易投中阴影区的靶子是(   ).

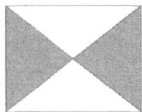      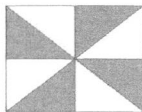   

A.   B.   C.   D.

八、课后作业

课下完成教材习题3.3和高中同步作业.

(五)实验数据分析

1.成绩前后测差异性分析

(1)前测成绩分析.

通过SPSS 20.0软件对对照班和实验班的第一次成绩进行差异性分析,指标如表14、表15、表16和表17所示.

表14　第一次测试总分成绩的描述性统计量

班　级	N	均　值	标准差	均值的标准误差
对照班	53	80.34	13.458	1.849
实验班	52	80.02	13.000	1.803

表15　第一次测试关于统计模块成绩的描述性统计量

班　级	N	均　值	标准差	均值的标准误差
对照班	53	57.49	9.705	1.333
实验班	52	57.42	9.312	1.291

表16　第一次测试关于概率模块成绩的描述性统计量

班　级	N	均　值	标准差	均值的标准误差
对照班	53	22.85	4.190	.576
实验班	52	22.60	4.136	.574

表17　第一次测试成绩独立样本检验

		方差方程的 Levene 检验		均值方程的 t 检验						
		F	sig.	t	df	sig.（双侧）	均值差值	标准误差值	差分的95%置信区间	
									下限	上限
对照班和实验班前测成绩总分	假设方差相等	0.113	0.737	0.124	103	0.902	0.320	2.583	-4.802	5.443
	假设方差不相等			0.124	102.976	0.901	0.320	2.582	-4.801	5.441

　　从表14可知对照班和实验班在第一次测试成绩的平均分分别为80.34与80.02,标准差分别为13.458与13.000,可认为两班基本处于同一水平;而且由表17可知,sig的值为0.737 > 0.05,因此取假设方差相等,sig(双侧)的值为0.902 > 0.05,故认为对照班和实验班第一次测试成绩没有显著差异.由表15所示,对照班和实验班统计模块的平均分分别为57.49和57.42,标准差分别为9.705和9.312,可认为两班关于统计模块的数据分析能力基本处于同一水平.由表16所示,对照班和实验班概率模块的平均分分别为22.85和22.60,标准差分别为4.190和4.136,可认为两班关于概率模块的数据分析能力基本处于同一水平.

　　(2)后测成绩分析.

　　①后测总分成绩分析.

　　对对照班和实验班的第二次总分成绩进行差异性分析,指标如表18、19所示.

表18　第二次测试总分成绩的描述性统计量

班　级	N	均　值	标准差	均值的标准误差
对照班	53	70.85	13.426	1.844
实验班	52	76.40	12.865	1.784

表19　第二次测试总分成绩独立样本检验

		方差方程的 Levene 检验		均值方程的 t 检验						
		F	sig.	t	df	sig.（双侧）	均值差值	标准误差值	差分的95%置信区间	
									下限	上限
对照班和实验班后测成绩总分	假设方差相等	0.167	0.683	-2.164	103	0.033	-5.555	2.567	-10.646	-0.464
	假设方差不相等			-2.165	102.943	0.033	-5.555	2.566	-10.644	-0.466

由表18所示,对照班和实验班在第二次测试成绩的平均分分别为70.85和76.40,相差了5.55分,差异较大;标准差分别为13.426和12.865,实验班成绩较之对照班更稳定. 由表19可知,sig的值为0.683 > 0.05,因此取假设方差相等,sig(双侧)的值为0.033 < 0.05,认为对照班和实验班第二次测试成绩有显著差异.

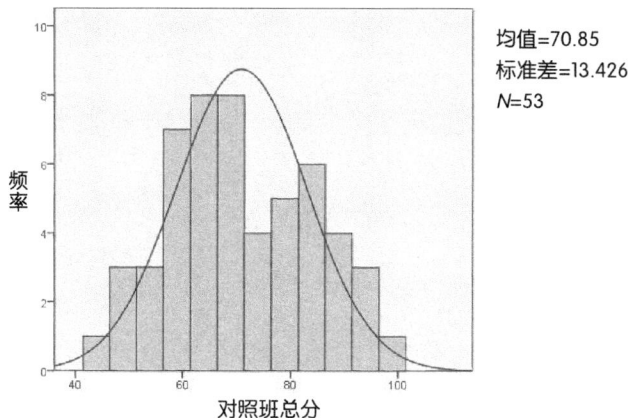

图5 对照班总分分布情况

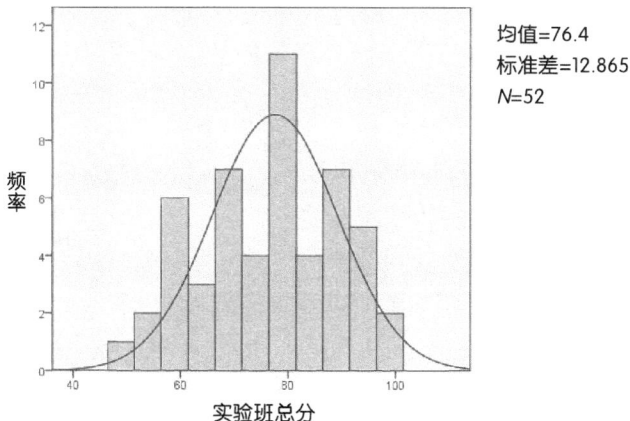

图6 实验班总分分布情况

由图5、图6所知,对照班总分分布比较均匀,在57～72分、77～87分之间的人数较多;实验班总分分布不太均匀,在57～62分、67～72分、77～82分、87～97分之间的人数较多.

②后测统计模块成绩分析.

对对照班和实验班的第二次统计模块成绩进行差异性分析,指标如表20、21所示.

表20 第二次测试统计模块成绩的描述性统计量

班 级	N	均 值	标准差	均值的标准误差
对照班	53	43.81	8.225	1.130
实验班	52	48.04	7.884	1.093

表21　第二次测试统计模块成绩独立样本检验

		方差方程的 Levene 检验		均值方程的 t 检验						
		F	sig.	t	df	sig.（双侧）	均值差值	标准误差值	差分的95%置信区间	
									下限	上限
对照班和实验班后测统计模块成绩	假设方差相等	0.007	0.932	-2.688	103	0.008	-4.227	1.573	-7.347	-1.108
	假设方差不相等			-2.689	102.945	0.008	-4.227	1.572	-7.345	-1.109

　　由表20所示,对照班和实验班在第二次测试统计模块成绩的平均分分别为43.81和48.04,相差4.23分;标准差分别为8.225和7.884,实验班成绩较之对照班更稳定.由表21可知,sig的值为0.932 > 0.05,因此取假设方差相等,sig(双侧)的值为0.008 < 0.05,故认为对照班和实验班第二次测试统计模块成绩有显著差异.

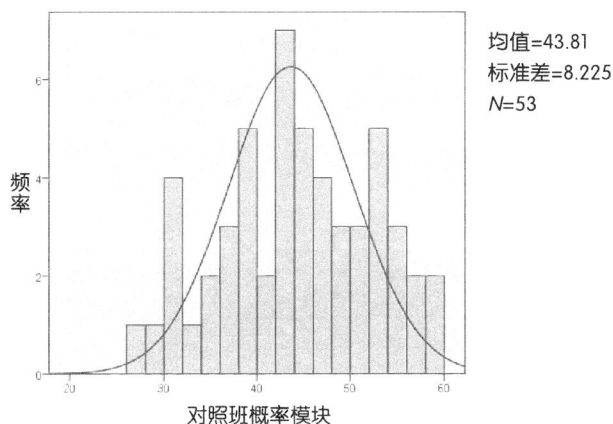

均值=43.81
标准差=8.225
N=53

图7　对照班概率模块统计

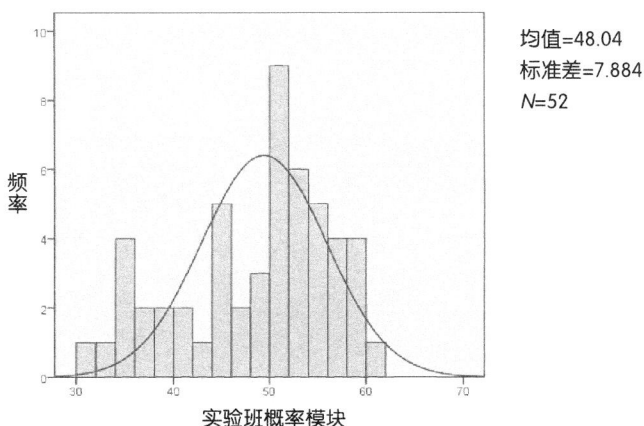

均值=48.04
标准差=7.884
N=52

图8　实验班概率模块统计

由图7、图8所知,对照班统计模块得分在30~32分、38~40分、42~48分、52~54分之间的人数较多,实验班统计模块得分在34~36分、44~46分、50~60分之间的人数较多.

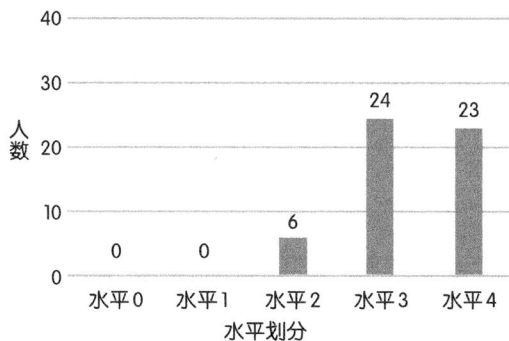

图9 对照班关于统计模块的数据分析能力水平划分

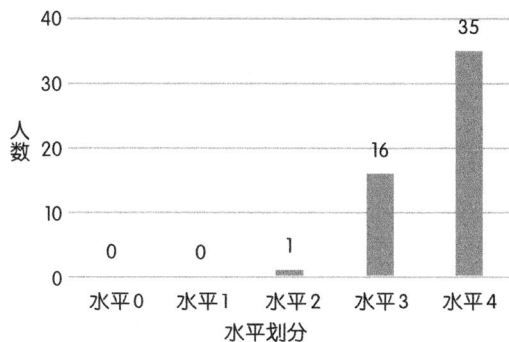

图10 实验班关于统计模块的数据分析能力水平划分

由图9、图10可知,对照班学生的统计模块数据分析能力水平处于水平3的较多,处于水平4的次之;实验班学生的统计模块数据分析能力水平处于水平4的较多,处于水平3的次之.

③后测概率模块成绩分析.

对对照班和实验班的第二次概率模块成绩进行差异性分析,指标如表22、表23所示.

表22 第二次测试概率模块成绩的描述性统计量

班 级	N	均 值	标准差	均值的标准误差
对照班	53	27.04	5.403	0.742
实验班	52	28.37	5.303	0.735

表23 第二次测试概率模块成绩独立样本检验

		方差方程的 Levene 检验		均值方程的 t 检验						
		F	sig.	t	df	sig.（双侧）	均值差值	标准误差值	差分的95%置信区间	
									下限	上限
对照班和实验班后测概率模块成绩	假设方差相等	0.018	0.892	-1.271	103	0.207	-1.328	1.045	-3.400	0.745
	假设方差不相等			-1.271	103.000	0.207	-1.328	1.045	-3.400	0.744

由表22所示,对照班和实验班在第二次测试概率模块成绩的平均分分别为27.04和28.37,相差了1.33分,差异较小;标准差分别为5.403和5.303,实验班成绩较之对照班更稳定.由表23可知,sig的值为0.892 > 0.05,因此取假设方差相等,sig（双侧）的值为0.207 > 0.05,故认为对照班和实验班第二次测试概率模块成绩没有显著差异.

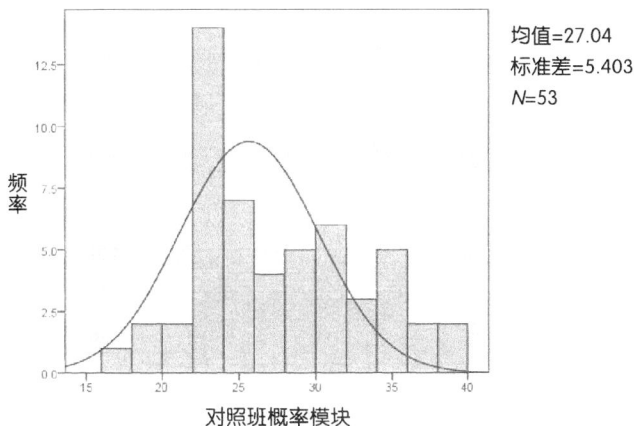

均值=27.04
标准差=5.403
N=53

图11 对照班概率模块统计

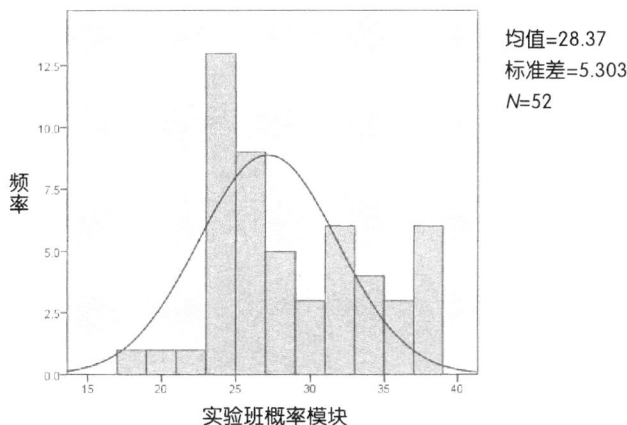

均值=28.37
标准差=5.303
N=52

图12 实验班概率模块统计

由图11、图12可知,对照班学生概率模块的得分在22~32分、34~36分和35~40分之间的人数较多,实验班学生概率模块的得分在24~29分、31~35分和37~40分之间的人数较多.

2.教师与学生个案访谈分析

(1)学生访谈分析.

将实验班后测成绩分为A、B、C三个等级,从三个等级中分别随机抽取一名学生,进行访谈.访谈内容包含学生学习过程中遇到的困难、实验教学对学习统计与概率知识的有用性、对学习兴趣的影响和以后实施实验教学的建议.

①学习过程中遇到的困难.

成绩A等级学生:抽样方法选取、统计图表制作、统计量计算、概率模型分辨及计算等都没有问题,但是有时候我不太清楚从统计图表中可以得到哪些信息、如何用样本去推断总体,而且我对线性回归的建立理解不是很透彻,很多时候只是单纯地套用公式.

成绩B等级学生:我不知道如何通过频率分布直方图求中位数和平均数,不是很清楚平均数、中位数、众数的实质含义,只是机械化地复述;对于线性回归方程的建立原理和它与样本数据之间的关系不是太理解;我能分辨出概率模型,知道计算公式,但是遇到某些具体问题却不知道如何套用公式.

成绩C等级学生:我对统计与概率模块的知识都是似懂非懂,遇到相似的问题我可以算出答案,但是遇到没有见过的问题时往往无从下手.

②实验教学对学习统计与概率知识的有用性.

成绩A等级学生:我觉得是很有用的.我认为知道统计图的制作、回归方程的原理就可以了,不必要花过多的时间在绘制和求解上,通过图形计算器,我可以有更多的时间和精力关注统计图的意义、回归方程的预测作用,而且可以更加直观地感受知识,在整个实验过程中学到更多东西.

成绩B等级学生:在整个实验教学过程中,可以通过图形计算器减少繁杂的计算和重复工作,可以有更多的时间去理解知识;有些比较难以理解的概念,在实验、讨论交流后,也更加直观易懂了,比如样本数据和回归方程的关系.

成绩C等级学生:我可以在实验过程中亲历收集、整理、分析数据的全过程,对我掌握抽样方法、统计图表、分析统计量等有极大的帮助.

③对学习兴趣的影响.

成绩A等级学生:实际问题的引入增加了我学习的兴趣,使用图形计算器让我有了更多的自主探究时间和同学讨论交流,我觉得课堂更加生动快乐.

成绩B等级学生:在与老师、同学的交流互动中,我的学习兴趣得到激发,我的思维更加活跃.

成绩C等级学生:我不再是机械地记忆,而是有了更多与老师、同学交流的机会,我们一起实验、探究、解决问题,不再觉得课堂枯燥无味.

④以后实施实验教学的建议.

成绩 A 等级学生:我希望可以增加更多的实践研究,让我更好地掌握知识和提升解题能力.

成绩 B 等级学生:我希望在较难的实验研究中,老师可以给予更多的分析与指导.

成绩 C 等级学生:我希望在做某些实验时,老师可以留有更多的时间和更多的关注.

访谈之后,我们发现学生对统计与概率知识的掌握不是很好,还存在不少问题;学生对实验教学持肯定态度,认为有助于统计与概率知识的学习,而且可以调动学习兴趣、提高动手操作和实验探究的能力.

(2)教师访谈分析.

对授课老师从实验教学的优势、学生学习过程中存在的问题和培养学生数据分析能力的建议三个方面进行访谈.

①在统计与概率模块教学中,实验教学比常规教学具有优势.

师:在普通教室上课,很多模拟实验是我提前准备好,演示给学生看,甚至有的实验是带着学生把教材的过程看一遍或作为课后阅读,学生很难体会到问题解答过程中所蕴含的统计思想、随机思想等,对于很多知识只是机械地记忆和复述.而数学实验室所提供的环境、设备,可以让学生在动手操作、合作交流中更好地理解知识.比如样本数据和回归方程的关系,如果在普通教室授课,只能由教师向同学展示随着样本数据选取的不同,建立的回归方程也不同,甚至是从理论层面分析让学生强行理解;而在数学实验室中,学生通过图形计算器,自己改变样本数据的选取,观察回归方程的变化,能更加直观、深刻地认识到样本数据和回归方程的关系.

②学生在学习统计与概率过程中存在的问题.

师:学生在描绘、分析数据方面还存在不少问题,很多学生不会根据实际问题背景来选择统计图表,对于平均数、众数、中位数等的实质含义并不完全了解;而且在遇到复杂的题目时,即使能分辨出是古典概型还是几何概型,但是不能进一步分析求解,思路比较混乱.

③对培养学生数据分析能力的建议.

师:找到学生出现问题的具体原因,借助数学实验室这个平台,完善教学过程,解决学生出现的问题.

通过访谈,了解到教师认为学生的数据分析能力还有待提高,还存在不少问题;而且觉得合理地利用数学实验室进行实验教学有利于学生学习,培养数据分析能力.

五、结论、反思和展望

(一)研究结论

(1)对照班和实验班前测成绩的平均分数分别为 80.34 和 80.02，标准差分别为 13.458 和 13.000，两班整体数据分析能力基本处于同一水平，而且经过独立性检验可知两班成绩没有显著性差异；在实验之后，对照班和实验班后测成绩的平均分数分别为 70.85 和 76.40，标准差分别为 13.426 和 12.865，而且两班成绩有显著性差异，因此可以说数学实验教学有利于提高学生成绩，培养学生的数据分析能力.

(2)对照班和实验班前测统计模块成绩的平均分数分别为 57.49 和 57.42，标准差分别为 9.705 和 9.312. 对照班和实验班后测统计模块成绩的平均分数分别为 43.81 和 48.04，标准差分别为 8.225 和 7.884，经过独立性检验后证明两班统计模块成绩存在显著性差异；而且对照班关于统计模块的数据分析能力水平处于水平 2(较低水平)的有 6 人、水平 3(较高水平)的有 24 人、水平 4(高水平)的有 23 人，实验班关于统计模块的数据分析能力水平处于水平 2 的有 1 人、水平 3 的有 16 人、水平 4 的有 35 人，表明基于数学实验室的教学有助于培养学生关于统计模块的数据分析能力.

(3)对照班和实验班前测概率模块成绩的平均分数分别为 22.85 和 22.60，标准差分别为 4.190 和 4.136. 对照班和实验班后测概率模块成绩的平均分数分别为 27.04 和 28.37，标准差分别为 5.403 和 5.303，经过独立性检验后证明两班概率模块成绩不存在显著性差异，故对学生关于概率模块的数据分析能力的培养没有显著效果.

综上所述，基于数学实验室的实验教学对高中生数据分析能力的培养是有效的，可以提高学生的数据分析能力，尤其是关于统计模块的数据分析能力.

(二)研究反思

限于个人能力和客观条件，基于数学实验室的高中生数据分析能力的培养研究还存在很多不足之处：

(1)实践研究时间比较短，统计与概率模块的很多知识还没来得及进行实验教学研究，培养路径表述的还不够细致.

(2)研究的范围受限，研究选取的样本较小，提出的培养路径的普适性存在一定怀疑.

(3)问卷的编制是借鉴了前人已有研究改编而来，问卷的合理性还有待进一步的检验.

（三）研究展望

本文主要研究了基于数学实验室环境的高中生数据分析能力的培养,由于时间原因,部分统计与概率知识的实验教学研究还没来得及进行,是否有效还需进一步验证.而且本研究主要借助于图形计算器,对于还没有投入使用图形计算器的学校又该如何培养学生的数据分析能力呢? 其他软、硬件对于培养学生的数据分析能力是否有效? 这些问题都需要做进一步的深入研究.

（刘华夏）

出版后记

　　数学实验教学是再现数学发现过程的有效途径,能为学生提供主体参与、积极探索、大胆实践、勇于创新的学习环境,提供一条解决数学问题的全新思路。信息技术与数学课程的整合,更是为数学实验教学开辟了新的天地。用好数学实验室,不仅可以让学生多角度、多手段解决问题,提高教学效率,还可以提升学生的核心素养。

　　本书主要内容包括数学实验概述、数学实验教学方法、数学实验与信息技术、数学实验教学实例等,适合高中数学教师、高中学生以及对高中数学实验教学感兴趣的读者阅读。

　　限于图书篇幅和尺寸,且软件界面截图像素偏低,本书少量图片印刷不够清晰,敬请读者谅解。书中少量不够清晰的图片,可通过扫描以下二维码查阅。